ERDMENGER

EWG-VERTRAG – SEESCHIFFAHRT, LUFTFAHRT

Die Anwendung des EWG-Vertrages auf Seeschiffahrt und Luftfahrt

Zur Auslegung von Art. 84 Abs. 2
des Vertrages

Von

Dr. iur. Jürgen Erdmenger

Hamburg 1962

CRAM, DE GRUYTER & CO.

Zur Drucklegung dieses Werkes hat der Gemeinsame Presse- und Informationsdienst der Europäischen Gemeinschaften durch einen Zuschuß beigetragen.

Satz und Druck: Rota-Druck Johannes Krause, Freiburg/Brg.
Printed in Germany

VORWORT

Diese Arbeit hat der Rechtswissenschaftlichen Fakultät der Universität Hamburg als Dissertation vorgelegen. Ich denke jedoch, daß sie über den Kreis der Juristen hinaus Anregung geben kann. Dies gilt auch für die an den drei Binnenverkehrsträgern Interessierten. Denn die grundsätzliche Frage nach dem Verhältnis der Bestimmungen des „Verkehrstitels" zu den anderen Vorschriften des EWG-Vertrages konnte nicht isoliert für Seeschiffahrt und Luftfahrt gestellt und beantwortet werden.

Besonders möchte ich meinem Doktorvater, Herrn Professor Dr. H. P. Ipsen, für wissenschaftliche Anleitung und großzügige Betreuung danken. Daneben danke ich allen, die sonst die Anfertigung der Arbeit verständnisvoll unterstützt haben.

Das Manuskript habe ich im Februar 1962 abgeschlossen.

Jürgen Erdmenger

Hamburg, im November 1962

INHALTSVERZEICHNIS

Vorwort V

Abkürzungsverzeichnis XI

Problemstellung 1

1. Kapitel: Stand der Meinungen 7

I. Argumente für die Freistellung von Seeschiffahrt und Luftfahrt vom Vertrag 7
II. Argumente gegen die Freistellung von Seeschiffahrt und Luftfahrt 10

2. Kapitel: Dogmatische Grundlagen 13

I. „Rechtsanwendung" 13
II. Konkurrenz von Rechtssätzen 14
III. Zur Auslegungsmethode 17
1. Vier Ansatzpunkte 18
2. Auslegungsziel 19
3. Ziel der Auslegung innerstaatlicher Gesetze 22
a) Zwei Theorien 22
b) Praxis 24
c) Mehrstufige Rechtsfindung 24
4. Ziel der Auslegung völkerrechtlicher Verträge 25
5. Juristische Interpretation und allgemeine Hermeneutik . . 28
6. Ergebnis 30

3. Kapitel: Wortsinn 34
(Historisch-grammatische Auslegung)

I. Tatbestand des Art. 84 Abs. 2 34
1. Gewöhnlicher und wirtschaftswissenschaftlicher Sprachgebrauch 35
a) Gewerbetätigkeiten, Unternehmenseinheiten 35
b) Küstenschiffahrt, Luftwerbung usw. 38
c) Flughäfen und Seehafenverkehrswirtschaft 39
2. Juristischer Sprachgebrauch 42
3. Zusammenfassung 45
II. Rechtsfolgeanordnung des Art. 84 Abs. 2 45
III. Der Rechtssatz des Art. 84 Abs. 2 47

4. Kapitel: Systematischer Zusammenhang
(Historisch-systematische Auslegung) 50

I. Aufbau des Vertrages 50
1. Organisationsvorschriften und materielle Vorschriften über den Gemeinsamen Markt 50
2. Universalitätsprinzip, Verkehr und Gemeinsamer Markt . . 51
II. Gliederung der Rechtssätze über den Verkehr 54
1. Vollständige und unvollständige Rechtssätze im Verkehrstitel 54
2. Selbständige Bedeutung von Art. 84 Abs. 2; Konsequenzen: . 57
a) Anwendbarkeit des Vertrages auf Seeschiffahrt und Luftfahrt unabhängig von seiner Anwendbarkeit auf die drei Binnenverkehrsarten: Art. 3e und Art. 84 Abs. 2 57
b) Rang der nach Art. 84 Abs. 2 zu erlassenden Normen: Befugnis zur Vertragsergänzung 58
c) Rechtsform des Beschlusses nach Art 84 Abs. 2 60
d) Bedeutung des Konkurrenzverhältnisses zwischen den Art. 74 bis 82 und den Vorschriften für alle Wirtschaftszweige für die Auslegung des Art. 84 Abs. 2 60
III. Die Überschneidung der Tatbestände der Art. 74 und 84 Abs. 2 mit Tatbeständen der Vorschriften für alle Wirtschaftszweige . 60
1. Freizügigkeitsbestimmungen 61
2. Insbesondere: Tätigkeiten, Unternehmenseinheiten 62
3 Vorschriften über die Politik der Gemeinschaft 63
4. Insbesondere: Zusammenhang zwischen Art. 106, 61 Abs. 1, 74 und 84 Abs 2 64
IV. Mögliches Konkurrenzverhältnis zwischen den Vorschriften für die drei Binnenverkehrsarten und den Vorschriften für alle Wirtschaftszweige 67
1. Art. 74/75 – Verhältnis der Addition 67
2. Art. 79 bis 81 72
3. Art. 76; Art. 77 und 78 73
V. Mögliches Konkurrenzverhältnis zwischen Art. 84 Abs. 2 und den Vorschriften für alle Wirtschaftszweige 74

5. Kapitel: Entstehungsgeschichte der Verkehrsbestimmungen
(Historisch-genetische Auslegung) 77

I. Vom Entwurf einer Satzung für die Europäische Gemeinschaft bis zum Spaak-Bericht 77
II. Vom ersten Redaktionsentwurf bis zum Vorschlag einer dem Art. 84 entsprechenden Bestimmung 79
1. Darstellung 80
2. Deutung 86

III Die Arbeiten bis zur abschließenden Redaktion 91
1. Zum Verkehrstitel 91
2. Einzelfragen 94
a) Art. 3e 94
b) Niederlassungsrecht 94
c) Art. 61 Abs. 1 95
3. Deutung unter Berücksichtigung der letzten Änderungen und der Regierungserläuterungen 96
IV. Ergebnis 101

6. Kapitel: Grund und Zweck der Verkehrsbestimmungen (Historisch-teleologische Auslegung) 103
I. Art. 74 bis 83 103
1. Besonderheiten des Verkehrs; nationale und gemeinsame Verkehrspolitik 103
2. Zwei Aspekte der gemeinsamen Verkehrspolitik 107
3. Folgerungen 107
II. Art. 84 Abs. 2 108
1. Die nationale See- und Luftverkehrspolitik 108
a) Förderung der Leistungsfähigkeit der See- und Luftflotten 109
b) Flaggenprotektionismus, Kabotagevorbehalte, Politik auf dem Gebiet der Luftverkehrsrechte 109
c) Teilnahme von Unternehmen aus Drittländern an den Beförderungen zwischen den Mitgliedstaaten 111
d) Staatszugehörigkeit von Schiffen und Flugzeugen 111
2. Folgerungen 112
III. Art. 84 Abs. 2 als Ermessensnorm 114
IV. Die Wirkung des Subsidiaritätsverhältnisses zwischen Art. 84 Abs. 2 und den Vorschriften für alle Wirtschaftszweige 114
1. Freizügigkeit der Arbeitskräfte 115
2. Niederlassungsfreiheit 116
3. Freier Dienstleistungsverkehr 117
4. Freier Kapitalverkehr 117
5. Grundsätze 117
6. Wettbewerbsregeln 118
7. Steuerliche Vorschriften 120
8. Angleichung der Rechtsvorschriften 120
9. Konjunkturpolitik 121
10. Zahlungsbilanz 122
11. Handelspolitik 122
12. Sozialpolitik 123
13. Investitionsbank 124
14. Assoziierung der überseeischen Länder und Hoheitsgebiete 124
15. Allgemeine und Schlußbestimmungen 124
V. Ergebnis der historischen Auslegung 126

7. Kapitel: Gesichtspunkte der aktualen Auslegung 128

I. Inhalt und Ausmaß der Ermächtigung in Art. 84 Abs. 2 . . . 128
1. Entschließungsermessen 128
2. Grenzen des Auswahlermessens 130
a) Ob 130
b) Inwieweit 131
c) Nach welchen Verfahren 131
II. Beteiligung der Kommission; Rechtsweg 132
III. Konkurrenzverhältnis zu den Vorschriften für alle Wirtschaftszweige 133

8. Kapitel: Auslegungsergebnis und Folgerungen 134

I. Zusammenfassung des Ergebnisses 134
II. Maßnahmen für Seeschiffahrt und Luftfahrt 135
1. Sachverhalte, die nach Art 84 Abs. 2 zu regeln sind 135
2. Sachverhalte, die nicht dem Vorbehalt der Ratsentscheidung unterliegen 137
III. Seehäfen und Flughäfen 137
1. Tatbestand des Art. 84 Abs. 2 und Gewerbetätigkeit der Seehafenverkehrswirtschaft. und der Flughafenunternehmen . . 137
2. Zur Möglichkeit einer gemeinsamen Seehafenpolitik nach dem EWG-Vertrag 142

Zusammenfassung 145

Literaturverzeichnis 147

Sachregister 159

ABKÜRZUNGEN

(Abkürzungen der Titel von Büchern, Vorträgen, Denkschriften vergleiche Literaturverzeichnis)

aaO	am angegebenen Ort
ABl	Amtsblatt der Europäischen Gemeinschaften
APE	Assemblée Parlamentaire Européenne
Arch. ÖR	"Archiv für öffentliches Recht"
BB	Betriebsberater
belg.	belgisch
Berichte dt. GesVR	"Berichte der deutschen Gesellschaft für Völkerrecht"
BGB	Bürgerliches Gesetzbuch
BGBl	Bundesgesetzblatt
BGHZ	Entscheidungen des Bundesgerichtshofs in Zivilsachen
BSchVG	dt. Gesetz über den gewerblichen Binnenschiffsverkehr vom 1. Oktober 1953, BGBl I, S. 1453, zuletzt geändert durch Gesetz vom 1. August 1961, BGBl I, S. 241
BT	Bundestag
BVerfGE	Entscheidungen des Bundesverfassungsgericht
BVM	Bundesverkehrsministerium
BYIL	"British Yearbook of International Law" London - New York - Toronto

CECA	Communauté Européenne de Charbon et Acier
CEE	Communauté Economique Européenne Comunità Economica Européa
ChikAbk.	(Chikagoer) Abkommen vom 7. Dezember 1944 über die International Zivilluftfahrt, in der Bundesrepubli Gesetz vom 7. April 1956, BGBl I S. 411
Code de l'aviation	frz. Code de l'aviation civile et commerciale, Décret Nr, 55 - 1950 du 30 novembre 1955
Com.	Commentaar
Dalloz	Dalloz, Code des Transports, Paris 1955
Dalloz, Répertoire	Dalloz, Répertoire de Droit Public et Administratif, 2 Bände, Paris 1959
DÖV	"Die öffentliche Verwaltung", Köln-Berlin
DVBl	"Deutsches Verwaltungsblatt", Stuttgart
dt	deutsch
EAG	Europäische Atomgemeinschaft
EAGV	Vertrag zur Gründung der EAG
ECAC	European Civil Aviation Conference
ECE	Economic Commission for Europe of the United Nations
ED	Europäische Dokumentation, Monatliche Hefte, Europäisches Parlament
EEG	Europese Economische Gemeenschap

EGKS	Europäische Gemeinschaft für Kohle und Stahl
EGKSV	Vertrag zur Gründung der EGKS
EP	Europäisches Parlament
EVG	Europäische Verteidigungsgemeinschaft
E. W.	"Europäische Wirtschaft" Halbmonatszeitschrift für den Gemeinsamen Markt
EWG	Europäische Wirtschaftsgemeinschaft
EWGV	Vertrag zur Gründung der EWG
Fontes A I 5	Fontes Juris Gentium, Series A-sectio I - Tomus 5 Handbuch der Entscheidungen des Internationalen Gerichtshofs 1947 bis 1958, Herausgegeben von Mosler, Köln-München-Bonn 1961
frz.	französisch
GEGE	Gerichtshof der Europäischen Gemeinschaften, Sammlung der Rechtsprechung des Gerichtshofs, Luxemburg, seit 1954/55
GG	Grundgesetz für die Bundesrepublik Deutschland vom 23. Mai 1949
GüKG	dt. Güterkraftverkehrsgesetz vom 17. Oktober 1952, BGBl I, S. 697, zuletzt geändert durch Gesetz vom 1. August 1961, BGBl I, S. 241
GWB	dt. Gesetz gegen Wettbewerbsbeschränkungen vom 27. Juli 1957, BGBl I, S. 1081
HDSW	Beckerath, Bente, Brinkmann und andere, Handwörterbuch der Sozialwissenschaften, Stuttgart-Tübingen-Göttingen 1959

IATA	International Air Transport Association
ICAO	International Civil Aviation Organisation, Teil II Chik. Abk.
IG	Internationaler Gerichtshof
Int. Arch. Verkw.	"Internationales Archiv für Verkehrswesen" Frankfurt a/M.
ITZ	"Internationale Transportzeitschrift"
J.O.	frz. Journal Officiel
JMM	Journal de la Marine Marchande et de la Nagination Aérienne"
JZ	"Juristenzeitschrift" Tübingen
Luchtvaartwet	ne. Wet van 15 januari 1958, Stb 47, houdende nieuwe regelen omtrent de luchtvaart
LuftVG	dt. Luftverkehrsgesetz in der Fassung vom 10. Januar 1959, BGBl I, S.9, geändert durch Gesetz über Zuständigkeiten in der Luftverkehrsverwaltung vom 8. Februar 1961, BGBl I, S. 69; vgl. auch die zuletzt mit VO vom 15. September 1957 BGBl I, S. 1371, geänderte VO über den Luftverkehr vom 21. August 1936, BGBl I, S. 659
MAE	Ministres des Affaires Etrangères
nd	niederländisch
NN	nomen nescio
NJW	"Neue Juristische Wochenschrift", München und Berlin
OEEC	Organisation for European Economic Cooperation
OVG	Oberverwaltungsgericht

PBefG	Personenbeförderungsgesetz vom 21. März 1961, BGBl I, S. 241
Rec. des Cours	"Recueil des Cours de l'Académie der Droit international de la Haye"
RGBl	Reichsgesetzblatt
Rev. DP	"Revue du Droit Public et de la Science Politique" en France et à l'étranger"
Rev. MC	"Revue du Marché Commun"
Rs	Rechtssache
S.	Seite
SchiffsregO	dt. Schiffsregisterordnung vom 19. Dezember 1940, RGBl I, S. 1591 in der Fassung des Gesetzes vom 26. Mai 1951, BGBl I, S. 360
Schweiz. Arch. VerkWiss.	"Schweizerisches Archiv für Verkehrswissenschaft und Verkehrspolitik", Zürich
Stb	nd. Staatsblad
StVO	dt. Straßenverkehrsordnung vom 13. November 1937, RGBl I, S. 1179 in der Fassung der Bekanntmachung vom 29. März 1956, BGBl I, S. 271, 327
Transit-Vereinbarung	Vereinbarung vom 7. Dezember 1944 über den Durchflug im Internationalen Fluglinienverkehr in der Bundesrepublik, Gesetz vom 7. April 1956, BGBl II, S. 411
Transportvereinbarung	International Air Transport Agreement, unterzeichnet am 7. Dezember 1944 in Chikago
vgl.	vergleiche

Verkehr	"Verkehr", Internationale Fachzeitschrift für Verkehrswirtschaft, Wien
VO	Verordnung
VR	Völkerrecht
WuW	"Wirtschaft und Wettbewerb"
Zeitschr. ausl. ÖRVR	"Zeitschrift für ausländisches öffentliches Recht und Völkerrecht."
ZLuftR	"Zeitschrift für Luftrecht und Weltraumrechtsfragen", Köln.

PROBLEMSTELLUNG

Die Einigung der Märkte der sechs kerneuropäischen Länder, die Annäherung ihrer Volkswirtschaften und die Erarbeitung der Grundsätze und Einzelheiten einer gemeinsamen Politik auf diesem Gebiet (1), berühren auch den Verkehr. Für diesen Wirtschaftszweig ist in Art. 3e EWGV die Einführung einer gemeinsamen Politik vorgesehen. Außerdem ist ihm ein besonderer Titel in dem Vertragswerk gewidmet (2). Dies ist bei allen anderen Sektoren der Wirtschaft mit Ausnahme der Landwirtschaft (3) nicht der Fall. Die Schlußvorschrift des besonderen Verkehrstitels lautet:

1 Dieser Titel gilt für Beförderungen im Eisenbahn-, Straßen- und Binnenschiffsverkehr.

2 Der Rat kann einstimmig darüber entscheiden, ob, inwieweit und nach welchen Verfahren geeignete Vorschriften für die Seeschiffahrt und Luftfahrt zu erlassen sind (4).

Der Sinn dieser Regelung für Seeschiffahrt und Luftfahrt ist umstritten. Zwei entgegengesetzte Auffassungen werden vertreten (5):

- Seeschiffahrt und Luftfahrt seien von der Anwendung des gesamten EWGV freigestellt, solange und soweit nicht ein be-

(1) Ähnlich der Wortlaut der bei der Unterzeichnung des Vertrages angenommenen gemeinsamen Erklärung über die Zusammenarbeit mit den Mitgliedstaaten der internationalen Organisationen, BGBl. 1957 II 760.

(2) Zweiter Teil, Titel IV.

(3) Zweiter Teil, Titel II.

(4) 1 Les dispositions du présent titre s'appliquent aux transports par chemin de fer, par route et par voie navigable.

2 Le Conseil, statuant à l'unanimité, pourra décider si, dans quelle mesure, et par quelle procédure, des dispositions appropriées pourront être prises pour la navigation maritime et aérienne.

1 Le disposizioni del presente titolo si applicano ai trasporti ferroviari, su strada e per vie navigabili.

2 Il Consiglio, con deliberazione unanime, potrà decidere se, in quale misura e con quale procedura, potranno essere prese opportune disposizioni per la navigazione marittima e aerea.

1 De bepalingen van deze titel zijn van toepassing ob het vervoer per spoor, over de weg en over de binnenwateren.

2 De Raad kan met eenparigheid van stemmen besluiten of, in hoeverre en volgens welke procedure passende bepalingen voor de zeevaart en de luchtvaart zullen kunnen worden genomen.

(5) Gegenüberstellung der beiden Meinungen bei STABENOW, Triest S. 3; IMBRUGLIA, Trasporti marittimi e CEE, Rassegna economica Nr. 3, 1960 S. 513 ff. NN, Seehäfen und Seeschiffahrt im Rahmen der Triester Hochschulwochen, Int. Transp. Z. 1961 S. 3235.

stimmter einstimmiger Beschluß des Rates nach Art. 84 Abs. 2 ergehe (6).

- Der Vertrag zur Gründung der EWG sei bereits im gegenwärtigen Zeitpunkt auf die Seeschiffahrt und die Luftfahrt anzuwenden, soweit er nicht ausdrücklich Ausnahmen vorsehe oder auf Grund und in den Grenzen seiner Ermächtigungen zulasse. Bisher schlössen nur Art. 61 Abs. 1 und Art. 84 EWGV die Anwendung der Art. 59 bis 66 bzw. 74 bis 83 auf Seeschiffahrt und Luftfahrt ausdrücklich aus (7).

(6) DEUTSCHER BUNDESRAT, Entschließung vom 29. März 1961 (230.Sitzung, Drucks. 133/61)
BVM, Stellungnahme, S.14 f (19)
Note FRZ. DEL., S. 10 f.
FRZ. VERKEHRSMINISTERIUM, Note über die auf den Verkehr anwendbaren Bestimmungen des Romvertrages, Paris 1961 S. 5 f
BELG. REEDERVERBAND, Stellungnahme zur Frage der Anwendbarkeit der Bestimmungen des EWGV auf die Seeschiffahrt, Antwerpen März 1961.
BELLON, Les transports maritimes et la CEE, Rev. MC 59 S. 284
CARTOU, Der Gemeinsame Markt und das öffentliche Recht, Baden-Baden 1960 S. 193 f
CATALANO, La CEE e l'Euratom, Milano 1959 S. 141
COMITE CENTRAL DES ARMATEURS DE FRANCE, vgl. NN, Le maintien du monopole de pavillon ne conditionne plus la prospérité du port de Marseille, qui vise à devenir le grand port mediterranéen du Marché commun, JMM 1961 S. 679.
IMBRUGLIA, aaO. S. 514.
KOLATH, Der Verkehr in der EWG und seine Auswirkungen auf die dt. Verkehrspolitik, Int. Arch. Verkw. 1961 S. 148 (150).
KRÜGER, E., Sind See- und Luftverkehr von der Integration auszuschließen? E. W. 1961 S. 452 (nicht sehr entschieden)
MÜNCH, Organe der Europäischen Gemeinschaften, Festschrift für Schätzel, Düsseldorf 1960 S. 339 (355)
RODE-VERSCHOOR, Het Verdrag betreffende de EEG en het luchtvervoer, Nederlands Juristenblad 1961 S. 407-410 (Resumé E. D. 1961 S. 65); THEEL, Die gegenwärtige politische und ökonomische Struktur der europäischen Seeschiffahrt im Rahmen der Weltschiffahrt und Weltwirtschaft und Möglichkeiten einer Änderung im Bereich der EWG, Univ. Triest 1961 S. 20/21; SCHULTE-MEERMANN, in Groeben/Boeckh, Art. 84 Anm. 1a-c; WEISING, Die Seehäfen in der EWG, Verkehr 1960 S. 1373; NN. Seeschiffahrt contra EWG, Verkehr 1961 S. 122; NN, Seehäfen und Seeschiffahrt im Rahmen der Triester Hochschulwochen, Int. Transp. Z. 1961 S. 3235; NN, Dans quelle mesure le traité de Rome s'applique-t-il dès maintenant à la navigation maritime et aerienne? JMM 1961 S. 474.

(7) KOMMISSION, Memorandum Anl. 2 S.14; Denkschrift I S. 38/39; SCHAUS, Bremen S. 13, Triest S. 7, dort allerdings mit Betonung der Notwendigkeit einer Anpassungsregelung; STABENOW, Triest S. 3; EP, Bericht Corniglion-Molinier S.10-12; SAND, Die Airunion und das Wettbewerbsrecht des Gemeinsamen Marktes, ZLuftR 1960 S.111 (112); Marché commun et liberalisation du transport aérien, Revue générale de l'air, 1960 S. 87 f; DE VRIES, Gen. Dir. für Schiffahrt im nd. Verk. Min. (mit einigen Vorbehalten) vgl. NN, Seeschiffahrt ein Gemeinsamer Markt, Transportdienst 1961 S. 1429; A. D. D. Euromarkt, Com. EEGV 9. 4. zu Art. 84, mit Vorbehalt hinsichtlich der Wettbewerbsregeln; NN, Zur Verkehrskonzeption der EWG, Wirtschaftsdienst 1961 S. 469; CAPPONI, Der Seeverkehr im Rahmen der EWG, Triest 1961 S. 5 f (nicht sehr eindeutig mit Vorbehalten zu den Wettbewerbsregeln).

Der Streit geht somit darum, ob es eines einstimmigen Beschlusses des Rates bedarf, um den Integrationsprozeß auf Seeschiffahrt und Luftfahrt zu erstrecken, oder ob die Organe der Gemeinschaft schon jetzt befugt sind, diese beiden Verkehrsarten in ihren Maßnahmen zur Verwirklichung der Ziele des Vertrages einzubeziehen (8). Nach der ersten Auffassung verbleibt die Zuständigkeit für die See- und Luftfahrtspolitik bei den Mitgliedstaaten, ihre "Übertragung" auf die Gemeinschaft steht noch in ihrem Belieben. Nach der zweiten Meinung sind die Organe der Gemeinschaft schon heute zur Ausübung dieser Kompetenz befugt (9). Die Erteilung der Enscheidungsbefugnis an den Rat nach Art. 84 Abs. 2 dient im Sinne der ersten Auffassung dazu, eine Sonderregelung (10) für Seeschiffahrt und Luftfahrt zu erlassen, damit die Errichtung des Gemeinsamen Marktes und die schrittweise Annäherung der Wirtschaftspolitik der Mitgliedstaaten, Art. 2 und 3 EWGV, auf sie erstreckt werden können. Nach der zweiten Meinung ermächtigt Art. 84 Abs. 2 den Rat jedoch nur, bei der Einbeziehung der beiden Verkehrsarten in die Tätigkeit der Gemeinschaft im Sinne von Art. 2 und 3 des Vertrages eine "Anpassung der Vertragsbestimmungen an die Erfordernisse der Seeschiffahrt und der Luftfahrt" (11) vorzunehmen, falls sie sich als notwendig erweisen sollte. Dieser Fall würde jedoch nur selten praktisch werden. Denn der Rat ist mehrfach dazu ermächtigt, einzelne Wirtschaftszweige von bestimmten Kapiteln des Vertrages auszunehmen, vgl. Art. 54 Abs. 2, 87 Abs. 2c, 93 Abs. 3d mit 94. (12).

Art. 84 Abs. 2 ist Teil des Sondertitels für die Transportwirtschaft. Gemäß Art. 84 Art. 1 gelten die darin enthaltenen Vorschriften der Art. 74 bis 83 nicht für Seeschiffahrt und Luftfahrt. Wenn nun alle fünf in Art. 84 genannten Verkehrsarten ausschließlich der Regelung des Sondertitels unterliegen würden,

STABENOW erwähnt in seinem Vortrag in Triest (S. 6 u. 7) noch eine dritte vermittelnde Ansicht: Die Unternehmen der Seeschiffahrt und der Luftfahrt seien nicht schlechthin vom Vertrag freigestellt, sondern nur insoweit, als sie Transportdienstleistungen erbrächten. Stabenow kritisiert diese Ansicht auf S.24 seines Vortrags (dazu auch NN, Int.Transp.Z. 1961 S. 3235). Jene vermittelnde Ansicht geht mit auf Gedanken des Verfassers zurück (vgl. ERDMENGER, Seeschiffahrt und Luftfahrt im EWGV, Mitteilungen der Handelskammer Hamburg 1961 S. 170) und wird deshalb hier nicht besonders dargestellt.

(8) Dazu NN. aaO. Int. Transp. Z. 1961 S. 3235.

(9) Zu dem Gedanken, daß die Mitgliedstaaten den Gemeinschaftsorganen Kompetenzen zur Ausübung überlassen: KRAUS, HERBERT, Betrachtungen über die rechtliche Struktur der EGKS, Festgabe für Smend 1952 S. 189 f (198). Auf die rechtliche Konstruktion kommt es hier nicht entscheidend an.

(10) EVERLING, WEGSpr Art. 84 Anm. 1, spricht von einer Ermächtigung zur autonomen Vertragsergänzung.

(11) So wörtlich KOMMISSION, Memorandum Anl. 2 S. 14; was die Kommission unter solchen Anpassungen versteht, wird nicht ganz deutlich.

(12) Dazu STABENOW, Triest S. 5 und 6.

könnte nur die erste Ansicht richtig sein. Es bliebe in diesem Fall nur übrig, daß der Rat eine Sonderregelung für Seeschifffahrt und Luftfahrt erlassen könnte, um sie erst damit der Zielsetzung des Vertrages zu unterwerfen. Insbesondere das französische Verkehrsministerium hat in der Tat so argumentiert und dabei die besonderen Aspekte der in dem Art. IV geregelten Materie unterstrichen (13).

Nur aus der "spécificité de la matière" läßt sich die ausschließliche Geltung des Sondertitels für die Transportwirtschaft jedoch nicht herleiten. Es hätte dann nämlich entweder der Vorschrift des Art. 61 Abs. 1 im Kapitel über den freien Dienstleistungsverkehr nicht bedurft, oder es müßten auch andere Titel und Kapitel des Vertrages entsprechende Bestimmungen enthalten. Das ist aber nicht der Fall. Die Frage, ob neben den Bestimmungen des Sondertitels auch andere Vorschriften des EWGV auf den Transportsektor angewendet werden können, ist daher ebenfalls umstritten (14). Der Meinung des französischen Verkehrsministeriums steht die Ansicht gegenüber, alle übrigen Vorschriften des Vertrages - mit Ausnahme der Art. 59 bis 66 - seien auf den Verkehr anzuwenden (15). Der Streit hat sich vor allem bei der Frage der Anwendbarkeit der Wettbewerbsregeln der Art. 85 bis 94 EWGV auf das Verkehrswesen zugespitzt (16). Es gibt auch Mittelmeinungen, die einige Titel und Kapitel des Vertrages auf den Verkehr anwenden wollen, andere dagegen nicht (17).

(13) Note über die auf den Verkehr anwendbaren Bestimmungen aaO. S. 5; Note frz. Del. S. 7; dazu auch STABENOW, Freizügigkeit Fußnote 3 und 7.

(14) Darstellung des Meinungsstreites bei KOLATH, Der Verkehr in der EWG aaO. Int. Arch. Verkw. 1961 S. 148 f.

(15) KOMMISSION, Denkschrift I S. 26 f.; SCHAUS, Bremen S. 12; STABENOW, Transportdienst 1960 S. 11, Triest S. 8 f, Freizügigkeit S. 485; EP, Entwurf Müller-Hermann S. 2 f; REGIERUNG DER NIEDERLANDE, Memorandum über die Gemeinsame Verkehrspolitik in der EWG, den Haag 1961 II (Resumé in Europäische Dokumentation, Juli, 1961 S. 26-27); A. D. D. Euromarkt, Com. EEGV 9. o.

(16) DAFÜR:
KOMMISSION, Memorandum Anl. 1 S. 1 f, Denkschrift I S. 27; SCHAUS, Bremen S. 18; STABENOW, Triest S. 11, Freizügigkeit S. 486, Transportdienst 1960 S. 11; WEYER, Gelten die Wettbewerbsbestimmungen des EWGV auch für den Verkehr? WuW 1961 S. 11 (15); GÜNTHER, Die Regelung des Wettbewerbs im Vertrag zur Gründung der EWG, WuW 1957 S. 275 (290); EP, Entwurf Müller-Hermann aaO. S. 2 f; REGIERUNG DER NIEDERLANDE, Memorandum aaO; THIESING in Groeben/Boeckh Vorbem. A 6 vor Art. 85.
DAGEGEN:
RUNGE, Unterliegen die Verkehrsunternehmen dem Kartellverbot des EWGV? E. W. 1961 S. 94-97; EVERLING in WEGSpr. Art. 74 Anm. 4; SCHULTE-MEERMANN, aaO. E. W. 1959 S. 424 f; BVM, Gutachten insbesondere S. 7, Stellungnahme S. 1 f; NOTE Frz. Del. aaO S. 5 f; DT. BUNDESRAT, Entschließung vom 29. 3. 61 aaO.; SEEBOHM, Aktuelle Fragen des Verkehrs innerhalb der EWG, Zeitschr. Verk. Wiss. 1961 S. 73, Die Tätigkeit der EWG auf dem Gebiete des Verkehrs, Int. Arch. VerkW. 1961 S. 1-6.

Everling führt diesen Gedanken im Hinblick auf Seeschiffahrt und Luftfahrt weiter. Er meint, daß, soweit andere Teile des Vertrages außerhalb des Verkehrstitels überhaupt auf den Verkehr anwendbar seien, diese auch für Seeschiffahrt und Luftfahrt gelten müßten. Demnach sei das Kapitel Niederlassungsrecht, Art. 52 bis 58, auf diese beiden Verkehrsarten (18) anzuwenden, nicht aber das Kapitel Wettbewerbsregeln (19).

Der Streit um die Anwendung des EWGV auf Seeschiffahrt und Luftfahrt ist also eingebettet in den Streit um die Anwendung des Vertrages auf die Transportwirtschaft im ganzen.

Es gilt somit, im Rahmen einer Prüfung der Rechtslage für den Transportsektor nach dem EWGV die Frage zu lösen, inwieweit außer Art. 84 Abs. 2 auch andere Vorschriften des Vertrages auf die Seeschiffahrt und die Luftfahrt angewendet werden können und dürfen. -

Das praktische Bedürfnis für eine solche Untersuchung des Vertrages hat sich bei den Arbeiten der Organe der Gemeinschaft wiederholt gezeigt. So ergab sich bei den Beratungen des Ministerrates über das "Allgemeine Programm zur Aufhebung der Beschränkungen der Niederlassungsfreiheit", das die Kommission unter dem 22. März 1960 (20) gemäß Art. 54 EWGV vorgeschlagen hatte, die Frage, ob der Wirtschaftszweig Verkehr, den die Kommission in den Vorschlag aufgenommen hatte, darin belassen werden könne. Es erschien nämlich möglich, daß die Niederlassungsfreiheit für den Verkehrssektor im Zuge der gemeinsamen Verkehrspolitik ausschließlich nach Art. 74, 75 und 84 Abs. 2 EWGV herzustellen sei (21). Die Beratungen schlossen Ende Oktober 1961 für die drei Binnenverkehrsarten mit einer Kompromißformel, für Seeschiffahrt und Luftfahrt wurde die Entscheidung wegen der unklaren Rechtslage aufgeschoben (22).

Bei den Beratungen über den Vorschlag der Kommission für ein "Allgemeines Programm zur Aufhebung der Beschränkungen des freien Dienstleistungsverkehrs" vom 28. Juli 1960 (23) vertrat das Europäische Parlament u. a. die Ansicht, die Liberali-

(17) Das BVM will z. B. nur die Wettbewerbsregeln und die Vorschriften über die Rechtsangleichung nicht auf den Verkehr anwenden, wohl aber z. B. die Vorschriften über das Niederlassungsrecht, Stellungnahme S. 4.

(18) Dieser Begriff wird in dieser Arbeit im Sinne der vom Verkehrsausschuß des EP ausgearbeiteten terminologischen Liste benutzt, Dok. APE 4919, Straßburg 1961.

(19) EVERLING, in WEGSpr Art. 74 Anm. 4 und Art. 84 Anm. 1.

(20) Dok. Kom. 201/60; dazu Dt. BT. 3. Wahlperiode Drucks. 2532, jetzt ABl. 1962, S. 32.

(21) Diese Frage warf auch der Dt. Bundesrat in seiner Entschließung vom 29. März 1961 auf (Drucks. 75/61).

(22) EWG, Der Rat, Dok. 1325/61 Anl. I.

(23) Dok. III/Kom (60) 92 endg. vgl. Art. 63 Abs. 1 EWGV, dazu dt. BT, 3. Wahlp. Drucks. 2532. vgl. jetzt ABl. 1962, S. 36.

sierung des Zahlungstransfers für die Transportleistungen, insbesondere der See- und Luftfahrt, sei in diesem Programm vorzusehen (24). Der Rat hat bei seiner Entscheidung über das Allgemeine Programm diese Frage offen gelassen, da Beschränkungen für Zahlungen im Dienstleistungsverkehr zwischen den Mitgliedstaaten praktisch nicht mehr bestehen (25).

Die Frage der Anwendbarkeit der Wettbewerbsregeln auf den Verkehrssektor ist anläßlich der Beratungen der Organe der Gemeinschaft über die erste Durchführungsverordnung zu Art. 85 und 86 des Vertrages aktuell geworden, welche die Kommission dem Rat im Oktober 1960 gemäß Art. 87 vorgeschlagen hat (26) und die der Rat am 30. Dezember 1961 verabschiedete (27). Der Verkehrsausschuß des Europäischen Parlaments (28) bedauerte die unsichere Rechtslage und vertrat die Ansicht, daß die Art. 85 und 86 des Vertrages und damit die Verordnung nicht auf den Verkehrssektor angewendet werden könnten, solange die in Art. 74 EWGV vorgesehene Gemeinsame Verkehrspolitik nicht festgelegt sei. Der Binnenmarktausschuß (29) ist dieser Ansicht nicht gefolgt, weil er die Zeit für eine ins einzelne gehende Abgrenzung der freizustellenden Tatbestände innerhalb der Transportwirtschaft noch nicht für gekommen hielt. Fragen des See- und Luftverkehrs wurden von den beiden Ausschüssen nicht besonders angeschnitten.

Die Prüfung der Frage, inwieweit außer Art. 84 Abs. 2 auch andere Vorschriften des EWGV auf Seeschiffahrt und Luftfahrt angewendet werden dürfen, muß von einem Überblick über die wesentlichen Argumente ausgehen, die bisher von den beiden entgegengesetzten Auffassungen zur Deutung des Art. 84 Abs. 2 EWGV vorgetragen worden sind.

(24) ABl. 1961, Nr. 24, S. 559.

(25) EWG, Der Rat, Dok. 1337/61 Anl. I S. 2 u. 5, Anl. III S. 3.

(26) Vierter Gesamtbericht der Kommission Ziff. 48; vgl. die vom EP veröffentlichte Fassung in ABl. 61 S. 1409.

(27) "Die Welt" vom 2. Jan. 1962. Jetzt VO Nr 17, ABl. 1962, S. 204.

(28) EP, Binnenmarktausschuß, Bericht zu der Konsultation durch den Rat der EWG betr. eine erste Durchführungsverordnung zu den Art. 85 und 86 des Vertrages, erstattet von Herrn Dehringer, Dok. 57 Anl. III C.

(29) Bericht Dehringer aaO S. 33 und 34, erstattet in der Sitzung des EP vom 19. Okt. 1961 (Protokoll im Amtsbl. S. 1334.)

1. Kapitel

STAND DER MEINUNGEN

I. Argumente für die Freistellung von Seeschiffahrt und Luftfahrt vom Vertrag

Von den Verfechtern der Ansicht, Art. 84 Abs. 2 stelle die Seeschiffahrt und die Luftfahrt vom Anwendungsbereich aller übrigen Vertragsvorschriften vorläufig frei, wird geltend gemacht:

Alle Vertragspartner seien sich bei Abschluß des EWGV darüber einig gewesen, daß der Vertrag den See- und Luftverkehr nicht erfasse (1). Sie hätten mit Art. 84 Abs. 2 nur die Möglichkeit eröffnen wollen, beide Verkehrsarten zu einem späteren Zeitpunkt in den Vertrag einzubeziehen (2). Dieser Wille sei gemäß der völkerrechtlichen Praxis bei der Vertragsauslegung zu beachten. Dem nachweisbaren Parteiwillen gebühre insbesondere dann der Vorrang, wenn die Auslegung aus Text und System des Vertrages nicht eindeutig sei oder gar zu absurden Ergebnissen führe, wie dies bei der gegnerischen Auffassung der Fall sei (3).

Bei Berücksichtigung des Parteiwillens könne aus Art. 84 Abs.2 aber nur eine Freistellung der Seeschiffahrt und Luftfahrt vom Vertrag herausgelesen werden. Der Parteiwille ergebe sich eindeutig aus der Entstehungsgeschichte des Vertrages, insbesondere den Verhandlungsprotokollen und dem Verhalten der vertragschließenden Staaten während der Verhandlungen und beim institutionellen Aufbau der EWG (4). Die Auffassung der Kommission führe zu dem absurden Ergebnis, daß Seeschiffahrt und Luftfahrt entgegen der eindeutigen Absicht der Vertragspartner weitgehender in das Vertragswerk einbezogen würden als die Binnenverkehrsträger. "Denn bei diesen würde gem. Art. 75 die Berücksichtigung der Besonderheiten des Verkehrs ausdrücklich vorgeschrieben sein, bei Seeschiffahrt und Luftfahrt dagegen

(1) Charakteristisch ist die Formulierung des BUNDESRATES in seiner Entschließung vom 29.März 1961, Drucks. 133/61: "Der Bundesrat ... ist der Auffassung, daß die Seeschiffahrt und die Luftfahrt nach dem Willen der Vertragspartner, der in Art.84 Abs.2 eindeutig zum Ausdruck gebracht worden ist, vom gesamten Vertragswerk solange ausgenommen sind, als der Rat nicht auf Grund dieser Bestimmungen einstimmig etwas anderes beschließt."

(2) BVM, Stellungnahme S. 15, SEEBOHM, Aktuelle Fragen aaO S. 83.

(3) Das BVM, Stellungnahme S. 16, beruft sich hierzu auf VERDROSS, Völkerrecht 4. Aufl. Wien 1959 S. 114.

(4) BVM. Stellungnahme S. 16-18. Die Entstehungsgeschichte des Art. 84 wird unten 77 ff im einzelnen behandelt. Auf eine Darstellung der Protokollstellen, auf die das BVM sich beruft, wird daher hier verzichtet.

nicht" (5), bevor nicht das Einstimmigkeitsverfahren nach Art. 84 Abs. 2 zur Ausdehnung der Vorschriften für den Binnenverkehr auf Seeschiffahrt und Luftfahrt angewendet werde (6).

Aus den Verhandlungsprotokollen gehe darüber hinaus hervor, daß die Vertragspartner einverstanden gewesen seien, alle Verkehrsbestimmungen in einem Titel zu behandeln, und daß sie demnach der Ansicht gewesen sein müßten, daß alle anderen Vertragsvorschriften den Verkehr nicht beträfen (7). Dies ergebe sich hauptsächlich aus der Entwicklung des Art. 74 bei den Verhandlungen (8) und aus seinem heutigen Wortlaut (9). Man könne daher nicht so argumentieren, daß der Text des Art. 84 EWGV Seeschiffahrt und Luftfahrt nur für den Titel Verkehr ausnehme.

Darüberhinaus ergebe sich insbesondere im Hinblick auf die Frage der Anwendbarkeit der Wettbewerbsregeln auf die Transportwirtschaft, daß das von der Kommission verfochtene Prinzip der Universalität des Vertrages - das ist: dieser erstrecke sich auf alle Wirtschaftszweige, soweit er nicht ausdrücklich Ausnahmen enthalte - durch das Prinzip der Besonderheiten des Verkehrssektors und deren Anerkennung durch die ihn betreffenden Vertragsvorschriften (10) durchbrochen sei. Man könne den Grundsatz der Universalität insoweit bestreiten, daß er nur ausdrücklich Ausnahmen zulasse. Stillschweigende Ausnahmen nach der Systematik des Vertrages gebe es auch (11). Die Bestimmungen über die Einführung einer gemeinsamen Verkehrspolitik enthielten als leges speciales eine solche Ausnahme (12). Die übrigen Vertragsvorschriften könnten für den Verkehr nur insoweit gelten, als sie nicht Gegenstände der gemeinsamen Verkehrspolitik beträfen. Da insbesondere die Ordnung des Wettbewerbs im Verkehr Hauptgegenstand der gemeinsamen Verkehrspolitik sei und es einer grundsätzlichen Klärung der Frage bedürfe, inwieweit man überhaupt marktwirtschaftlichen Wettbewerb im Verkehr zulassen wolle, könnten auf jeden Fall die Wettbewerbsregeln nicht auf den Verkehr angewendet werden (13).

(5) BVM, Stellungnahme S. 19, Gutachten vom April 1960 S. 1 und 6.
(6) Note Frz. Del. S. 11.
(7) Note Frz. Del. S. 16.
(8) Note Frz. Del. S. 5.
(9) RUNGE, aaO, E.W. 1961 S. 96.
(10) Note Frz. Del. S. 2, 5 und 6.
(11) So besonders RUNGE aaO. S. 95
(12) So insbesondere BVM, Stellungnahme I, 5b
(13) SCHULTE-MEERMANN aaO. S. 424; RUNGE aaO S. 95; BVM, Gutachten S. 9, Stellungnahme I 5b; SEEBOHM, Die Tätigkeit aaO S. 5, Aktuelle Fragen aaO S. 82.
Die These, daß der Verkehrssektor, also auch Seeschiffahrt und Luftfahrt, in der EWG ausschließlich nach den Bestimmungen des Titels IV im zweiten Teil des Vertrages zu behandeln ist, wird von französischer Seite konsequent vertreten (Note Frz. Del. S. 6-12 und frz. Verk. Min. Note aaO S. 5). Dabei wird vor

Des weiteren müsse hervorgehoben werden, daß der Verkehr nicht von dem Gemeinsamen Markt umfaßt werde, der durch die EWG zu schaffen sei. Dieser Gemeinsame Markt umfasse nur den Warenverkehr und die Landwirtschaft (14). Da die Wettbewerbsregeln nur den Wettbewerb innerhalb des Gemeinsamen Marktes vor Verfälschungen schützen sollten, seien sie daher auf den Verkehr nicht anzuwenden.

Selbst wenn man wegen Art. 90 Abs. 2 davon ausgehe, daß die Wettbewerbsregeln auch für die Dienstleistungen gälten, so sei doch durch Art. 61 Abs. 1 klargestellt, daß die Verkehrsdienstleistungen nicht unter den allgemeinen Dienstleistungsbegriff des Vertrages fielen. Daher würden sie auch als Dienstleistungen, unabhängig von ihrer Zugehörigkeit zum Gemeinsamen Markt, nicht den Wettbewerbsregeln unterliegen (15).

Auch aus dem Vergleich des Titels II (Landwirtschaft) und des Titels IV (Verkehr) im zweiten Teil des Vertrages sei zu entnehmen, daß der Verkehr nicht zum Gemeinsamen Markt gehöre und auch den Wettbewerbsregeln nicht unterliege (16). Durch Art. 38 sei die Landwirtschaft ausdrücklich in den Gemeinsamen Markt einbezogen worden. Daher sei die gemeinsame Politik auf dem Gebiet der Landwirtschaft auch im Rahmen des Zeitplanes des Art. 8 zu verwirklichen (Art. 40 Abs. 1) und habe dem Rat durch Art. 42 ausdrücklich die Befugnis eingeräumt werden müssen, den Umfang der Anwendung der Wettbewerbsregeln auf die Landwirtschaft festzulegen. Diese Einbeziehung der Landwirtschaft in den Gemeinsamen Markt habe nur erfolgen können, weil sich die Mitgliedstaaten bereits vor Abschluß des Vertrages über Ziel und Grundsätze der gemeinsamen Landwirtschaftspolitik hätten einigen können (Art. 39). Diese Einigung sei aber bezüglich der gemeinsamen Verkehrspolitik nicht erzielt worden. Daher habe man keine den Artikeln 38, 39, 40 und 42 entsprechenden Bestimmungen in den Vertrag aufgenommen, um der späteren Entwicklung der gemeinsamen Verkehrspolitik durch den Rat nicht vorzugreifen und um zum Ausdruck zu bringen, daß der Verkehr zunächst nicht vom Gemeinsamen Markt umfaßt werde (17).

allem auf den Gedanken abgestellt, daß nach Art. 74 sämtliche Ziele des Gemeinsamen Marktes in die gemeinsame Verkehrspolitik "eingefügt" werden sollen.
Das BVM will auf den Binnenverkehr z. B. die Bestimmungen über die Freizügigkeit der Arbeitskräfte, das Niederlassungsrecht, den Kapitalverkehr, die Sozialpolitik usw. anwenden, nicht aber auf Seeschiffahrt und Luftfahrt (Stellungnahme aaO S. 4)

(14) BVM, Gutachten S. 8; Stellungnahme S. 2, 3, 7 ff.

(15) Stellungnahme S. 3, 7, Gutachten S. 8; so auch RUNGE S. 96, Note Frz. Del. S. 2 u. 3.

(16) Stellungnahme S. 5 ff. S. 9; RUNGE S. 95, Note Frz. Del. S. 4.

(17) BVM Stellungnahme S. 5 und 9; zum Vergleich der Verfahrensvorschriften Art. 8 und 87 mit Art. 75 auch Note Frz. Del. S. 8

Ebenso könne aus dem Wortlaut des Art. 77 nicht auf die grundsätzliche Anwendbarkeit des Beihilfeverbots des Art. 92 geschlossen werden; denn Art. 77 wolle nur sicherstellen, daß bei der Verwirklichung der gemeinsamen Verkehrspolitik bestimmte Beihilfen zulässig blieben. Eine erschöpfende Regelung treffe Art. 77 nicht; die Frage, welche staatlichen Beihilfen auf dem Gebiet des Verkehrs unzulässig sein sollen, sei bei Vertragsschluß bewußt offengelassen worden (18). -

Die Freistellung der Seeschiffahrt und der Luftfahrt von der Anwendung anderer Vorschriften als der des Art. 84 Abs. 2 wird also im wesentlichen mit Argumenten aus fünf Gesichtspunkten begründet, die mehr oder weniger miteinander verknüpft sind:

- Wille der Vertragsschließenden,
- vernünftiges Ergebnis,
- das Verhältnis der Universalität des Vertrages zu den Besonderheiten des Verkehrs,
- Verkehr und Gemeinsamer Markt,
- das Verhältnis von Art. 77 zu Art. 92.

Auch die entgegengesetzte Meinung argumentiert aus diesen fünf Gesichtspunkten. Sie schwächt die Argumente weitgehend ab oder kehrt sie um.

II. Argumente gegen die Freistellung von Seeschiffahrt und Luftfahrt

Die Kommission (19), Schaus (20) und Stabenow (21) stützen die Ansicht, daß der EWGV mit Ausnahme der Art. 59 bis 66 und 74 bis 83 auf Seeschiffahrt und Luftfahrt anzuwenden sei, vor allem auf das Prinzip der Universalität des Vertrages, das nach ihrer Meinung Ausnahmen nur expressis verbis zulasse. In Art. 84 sei eine allgemeine Ausnahme der Seeschiffahrt und Luftfahrt vom Vertrag nicht zu erblicken. Die Vorschrift schließe eindeutig nur die Art. 74-83 aus (22). Desgleichen sei der allgemeine Geltungsbereich des Vertrages durch einzelne Sondervorschriften des Verkehrstitels nur teilweise eingeschränkt, z. B. seien Art. 77 und 80 Abs. 2 spezielle Ausnahmen von Beihilfeverbot des Art. 92. Einzelne Beschränkungsklauseln, die für das Verkehrswesen von Bedeutung seien, befänden sich auch in Art. 84 Abs. 1 und in den Wettbewerbsregeln selbst (23).

(18) BVM Stellungnahme S. 7; Note Frz. Del. S. 4 und 5.
(19) Memorandum Anl. 2 S. 1 f, Denkschrift I S. 38.
(20) SCHAUS, Vortrag Bremen S. 18.
(21) STABENOW, Triest S. 7 f.
(22) So auch SAND, Die Airunion aaO S. 112.
(23) KOMMISSION, Denkschrift S. 26 f, Memorandum Anl. 1 S. 2 f, Anl. 2 S. 12-14; SCHAUS, Bremen S. 18 f; STABENOW, Triest S. 8, 9 und 16, Transport-

Zum Gesichtspunkt Verkehr und Gemeinsamer Markt machen die Verfechter dieser Ansicht geltend:

Das Argument, der Verkehr werde nicht vom Gemeinsamen Markt und seinen Wettbewerbsregeln umfaßt, sei nicht haltbar. Der Gemeinsame Markt bestehe nicht nur für den Warenverkehr, sondern auch für den Personen-, Dienstleistungs- und Kapitalverkehr. Daß die Transporte vom Prinzip des freien Dienstleistungsverkehr umfaßt würden, ergebe sich aus dem Wortlaut des Art. 61 Abs. 1. Art. 2 und 3 des Vertrages bezögen den Verkehr in gleicher Weise in den Gemeinsamen Markt ein wie die übrigen Wirtschaftszweige. Daher sei auch das Fehlen einer dem Art. 38 entsprechenden Vorschrift im Verkehrstitel kein Argument für die Nichteinbeziehung des Verkehrs in den Gemeinsamen Markt. Art. 38 stelle für die Landwirtschaft nur klar, was in Art. 2 und 3 schon zum Ausdruck komme (24).

Auch das Verhältnis von Art. 77 zu Art. 92 wird zur Begründung dieser Ansicht herangezogen. Ein wesentliches Argument für die Anwendbarkeit der Wettbewerbsregeln auf den Verkehr sei aus dem Wortlaut der Art. 77 und 92 zu entnehmen. In Art. 92 heiße es: "Soweit in diesem Vertrag nicht etwas anderes bestimmt ist, ... sind Beihilfen verboten." In Art. 77 sei dementsprechend gesagt: "Mit diesem Vertrag vereinbar sind Beihilfen...". Art. 77 setze also die Anwendbarkeit des Art. 92 voraus (25). Auch Art. 78, der bestimme, daß bei Maßnahmen "im Rahmen dieses Vertrages" auf die wirtschaftliche Lage der Verkehrsunternehmer Rücksicht zu nehmen sei, gehe von der Anwendbarkeit des gesamten Vertrages auf den Verkehr aus (26).

Zur Argumentation aus dem Willen der Vertragsschließenden meint diese Ansicht, daß der Wille der Parteien gegen Wortlaut und System des Vertrages nur durchdringen könne, wenn er eindeutig nachgewiesen werde. Der Nachweis, daß die Parteien den Ausschluß von Seeschiffahrt und Luftfahrt und die ausschließliche Geltung des Verkehrstitels gewollt hätten, sei aber aus der Entstehungsgeschichte - aus der sich allenfalls der Kompromißcharakter der Vorschriften (27) ergebe - nicht zu erbringen (28).

dienst S.5 und 6; A. D. D. Euromarkt aaO S. 4.; auch WEYER, aaO, WuW S. 16. Dieser stellt ausdrücklich klar, daß die Wettbewerbsregeln aber nur insoweit gelten könnten, als freier Wettbewerb bestehe; die nationalen Verkehrspolitischen Ordnungsvorschriften gingen daher vor.

(24) SCHAUS, Bremen S. 19 f; KOMMISSION, Memorandum Anl. 1 S. 4 u. 5; STABENOW, Transportdienst S. 5, Triest S. 9, 10, 13-15.

(25) SCHAUS, Bremen S.21, KOMMISSION Memorandum Anl. 1 S.4, STABENOW, Triest S. 12.

(26) STABENOW, Transportdienst S. 5, Triest S. 17.

(27) WEYER, WuW S. 12 u. 13.

(28) KOMMISSION Memorandum Anl. 1 S.5; SCHAUS, Bremen S.22; STABENOW, Triest S. 18-20.

Der Gesichtspunkt des vernünftigen Ergebnisses wird vor allem von der Kommission herangezogen: Sie habe die Vorschriften, welche See- und Luftfahrt berühren könnten, im einzelnen untersucht, um festzustellen, ob deren Anwendung auf die beiden Verkehrsträger zu Schwierigkeiten führen würde (29). Diese Untersuchungen hätten gezeigt, daß allein die Anwendung der Wettbewerbsregeln auf See- und Luftfahrt problematisch sei, da diese beiden Verkehrszweige dem Wettbewerb außerhalb der Gemeinschaft ausgesetzt seien (30). Diese Untersuchung führe dazu, die Rechtsansicht zu widerlegen, daß der See- und Luftverkehr zwangsläufig von der Anwendung des Vertrages auszuschließen sei. Für die Probleme auf dem Gebiet der Wettbewerbsordnung könne und müsse eine Lösung durch einen Ratsbeschluß nach Art. 84 Abs. 2 gefunden werden.

Die Herausnahme der See- und Luftfahrt aus dem Vertrag sei auch nicht mit dem Prinzip der Rechtssicherheit zu vereinbaren. Die Unternehmen der See- und Luftfahrt hätten nämlich nicht nur zu bestimmten Preisen und Bedingungen Beförderungen auszuführen. Sie hätten darüberhinaus Leistungen zu erbringen, die damit zusammenhingen. Auch hätten sie die gleichen Aufgaben wie andere Unternehmen, z. B. Einstellung von Arbeitskräften, An- und Verkauf von Materialien. Wolle man die Anwendbarkeit der Regeln des Vertrages auf See- und Luftfahrt allgemein verneinen, so müsse ein Kriterium gefunden werden, um zu entscheiden, ob diese Tätigkeit der Unternehmen der See- und Luftfahrt unter den Anwendungsbereich des Vertrages fielen oder nicht (31).

Auch Stabenow (32) wendet sich gegen das Argument, die von Kommission vertretene Rechtsansicht führe zu unsinnigen Ergebnissen. Es sei nicht unsinnig, auch im Verkehr wettbewerbsverfälschende Vereinbarungen zu verbieten. Auch gelte es, nicht durch den Ausschluß der Wettbewerbsregeln für den Verkehr die darin enthaltenen Ausnahmeklauseln für diesen Wirtschaftszweig unwirksam zu machen. Die Beseitigung von Ausländerdiskriminierungen habe auch für die See- und Luftfahrtsunternehmen einen Sinn. Mit der Einführung der gemeinsamen Handelspolitik gelte es die Frage der Flaggendiskriminierungen in der Seeschiffahrt auf der Ebene der Gemeinschaft gegenüber dritten Ländern zu lösen.

Neuerdings hat der Verkehrsausschuß des Europäischen Parlaments geltend gemacht, Art. 3d ordne auch für die Luftfahrt die Einführung einer gemeinsamen Politik an. Art. 84 Abs. 2 sei daher eine Verfahrensnorm für die Durchführung des Art. 3e (33).

(29) KOMMISSION, Memorandum Anl. 2 S. 7-14.
(30) Memorandum Anl. 2 S. 9; A. D. D. Euromarkt aaO 9. 4.
(31) KOMMISSION, Memorandum Anl. 2 S. 12.
(32) Vortrag Triest S. 20 f.
(33) Bericht CORNIGLION-MOLINIER S. 10.

2. Kapitel

DOGMATISCHE GRUNDLAGEN

Zur Prüfung der Frage, ob außer Art. 84 Abs. 2 noch andere Vorschriften des EWGV auf Seeschiffahrt und Luftfahrt angewendet werden können und dürfen, muß von dogmatischen Überlegungen ausgegangen werden. Daraus wird sich die Kritik der bisherigen Argumentation von selbst ergeben.

Zunächst kommt es auf den Inhalt des Begriffs Rechtsanwendung an.

I. "Rechtsanwendung"

Rechtsanwendung heißt Subsumtion eines bestimmten Lebenssachverhaltes unter den Tatbestand des Rechtssatzes und Vollziehung der darin angeordneten Rechtsfolge (1). In diesem Sinne ist Art. 84 Abs. 2 auf Seeschiffahrt und Luftfahrt anwendbar. Die Begriffe Seeschiffahrt und Luftfahrt umschreiben bestimmte Sachverhalte, bilden also den Tatbestand der Norm. Ihre übrigen Worte ordnen an, was in Bezug auf diese Sachverhalte zu geschehen hat. Sie bilden also die Rechtsfolgeanordnung (2) der Vorschrift. Diese besteht, wie oft in öffentlich-rechtlichen Normen, in einer Kompetenzzuweisung (3).

Da zumindest diese eine Vorschrift des EWGV auf die beiden Verkehrsarten anzuwenden ist, kann von der Anwendung des Vertrages auf sie gesprochen werden. Andere Vorschriften des Vertrages dürfen auf die beiden Verkehrsarten angewendet werden, wenn Tatsachen aus den sehr weit umschriebenen Sachverhalten Seeschiffahrt und Luftfahrt unter die Tatbestände anderer Normen des Vertrages subsumbiert werden können und der Vollzug der Rechtsfolgeanordnungen im Vertrag nicht untersagt ist. Die Subsumtion von Belangen der Seeschiffahrt und der Luftfahrt unter Tatbestände von Vertragsnormen außerhalb des Verkehrstitels ist möglich, weil diese Tatbestände meist nicht auf bestimmte Wirtschaftszweige ausgerichtet sind. Sie beziehen sich häufig auf Tatsachen im Bereich der Wirtschaft, die alle Sekto-

(1) GIACOMETTI, Allgemeine Lehren des rechtsstaatlichen Verwaltungsrechts, 1. Band, Zürich 1960 S. 31 u. 32; LARENZ, Methodenlehre der Rechtswissenschaft, Berlin, Göttingen, Heidelberg 1960 S. 195 u. 196.

(2) Zu den Begriffen Rechtssatz, Tatbestand, Rechtsfolgeanordnung WOLFF, Verwaltungsrecht I, 3. Aufl. München und Berlin 1959, §§ 28 III, und 36 IV; ENGISCH, Einführung S. 15 f.

(3) WOLFF, VR § 36 IV.

ren angehen, wie insbesondere die Freizügigkeit der Produktionsfaktoren Arbeit und Kapital (4) und Wettbewerbsbeschränkungen aller Art.

In der bisherigen Diskussion um die Anwendung des Vertrages auf den Verkehr wurden die Vorschriften außerhalb des Verkehrstitels daher oft als "allgemeine Vorschriften" bezeichnet. Es wurde gefragt, ob diese "allgemeinen Vorschriften" auch für den Verkehr gelten würden (15). Von dieser Bezeichnung der Bestimmungen außerhalb des Verkehrstitels wird hier angesichts der Überschrift des sechsten Teils des Vertrages - "Allgemeine und Schlußbestimmungen" - abgesehen.

Die Subsumtion von Belangen der See- und Luftfahrt unter Tatbestände von Vertragsnormen außerhalb des Verkehrstitels ist nicht nur möglich, sie ist auch nicht ausdrücklich generell untersagt. Lediglich Art. 61 Abs. 1 verbietet, Beschränkungen des freien Dienstleistungsverkehrs auf dem Gebiet der See- und Luftfahrt unter den Tatbestand des Art. 59 zu subsumbieren und insoweit die Rechtsfolge aus den Art. 59f zu ziehen. Damit ergibt sich zwischen Art. 84 Abs. 2 und Vorschriften in anderen Titeln und Kapiteln des Vertrages die Situation einer Gesetzeskonkurrenz: alle Belange der Seeschiffahrt und der Luftfahrt fallen unter den Art. 84 Abs. 2, einige dovon fallen auch unter die Tatbestände anderer Vertragsnormen. Die Rechtsfolgeanordnungen der konkurrierenden Normen sind möglicherweise verschieden. Es muß daher geklärt werden, wie die Normenkollisionen zu lösen sind, die für Seeschiffahrt und Luftfahrt im Vertrag auftreten.

II. Konkurrenz von Rechtsnormen

Die Lösung des Problems der Konkurrenz von Rechtsnormen ergibt sich aus allgemeinen Rechtsgrundsätzen.

Wenn derselbe Sachverhalt von den abstrakt gefaßten Tatbeständen mehrerer Rechtssätze erfaßt wird, so können für ihn entweder gleiche oder verschiedene Rechtsfolgen angeordnet sein (6). Sind gleiche Rechtsfolgen angeordnet, so können die Normen nebeneinander gelten, ohne daß daraus Unzuträglichkeiten für die Rechtsordnung entstehen (7).

(4) Zum Begriff "Freizügigkeit der Produktionsfaktoren" VON DER GROEBEN, Rede vor dem EP aus Anlaß der Debatte über die VO zur Durchführung der Art. 85 u. 86 am 19. 10. 1961, E. W. 1961 S. 486 (487).

(5) z. B. BVM, Stellungnahme S. 19; KOMMISSION, Memorandum Anl. 2 S. 13, Denkschrift I S. 26; SCHAUS, Bremen S. 12; Bericht CORNIGLION-MOLINIER S. 12; A. D. D. Euromarkt aaO 9. o.

(6) LARENZ, Methodenlehre, aaO, S. 173 f, auch zu Folgendem.

(7) Ein Beispiel für die Geltung von Normen mit gleichen Rechtsfolgen nebeneinander ist die gleichzeitige Anwendung einer Bestimmung aus den Art. 2-5

Enthalten die Rechtssätze verschiedene Rechtsfolgeanordnungen, so ist damit nicht automatisch gesagt, daß sich ein Widerspruch in der Rechtsordnung (8) ergibt. Beide Rechtsfolgeanordnungen können sich nämlich miteinander vertragen und nebeneinander gelten. Es kann eventuell auch die eine oder die andere von dem Betroffenen gewählt werden. Larenz nennt dies die kumulative beziehungsweise die alternative Anwendung (9). Die verschiedenen Rechtsfolgeanordnungen zweier Normen für den gleichen Sachverhalt können sich aber auch derart widersprechen, daß ihre gleichzeitige Anwendung nicht mit dem Prinzip der Einheit der Rechtsordnung vereinbar ist (10). Bei einem solchen Widerspruch kann sich aus dem Zusammenhang des Normensystems ergeben, daß die eine Norm der anderen vorgehen soll, daß sie also die andere "verdrängt" (11). Es kann in seltenen Fällen aber auch vorkommen, daß der Widerspruch unauflösbar ist. Dann heben die Normen sich gegenseitig auf (12).

Um die Fälle festzustellen, in denen eine von zwei sich widersprechenden Normen die andere zurückdrängt, hat die Rechtswissenschaft verschiedene Regeln bei der Hand: lex superior derogat legi inferiori, lex posterior derogat legi priori, lex specialis derogat legi generali (13).

Soweit sich ein Widerspruch zwischen zwei Normen des bestehenden EWGV zeigen sollte, kommt der Satz von der lex posterior nicht zum Zuge, weil die Rechtssätze gleichzeitig erlassen sind. Daß der Satz von der lex superior in einem solchen Fall einmal heranzuziehen ist, ist nicht sehr wahrscheinlich, da grundsätzlich davon ausgegangen werden muß, daß die Normen der gleichen Rechtsquelle auch gleichen Rang haben. Der Satz von der lex specialis ist in der bisherigen Diskussion um die Verkehrs-

EGKSV mit ihren jeweiligen Konkretisierungen in anderen Bestimmungen des Vertrages, vgl. z.B. Urteil des Gerichtshofs Rs 8/57 vom 21. Juni 58, GEGE IV S. 235 f (Leitsatz 4b). Zu dieser Rechtsprechung m. w. N. MOSLER, Die Anwendung der Grundsatzartikel des Vertrages über die EGKS, Zeitschr. für ausl. ÖRVR 17 S. 407 f (410, 425): die spezifizierenden Artikel zu den Grundsatzartikeln seien keine erschöpfenden leges speciales.

(8) ENGISCH, Die Einheit der Rechtsordnung, Heidelberg 1935 S. 49.

(9) LARENZ, aaO, S. 173; er gibt als Beispiele §§ 823 Abs. 1 zu 1004 Abs. 1 Satz 2 BGB bzw. § 463 zu § 462 BGB an.

(10) ENGISCH, Einheit der Rechtsordnung S. 46 f, Einführung S. 158 f.

(11) Dieser Ausdruck ist vor allem in der deutschen Strafrechtswissenschaft üblich. z.B. WELZEL, Das deutsche Strafrecht 5. Aufl., Berlin 1956; S. 184 LARENZ, aaO, S. 174 und ENGISCH, Einführung S. 159 haben ihn aufgegriffen.

(12) ENGISCH, Einführung S. 159

(13) Darstellung dieser Regeln HENSEL in Anschütz-Thoma, Handbuch des deutschen Staatsrechts, Band 2, Tübingen 1932 S. 313, 314; ENGISCH, Einführung S. 159. Dazu, daß diese Sätze nicht immer brauchbar sind, neuerdings besonders QUARITSCH, Das parlamentlose Parlamentsgesetz, 2. Aufl. Hamburg 1961 S. 18 ff.

bestimmungen des EWGV bereits häufig herangezogen worden. Ob zu Recht, wird sich noch zeigen müssen.

Es kann schließlich auch sein, daß von zwei Normen, deren Tatbestände denselben Sachverhalt betreffen und die zwei verschiedene, sich aber n i c h t ausschließende Rechtsfolgen haben, nur die eine gelten s o l l. Die Frage, ob zwei Normen dieser Art nebeneinander Bestand haben oder ob die eine die andere dem Sinne nach verdrängt, kann nicht ausschließlich aus Denkgesetzen beantwortet werden, sondern hängt vom Willen des Gesetzgebers (oder, wenn man so will, des Gesetzes) ab und ist daher eine Frage der Auslegung, wenn sie nicht positiv geregelt ist (14).

Es ist in einem solchen Falle möglich, daß die spezielle Norm auch hier vorgehen soll, also diejenige, deren Tatbestand ein Unterfall des Tatbestandes der anderen ist (15). Man kann aber nicht schon allein daraus, daß ein solches Spezialitätsverhältnis vorliegt, schließen, daß der Gesetzgeber auch die ausschließliche Geltung der speziellen Vorschrift gewollt habe. Er kann auch die alternative oder die kumulative Geltung gemeint haben (16).

Es ist auch möglich, daß die beiden Tatbestände sich überschneiden (17) und daß eine der Normen nur eingreifen soll, wenn die andere nicht angewendet werden kann, die erste also nur in bestimmten Fällen von der zweiten zurückgedrängt wird (Subsidiarität). Ob dies so ist, ist ebenso wie bei den Fällen der Spezialität eine Frage der Auslegung (18).

Zusammengefaßt ergibt sich also folgendes Bild:

- die verschiedenen Rechtsfolgen zweier Normen widersprechen sich nicht, möglich sind die Konkurrenzverhältnisse der Alternativität, der Kumulation, der Spezialität und der Subsidiarität,
- die verschiedenen Rechtsfolgeanordnungen zweier Normen widersprechen sich, möglich sind die Konkurrenzverhältnisse der Alternativität, der Spezialität und der Subsidiarität (19).

Demnach muß für die in dieser Arbeit behandelten Frage geprüft werden,

- ob die Tatbestände der Normen des Verkehrstitels - insbesondere des Art. 84 Abs. 2 - Unterfälle der Tatbestände anderer

(14) LARENZ, aaO, S. 174.

(15) Alle Fälle von T 2 sind auch solche von T 1, aber nicht umgekehrt.

(16) LARENZ, aaO, S. 175.

(17) Einige Fälle von T 1 sind auch solche von T 2, einige Fälle von T 2 solche von T 1, einige Fälle sind nur solche von T 1 oder T 2.

(18) LARENZ, aaO, S. 176.

(19) Das Strafrecht (vgl. WELZEL, aaO, S. 186) kennt noch das Verhältnis der Konsumtion. Dies Verhältnis knüpft an den Unrechtsgehalt einer Tat an, der bereits durch eine von mehreren in Betracht kommenden Strafbestimmungen abgegolten wird. Dies Verhältnis könnte im Verwaltungsrecht allenfalls bei Bußgeldverfahren Bedeutung haben.

Normen des Vertrages über den Gemeinsamen Markt sind oder umgekehrt oder ob sie sich eventl. mit ihnen überschneiden,
- ob, falls sich solche Fälle ergeben, die Rechtsfolgeanordnungen der betreffenden Normen sich widersprechen,
- ob, wenn dies nicht zutrifft, gleichwohl nur eine der dem Tatbestand nach anwendbaren Normen zur Anwendung kommen soll.

Nach diesem Verfahren läßt sich mit Sicherheit erkennen, ob der Kollisionsgrundsatz von der lex specialis, mit dem beide der geschilderten Meinungen bisher argumentiert haben, wirksam werden kann oder ob ein anderes Konkurrenzverhältnis angenommen werden muß.

Dies Vorgehen besteht im wesentlichen in der Ermittlung des Sinngehaltes der Vertragsnormen, insbesondere des Art. 84 Abs. 2, d. h. in der Auslegung des Vertrages (20). Es ist also erforderlich, sich zuvor über die Methode der Auslegung Gedanken zu machen.

III. Zur Auslegungsmethode

Die Frage nach der richtigen Auslegungsmethode ist in der bisherigen Diskussion um Art. 84 Abs. 2 EWGV wiederholt gestellt worden. Die geschilderten Meinungen gehen davon aus, daß man den EWGV methodisch wie einen völkerrechtlichen Vertrag auslegen müsse und daß demnach unter gewissen Umständen dem bei Vertragsschluß vorhandenen Willen der Partner mehr Bedeutung zukomme als dem Wortlaut und dem System des Textes (21). Völkerrechtliche Verträge seien demnach weniger streng auszulegen als innerstaatliche Gesetze (22).

Es kann aber nicht einfach vorausgesetzt werden, daß der EWGV nach den Regeln völkerrechtlicher Praxis zu interpretieren ist, weil er als völkerrechtlicher Vertrag abgeschlossen wurde (23). Mit dem gleichen Recht könnte man behaupten, es seien die Methoden zur Interpretation innerstaatlicher Gesetze oder Verfassungen anzuwenden, weil der Vertrag weitgehend

(20) Zum Begrifflichen: Auslegung = Deutung der undeutlichen Aussage einer Norm, ZWEIGERT, Juristische Interpretation, Studium Generale 1954 S. 380; Auslegung = Ermittlung des Sinngehaltes der Norm, STERN, Interpretation, NJW 58 S. 695; ZIMMERMANN, Der Wortlaut des Gesetzes im Spiegel höchstrichterlicher Rechtsprechung, NJW 1956 S. 1262; BENDER, Zur Methode, JZ 57 S. 593.

(21) BVM, Stellungnahme S. 16; KOMMISSION, Memorandum Anl. 1 S. 5; SCHAUS, Bremen S. 22; STABENOW, Triest S. 18 u. 19.

(22) STABENOW, Triest S. 18.

(23) VERDROSS aaO S. 280, 114; STABENOW, Triest S. 19.

solchen ähnlich sei (24). Außerdem ist nicht sicher, daß innerstaatliche Gesetze strenger als völkerrechtliche Verträge zu interpretieren sind.

1. Vier Ansatzpunkte

Der Gerichtshof der Europäischen Gemeinschaft, der nach Art.31 EGKSV, 164 EWGV und 136 EAGV "die Wahrung des Rechts bei der Auslegung und Anwendung" der Verträge sichert, hat bisher nur vorsichtig zur Methode der Auslegung der Verträge zur Gründung der drei Gemeinschaften Stellung genommen. Aus den Urteilen ergeben sich einzelne Hinweise zur Auslegungsmethode. Man findet darin die vier Ansatzpunkte der Interpretation von gesetzten Rechtsnormen wieder, die zuerst von Savigny (25) unterschieden und dargestellt hat und die "zum einigermaßen festen Bestand der juristischen Hermeneutik"(26) nicht nur des europäischen Kontinents (27), sondern mehr oder weniger auch des anglo-amerikanischen Rechtskreises (28) gehören:

- die Auslegung nach dem Wort- und Sprachsinn, grammatische Interpretation (Urteil Rs 1/54, GEGE I S. 31, Urteil Rs 6/60 GEGE VI S. 1185 f),
- Die Auslegung nach der Stellung der Bestimmung im Gesetz und dem Zusammenhang der Rechtsordnung, logische und systematische Interpretation (GEGE I S. 31, VI S. 1185 und 1188, Urteil Rs 20/59, GEGE VI S. 708 (713), Urteil Rs 8/55,GEGE II S. 311, 312),

(24) Darauf beruft sich z. B. LAGRANGE, L'ordre juridique de la CECA vu à travers la jurisprudence de sa cour de justice, Rev. DP Band 74 (1958) S. 841 f.

(25) System des heutigen Römischen Rechts Band 1, Berlin 1840 S. 213, 216, Juristische Methodenlehre, nach der Ausarbeitung des Jacob Grimm herausg. von G. Wesenberg, Stuttgart 1951 S. 18 g.

(26) ENGISCH, Einführung S. 77.

(27) BARTHOLOMEYCZIK, Die Kunst der Gesetzesauslegung, 2. Aufl. 1960 S. 18, 52, 62, 44 u. 47; COING, Die juristischen Auslegungsmethoden und die Lehren der allgemeinen Hermeneutik, Köln und Opladen 1959 S. 6-13; ENNECCERUS-NIPPERDEY, Allgemeiner Teil des bürgerlichen Rechts, 15. Aufl. 1959, Tübingen, S.311 (331); JESCHEK, Methoden der Strafrechtswissenschaft, Studium Generale 1959 S. 107 (111); KELLER, Die Kritik, Korrektur und Interpretation des Gesetzeswortlautes, Winterthur 1960, S. 101-117; LARENZ, Methodenlehre, aaO, S. 241; LEHMANN, HEINRICH, Allgemeiner Teil des BGB 12. Aufl., Berlin 1960, S. 54 u. 55; SCHWARZENBERGER, A Manual of international law, 2 Bände, 4. Aufl., London und New York 1960, Band 1 S. 143; SIEBERT, Die Methode S. 8; STAUDINGER-BRÄNDL, BGB, 1. Band, Berlin 1957, Einleitung Anm. 57; WALDER, Grundlehre jeder Rechtsfindung, Berlin 1928, S. 36 u. 37.

(28) BECKER, Gegenopfer und Opferverwehrung, Strukturen des Schuldrechts auf der Grundlage des anglo-amerikanischen check - and balance - system S. 416 f (427).

- die Auslegung aus den historischen Gegebenheiten und der Entstehungsgeschichte der Norm, genetische Interpretation (GEGE VI S. 1194 aaO)
- die Auslegung aus der ratio legis, aus Grund und Zweck der Bestimmung, teleologische Interpretation. (GEGE I S. 31 aaO, VI S. 1195 f aaO).

Die beiden Generalanwälte des Europäischen Gerichtshofs benutzen ebenso fortwähren einen oder mehrere dieser Ansatzpunkte der Auslegung zur Interpretation der Verträge zur Gründung der Gemeinschaften (29). Dieses Vorgehen erscheint umsomehr gerechtfertigt, als die vier Auslegungsarten universell geeignet sind, zur Deutung der undeutlichen Aussage einer gesetzten Rechtsnorm beizutragen (30). Ihre Anwendung auf die drei Verträge steht daher nichts im Wege.

2. Auslegungsziel

Mit dieser Erkenntnis ist die Frage nach der Auslegungsmethode nicht beantwortet, sondern nur deutlicher gestellt. Weder der Gerichtshof noch die beiden Generalanwälte haben bisher mit aller Deutlichkeit gesagt, in welches Wert- und Rangverhältnis die vier Arten der Auslegung bei der Interpretation der Verträge zu setzen sind (39). Die verschiedenen Ansatzpunkte der Auslegung können nämlich zu unterschiedlichen Ergebnissen führen. Das hat sich bei der Diskussion um die Auslegung des Art.84 EWGV bereits gezeigt. Die Vertreter der ersten Ansicht berufen sich vornehmlich auf die Entstehungsgeschichte der Norm (32), die Gegenansicht stützt sich im wesentlichen auf die Systematik des Vertrages (33). Darüber hinaus zeigt sich weiterhin, daß die erste Ansicht vor allem auf den Willen der Vertragsschließenden abstellt, die andere dagegen mehr auf den objektiven Sinngehalt der Vertragsvorschriften. Sieht man einmal davon ab, daß jede der beiden Ansichten in sich nicht folgerichtig sein könnte, so steht man auch in diesem konkreten Fall vor

(29) Schlußanträge: Rs 6/54, GEGE I S.259; Rs 1/54, I S.50 f; II, 254; 7 u. 9/54, II, 122, 123; 36-38/59, 40/59, VI, 940.

(30) z.B. für das öffentliche Recht: GIACOMETTI aaO. S. 216; WOLFF, VR aaO S.115; FORSTHOFF, Lehrbuch des Verwaltungsrechts, 1. Band Allgemeiner Teil 8. Aufl. § 9 unter besonderer Betonung der teleologischen Interpretation; für das Strafrecht JESCHEK aaO S.111; BVerfGE I 299f; für das Völkerrecht: SCHWARZBERGER aaO S. 153; VERDROSS aaO. S. 114; INSTITUT DE DROIT INTERNATIONAL, Resolution vom 19. April 1956 in Granada, Annuaire 1956 S. 358, 359.

(31) vgl. zu dieser Frage bei der Auslegung von Gesetzen ENGISCH, Einführung S. 82, 83, 95 u. 96; SIEBERT, Methode S. 40 f; ZWEIGERT, aaO, S. 385.

(32) BVM, Stellungnahme S. 15 f.

(33) KOMMISSION, Memorandum Anl. 2 S. 1 u. 11-14, Denkschrift I S. 26.

dem Zentralproblem der Auslegung jeder Rechtsnorm: Welcher der vier Auslegungsarten soll vor den anderen der Vorzug gegeben werden, und was soll überhaupt mit jeder von ihnen erforscht werden? Gilt es für die Anwendung des Vertrages den historischen Willen der Vertragsschließenden, den sie in den Text hineingelegt haben, ex tunc zu erforschen, oder ist der objektive, zeitlose, in sich selbst ruhende Sachgehalt der Vertragsnormen ex nunc und unabhängig von Meinen und Wollen der Verfasser des Vertrages aufzuspüren und aktuell anzuwenden? (34)

Die erste Frage nach der Rangordnung der Auslegungskriterien ist von der zweiten nach dem Ziel der Auslegung abhängig (35). Man kann alle vier Auslegungsarten mit dem Ziel anwenden, das historische Wollen der Parteien zu ermitteln. Die Blickrichtung des Interpreten ist dabei auf die Zeit des Vertragsabschlusses gerichtet. Der Auslegung aus dem historischen Zusammenhang und der Entstehungsgeschichte kommt entscheidende Bedeutung zu, die grammatische, systematische und teleologische Interpretation werden der genetischen untergeordnet. Dies Vorgehen soll daher als historische Methode bezeichnet werden (36).

Ebensogut kann man alle vier Auslegungsarten dazu benutzen, den objektiv - aktualen Sachgehalt der Norm zu ermitteln. Der Interpret wendet sich dem Hier und Jetzt zu und entnimmt der Norm die heute vernünftige Ordnung und Entscheidung. Dabei ordnet er die genetische Interpretation der systematischen und vor allem der teleologischen unter. Dieses Vorgehen soll aktuale Interpretation (37) genannt werden.

Auch die Zulässigkeit des Abweichens vom Wortlaut der Norm ist vom Ziel der Auslegung abhängig. Die historische Interpretation wird dahin tendieren, dem wirklichen Willen des Gesetzgebers gegenüber einem mangelhaft gefaßten Wortlaut der Norm den Vorzug - auch contra legem - zu geben (38). Die aktuale Auslegung muß dagegen den Wortlaut grundsätzlich als oberste Quelle und Grenze des Sachgehaltes der Vorschrift ansehen, da

(34) Zur Herausstellung dieser Grundfrage der Gesetzesanwendung und ihrer Methodik vgl. ZWEIGERT aaO S. 381, ENGISCH, Einführung S. 88 m. w. N. Anm. 57 S. 197-200; SIEBERT, Methode S. 41; LARENZ aaO S. 237; für das Verfassungsrecht KRÜGER, HERBERT, Verfassungsauslegung aus dem Willen des Verfassungsgebers, DVBl 1961 S. 685; für das Völkerrecht z. B. EHRLICH, L'interprétation des traités, Rec. des Cours 1928, IV, S. 5 f(S. 88); FITZMAURICE, The Law and procedure of the Int. Court of justice 1951-4; Treaty interpretation and other Treaty points, BYIL Band 33 (1958) S. 203 f.

(35) So für die Auslegung innerstaatliche Gesetze ENGISCH, Einführung S. 82, 83, 95 u. 96, SIEBERT aaO. S. 40; vgl. zu Folgendem insbesondere ENGISCH Einführung, S. 97; für das Völkerrecht EHRLICH, aaO. S. 40 ff.

(36) So für das innerstaatliche Recht ZWEIGERT, aaO S. 381.

(37) ZWEIGERT aaO. S. 381.

(38) vgl. die von ZIMMERMANN, aaO NJW 56, 1263 und BENDER, Zur Methode, S. 594 zu dieser Frage aus der deutschen Rechtsprechung zitierten Beispiele.

gerade der objektive Sinn der Norm sich in den Worten manifestiert (39). Dies ist aber nur eine Tendenz der beiden Methoden. Die historische Auslegung muß sich auch mit dem Prinzip der Rechtssicherheit und mit dem Vertrauen der Rechtsgenossen auf den Wortlaut der Norm auseinandersetzen (40). Demgegenüber kann sich für die aktuale Interpretation die Notwendigkeit ergeben, ein gerechtes und zeitnah-vernünftiges Ergebnis auch gegen den Wortlaut des Gesetzes zu finden, insbesondere wenn dessen Zweck es erfordert (41).

Lagrange (42) hat deutlich gemacht, daß diese Fragen bei der Auslegung der Verträge zur Gründung der drei Gemeinschaften ebenso eine Rolle spielen wie bei der Auslegung völkerrechtlicher Verträge und innerstaatlicher Gesetze. Wie sich schon für die vier Ansatzpunkte der Auslegung gezeigt hat, ist das Denkverfahren zur Ermittlung des Sinns geschriebener Rechtssätze in seinen Grundelementen allen Disziplinen des Rechts gemeinsam (43), wenn auch die Besonderheiten einzelner Rechtsordnungen und Rechtszweige mit ihren Auslegungsregeln es "von außen her (nicht immanent)" (44), beeinflussen, vereinfachen und in eine bestimmte Richtung lenken können (45). Deshalb gilt auch für das Recht der europäischen Gemeinschaften, was Engisch (46) für die Interpretation innerstaatlicher Gesetze klargestellt hat: mit den vier herkömmlichen Interpretationsmethoden kann nur erfolgreich operiert, ihr Wertverhältnis zueinander kann nur bestimmt werden, wenn man auf die Frage historische oder aktuale Auslegungsmethode eine Antwort gefunden hat. Damit ist dann aber auch die Grundlage für die Lösung von Detailfragen - Bindung an den Wortlaut, Anwendung einzelner

(39) HECK, Gesetzesauslegung und Interessenjurisprudenz, Tübingen 1914 S. 108; BVerfGE I, S. 299 (312); JESCHEK, aaO S. 112.

(40) Das hat bei der Auslegung von innerstaatlichen Gesetzen zu der sog. Andeutungstheorie geführt: der gesetzgeberische Wille könne nur insoweit Beachtung finden, als er in den Worten der Vorschrift zumindest einen unvollkommenen Ausdruck gefunden habe. Diese Theorie wird aber in der Praxis oft durchbrochen; BENDER, aaO S.594; ZIMMERMANN, aaO. NJW 56 S.1263 mit Nachweisen aus der Rechtsprechung; SIEBERT, Methode S. 39.

(41) ENGISCH, Einführung S. 105 mit weiteren Nachweisen; BARTHOLOMEYCZIK aaO. S. 44; Urteil des BVerfG vom 6. Juli 1961, DVBl 1961 S. 853.

(42) Schlußanträge Rs 8/55 GEGE II,266 f.

(43) Für das Verfassungs- und Verwaltungsrecht BVerfGE I S. 299 (312); FORSTHOFF, aaO § 9 (5. Aufl. S. 137); WOLFF, aaO S. 116; KRÜGER, H., aaO DVBl 61 S. 685; ZIMMERMANN, Mehrstufige Rechtsfindung als Verbindung von subjektiver und objektiver Auslegungsmethode, NJW 54 S.1628; JELLINEK, WALTER, Gesetz, Gesetzesanwendung und Zweckmäßigkeitserwägung, Tübingen 1913, S.162-177; für das Strafrecht BINDING, KARL, Handbuch des Strafrechts, Leipzig 1885, Band I S. 450 f; JESCHEK, aaO S. 111.

(44) STERN aaO S. 697.

(45) STERN aaO S. 697; BERBER, Lehrbuch des Völkerrechts, Band I, Allgemeines Friedensrecht, München und Berlin 1960 S. 441 f.

(46) Einführung S. 82-97 (96); SIEBERT, Methode S. 40.

völkerrechtlicher (47) oder innerstaatlicher Auslegungsregeln der Gerichtspraxis auf die Verträge (48) - geschaffen.

Um diese Antwort zu finden, bedarf es eines kurzen Überblicks über die Argumente, die sowohl im innerstaatlichen Recht als auch im Völkerrecht für die historische bzw. die aktuale Methode geltend gemacht worden sind.

3. Ziel der Auslegung innerstaatlicher Gesetze

a) Die Grundfragen der Auslegungsmethode werden von der Rechtswissenschaft in den europäischen Ländern in gleicher Weise gestellt (49). Daher kann es hier genügen, vor allem auf die von der deutschen Rechtswissenschaft erarbeiteten Argumente zum Ziele der Auslegung von Gesetzen einzugehen.

Die historische Auslegungsmethode wird in Deutschland von der sog. subjektiven Theorie, die aktuale von der objektiven gefordert (50). Sowohl die frühen Verfechter der historischen Methode als auch die ersten Vertreter der aktualen haben zunächst

(47) So wird man z. B. dem umstrittenen völkerrechtlichen Auslegungsgrundsatz, daß Einschränkungen der staatlichen Freiheit im Zweifel zu Gunsten der Unabhängigkeit der Staaten auszulegen seien (VERDROSS, aaO 4. Aufl. S. 115, BERBER, aaO S. 447), mit der historischen Methode eher zustimmen als mit der aktualen. Diese Regel kann aber auch im Rahmen der historischen Interpretation allenfalls als ultima ratio zum Zuge kommen, wenn es mit den anderen Auslegungsmöglichkeiten nicht gelungen ist, den wirklichen Willen der Parteien zu ermitteln.

(48) LAGRANGE, Schlußanträge Rs 8/55, GEGE II S. 366 f, auch L'ordre juridique ... Rev. DP 58 S. 841 f.

(49) vgl. insbesondere: FRANKREICH: GENY, Methode d'interprétation et sources en droit privé positif, 2. Aufl. 1919, Paris, Band I S. 269; ITALIEN: BETTI, Interpretazione della legge e degli atti giuridici, Milano 1949 § 19 S. 70f, insbesondere § 46 S. 116 ff m. w. N.; BELGIEN: DE PAGE, De l'interprétation des lois, Brüssel-Paris 1925, Band I S. 24; SCHWEIZ: KELLER, aaO S. 90 u. 149; ANGLO-AMERIKANISCHER RECHTSKREIS: BECKER aaO S. 416f(427).

(50) Diese Bezeichnung geht darauf zurück, daß nach den ursprünglichen Meinungen der subjektive Wille des Gesetzgebers bzw. der objektive "Wille des Gesetzes" zu erforschen war. Diese Bezeichnung ist heute der Interessenjurisprudenz nicht mehr ganz angemessen (BOEHMER, Grundlagen der bürgerlichen Rechtsordnung, 2. Buch, 1. Abt., Dogmengeschichtliche Grundlagen des bürgerlichen Rechts, Tübingen 1951, S. 190 f, BENDER, aaO S. 596). Darstellungen bei ENGISCH, Einführung S. 88, BENDER, aaO. S. 569; ENNECCERUS-NIPPERDEY, aaO § 51; LARENZ, aaO S. 237 treffend bei HEINRICH LEHMANN, aaO S. 53: "Die subjektive Theorie fragt: Was hat ein Gesetz, das die damals von ihm angeschauten Interessenlagen so geregelt hat, damit vernünftigerweise bezweckt, welche Werturteile der damaligen Kulturgemeinschaft sind damit zum Ausdruck gebracht? - Die objektive Theorie löst den Gesetzeswortlaut von den Vorstellungen der am Gesetzeserlaß beteiligten Personen völlig los und fragt: was kann ein Gesetz, das angesichts der gegenwärtigen Interessenlagen eine solche Regelung trifft, damit vernünftigerweise bezwecken, welche Werturteile der gegenwärtigen Kulturgemeinschaft finden darin Ausdruck?"

kaum mehr getan, als ihre Methode ohne nähere Begründung als die wahre Form der Auslegung hinzustellen (51).

Demgegenüber hat später insbesondere Heck aus der Interessenjurisprudenz die historische Methode begründet und verfeinert: Gesetzesauslegung sei Gebotsauslegung (52). Der mit dem Gesetz gewollte Erfolg dürfe nicht vereitelt werden. Dazu gelte es, die realen Interessen, welche das Gesetz verursacht haben, historisch richtig zu erkennen. Es gehe also um historische Interessenforschung, nicht um Vorstellungsforschung. Heck hat damit den rein subjektiven Standpunkt schon aufgegeben. Auch er hat die Berufung des Richters zur "normativen Fortbildung (53)" des Rechts nicht verneint.

Die Gedanken, die bei Wach und Binding (54) zur Begründung der aktualen Methode anklingen - Notwendigkeit einer systematisch - widerspruchslosen Auslegung der Rechtsordnung, objektiver, über das vom Verfasser Gedachte hinausgehender Sinngehalt der Norm - sind insbesondere von Radbruch (55) präzisiert worden. Die objektive Theorie hat im wesentlichen vier Argumente herausgearbeitet und der subjektiven Theorie entgegengehalten: Willensargument (56), Formargument (57), Vertrauensargument (58) und Ergänzungsargument (59). Diese sind

(51) a) HISTORISCHE METHODE: von SAVIGNY, System, aaO Band I S. 212 schreibt, die Interpreten hätten die Aussage des Gesetzes "rein und vollständig" aufzufassen. "Dies geschieht, indem sie sich in Gedanken auf den Standpunkt des Gesetzgebers versetzen und dessen Tätigkeit in sich künstlich wiederholen... Das ist das Geschäft der Auslegung: Reconstruction des dem Gesetze innewohnenden Gedankens." -
WINDSCHEID, Lehrbuch des Pandektenrechts, 9. Aufl., Frankfurt 1906 Band I S. 98, 99 schreibt, Auslegung sei "Feststellung des Sinnes, welchen der Gesetzgeber mit den von ihm gebrauchten Worten verbunden hat." Es gelte, sich "möglichst vollständig in die Seele des Gesetzgebers hineinzudenken."
b) AKTUALE METHODE: WACH, Handbuch des Deutschen Civilprozeßrechts, Leipzig 1885, Band I § 20, insbesondere S. 256 f, schreibt, das Gesetz "ist Willensäußerung nicht nur in dem Sinne, daß die Äußerung ein Gewolltes ist, sondern daß das Geäußerte selbst Wille ist ... Das Gesetz tritt ein in die Rechtsordnung, um ein Stück derselben zu sein und Theil zu haben an ihrem Wesen" (aaO S. 257). "Das Gesetz kann einsichtiger sein als der Gesetzgeber ..." (aaO S.258). - BINDING, aaO § 95, insbesondere S.455 und 456, spricht von einer "Lösung des Rechtswillens vom Individuum". "Das Gesetz denkt und will, was der vernünftig auslegende Volksgeist aus ihm entnimmt." Zu Volksgeist erläutert er in einer Fußnote: "Ich verstehe darunter das Volk als Inbegriff der Rechtsgenossen, soweit es sich denkend mit dem Gesetz beschäftigt." Dazu siehe COING, aaO S. 20.

(52) HECK, aaO S. 59 und 60.

(53) HECK, aaO S. 65.

(54) Siehe Fußnote 51.

(55) Rechtsphilosophie, 5. Aufl. Stuttgart 1956 S. 209 f.

(56) Im parlamentarischen Gesetzgebungsverfahren sei der Wille eines Gesetzgebers nicht aufzuspüren (z. B. ZWEIGERT, aaO S. 382).

(57) Nur Worte in Gesetzesform könnten Gesetzeskraft haben.

(58) Der Normadressat kenne die Materialien nicht.

von der subjektiven Theorie bis auf das letzte weitgehend wieder entkräftet worden (60).
b) In der Rechtssprechung hat sich eine einheitliche Auffassung noch nicht durchgesetzt. Die methodischen Erwägungen der höchstrichterlichen Entscheidungen neigen zuweilen der einen, zuweilen der anderen Theorie zu (61). Der Streit um die Auslegungsgrundsätze bildet oft den Hauptgrund für einander widersprechende Gerichtsentscheidungen (62). Darauf weist Zimmermann (63) an Hand von Beispielen hin.
c) In letzter Zeit neigt insbesondere die Lehre zu der Ansicht, daß weder die eine noch die andere Theorie in ihrer extremen Form allein zum richtigen Ergebnis führe (64). Die subjektive Auslegung müsse eine weitherzige Rechtsfortbildung zulassen, die objektive Theorie immer wieder an den geschichtlich-sozialen Gesetzeszweck anknüpfen (65). Daher soll man die berechtigten Forderungen der objektiven Theorie zur subjektiven hinzunehmen (66) und eine Verbindung beider Theorien anstreben (67). Daher haben insbesondere G. D. Reinicke (68), Zimmermann (69) und Bender (70) die sogenannte mehrstufige oder progressive Rechtsfindungsmethode vorgeschlagen. Sie sehen die Schwächen der strengen subjektiven Methode in ihrer Starrheit gegenüber ursprünglichen Anschauungs-, Denk- oder gar Bewertungsfehlern des Gesetzgebers und bedeutsamen Wandlungen des wirtschaftlichen, sozialen, kulturellen und politischen Lebens und der Wertordnung (71). Während die objektive Theorie insoweit Positives leisten könne, lägen ihre Mängel in der Nichtbeachtung der vom historischen Gesetzgeber beim Gesetzgebungsakt angeschauten Macht- und Interessenlagen. Dadurch könne der

(59) Der historische Inhalt des Gesetzes könne die heutigen Lebensbedürfnisse nicht mehr befriedigen (z. B. ZWEIGERT, aaO. S. 382).

(60) Dazu im einzelnen: ENGISCH, Einführung S. 91; HECK, aaO S. 67 f; ENNECCERUS-NIPPERDEY, aaO S. 326 (329); BENDER, aaO S. 596; ESSER, Die Interpretation im Recht, Studium Generale 1954 S. 377.

(61) Beispiele bei BENDER aaO S. 594; ZIMMERMANN aaO NJW 54 S. 1628; dazu COING aaO S. 12 u. 13. Die Formulierungen des BVerfG (z. B. BVerfGE I 299 (312) und XI S. 129 f) vom "objektivierten Willen des Gesetzgebers" müssen zur historischen Methode gerechnet werden. OLG Köln, Beschluß vom 17. 7. 1961 in NJW 62 S. 156 (158) bemüht sich, historischen Auslegungselementen Rechnung zu tragen, gibt aber aktualen Überlegungen den Vorzug.

(62) STERN, aaO S. 696.

(63) ZIMMERMANN, aaO NJW 54, S. 1628.

(64) BARTHOLOMEYCZIK, aaO S. 44 f.

(65) STAUDINGER-BRÄNDL, aaO Einleitung Anm. 54.

(66) LEHMANN, aaO S. 54.

(67) SIEBERT, aaO S. 46; LARENZ, Methodenlehre S. 238 f; Übersichten auch bei KELLER, aaO S. 168 u. 204.

(68) Nachweise bei BENDER, aaO S. 597 Fußnote 20.

(69) ZIMMERMANN, NJW 54 S. 1628, 56 S. 1262.

(70) aaO JZ S. 593 f.

(71) BENDER, aaO S. 596.

Interpret, besonders wenn eine allgemeine gegenwertige Wertgewißheit fehle, in die Gefahr geraten, die Wertmaßstäbe seinem subjektiv - persönlichen Dafürhalten zu entnehmen (72).

Anknüpfend an die von Heck (73) herausgearbeitete historische Interessenforschung, beginnt daher die progressive Methode in der ersten Auslegungsstufe mit der Sinndeutung des Gesetzes nach der vom Gesetzgeber gewollten Bewertung der von ihm angeschauten Bedürfnis- und Machtlage (74). Schon in der zweiten Auslegungsstufe wendet sich diese Methode von der Vergangenheit zur Gegenwart und berichtigt ursprüngliche Mängel des Gesetzes (Gesetzvervollkommnung). Auf der dritten Stufe der Auslegung wird das Gesetz den veränderten sozialen Verhältnissen angepaßt (Gesetzesanpassung) (75).

Diese Methode versucht also eine Synthese von historischer und aktualer Interpretation durch stufenweisen Wechsel des Auslegungszieles. Die vier Ansatzpunkte der Auslegung kommen damit auf jeder Stufe - mit verändertem Vorzeichen - mehr oder weniger zum Zuge.

4. Ziel der Auslegung völkerrechtlicher Verträge

Um eine Antwort auf die Frage zu finden, ob völkerrechtliche Verträge historisch oder aktual zu interpretieren seien, hat Ehrlich (76) die Lehre seit Gentile und Grotius über Wolff und Vattel bis zu den Autoren des 19. und 20. Jahrhunderts sowie die Rechtsprechung des Ständigen Internationalen Gerichtshofs untersucht (77). Er stellt fest, daß die überwiegende Mehrheit der Autoren sowie die Rechtsprechung die Ansicht vertreten, daß mit der Auslegung der wahre Wille der Vertragsparteien zu erforschen sei. Ehrlich schließt sich dieser herrschenden Meinung an (78) und setzt mit dieser das Prinzip der bona fides (79) und dessen Ausdruck, den Satz "pacta sunt servanda", als Prämisse für die Auslegung von Staatsverträgen (80). Da das Völkerrecht keine Zwangsgewalt eines Herrschaftsverbandes kenne, sondern nur auf dem einvernehmlichen Zusammenwirken der Staaten beruhe (81), könne ein Vertrag nur wirksam werden, wenn die Staaten die übernommenen Verpflichtungen nach Treu und Glau-

(72) BENDER, aaO S. 597.
(73) vgl. Fußnote 52.
(74) BENDER, aaO S. 597 f.
(75) Zu den drei Stufen insbesondere BENDER, aaO S. 598 f; ZIMMERMANN, NJW 56, S. 1263 f; auch SIEBERT, aaO S. 45.
(76) EHRLICH, aaO S. 40 (S. 53 f).
(77) EHRLICH, aaO S. 12-32 und 54-60 mit den Schrifttumsnachweisen dort.
(78) EHRLICH, aaO S. 54-60.
(79) Dazu insbesondere VERDROSS, aaO S. 78.
(80) EHRLICH, aaO S. 80 f.
(81) vgl. die Formulierungen von VERDROSS S. 78.

ben erfüllten. Daher seien sie zu allem verpflichtet, was sie im ehrlichen Meinen und Wollen versprochen hätten und wie es als solches aus den Umständen ersichtlich sei, aber auch nur zu diesem (82). Der wahre Wille sei damit nach dem römisch-rechtlichen Grundsatz "in fide quid senseris, non quid dixeris cogitandum" zu erforschen (83). Diese Ansicht über das Ziel der Auslegung von Staatsverträgen wird bis heute von maßgeblichen Lehrern des Völkerrechts vertreten (84).

Mit dem Begriff "wahrer Wille der Parteien" könne man bei den heutigen komplizierten Verfahren des Abschlusses von internationalen Verträgen nur noch arbeiten, meint Ehrlich (85), wenn man ihn als juristische Fiktion nehme, ebenso wie im Grunde der Staat, der Vertragspartei werde, eine Fiktion sei. Es liegt hier eine Parallele zu dem von der subjektiven Theorie gebrauchten Begriff des "Willens des Gesetzgebers" vor, der nicht als psychologischer Wille von Einzelpersonen aufgefaßt wird, sondern als auf einen bestimmten Ordnungszweck gerichteter Wille einer Personengesamtheit und damit als Rechtsbegriff (86).

Die Schwierigkeit, einen so verstandenen Willen der Vertragsparteien vornehmlich aus der Entstehungsgeschichte der Verträge und möglicherweise gegen ihren Wortlaut aufzuspüren, hat insbesondere in neuerer Zeit zu der Ansicht geführt, daß man den Willen der Vertragsparteien weniger aus den historischen Umständen und den Verhandlungsprotokollen ergründen solle, sondern vor allem und zuerst aus dem Text des Abkommens selbst (87). Diese Textinterpretation bleibt aber trotz ihrer Neigung zur Objektivität eine historische, denn der Text ist in dem Sinn auszulegen, den er im Zeitpunkt des Vertragsabschlusses hatte (88). Dieser "textual approach" entspricht im wesentlichen

(82) EHRLICH S. 80: "Grotius pose cette régle que ce qui est du droit des gens n'est pas du domaine du droit rigoureux, mais de la bonne foi. On est donc obligé à tout ce qu'un homme honnête, eu égard à toutes les circonstances, devrait être censé avoir promis; en revanche on n'est obligé qu'à cela."

(83) EHRLICH, aaO S. 50 unter Berufung auf GENTILE und GROTIUS (Nachweise bei Ehrlich S. 14 und 17); siehe auch § 133 BGB.

(84) GUGGENHEIM, Lehrbuch des Völkerrechts, Basel 1948, Band I S. 122; LAUTERPACHT, Règles Générales du droit de la paix, Rec. des Cours Band 62 (1937) S. 101 (S. 311 f !) ROUSSEAU, Droit international publique approfondi, Paris 1958 S. 62; SCHWARZENBERGER, aaO S. 152 f; FITZMAURICE, aaO BVIL 1957 S. 203 f; BERBER, aaO § 69 S. 444; VERDROSS, aaO S. 114.

(85) aaO S. 64 f (S. 66).

(86) ENNECCERUS-NIPPERDEY, aaO S. 329.

(87) BERBER, aaO S. 444; Résolution de l'Institut de Droit International vom 19. 4. 1956 in Granada, Annuaire 1956 S. 358; FITZMAURICE, BYIL S. 207 nennt diesen Wandel in der Theorie "The textual versus the "intentions" approach".

(88) FITZMAURICE, aaO S. 209; BERBER, aaO S. 444; SCHWARZENBERGER, aaO S. 152.

der Haltung des Internationalen Gerichtshofs in Auslegungsfragen (89).

Eine Art Zwischenstellung zwischen historischer und aktualer Methode nimmt die Ansicht ein, nach der bei der Auslegung vor allem auf den Zweck des Abkommens und seiner Einzelbestimmungen abzustellen sei (90). Insbesondere die Bestimmungen von Vereinbarungen zur Gründung internationaler Organisationen (91) seien im Lichte des Zwecks der Organisation zu interpretieren und notfalls auch zu ergänzen. Von dem ursprünglich von den Parteien ins Auge gefaßten Zweck sei dabei lediglich auszugehen.

Aber auch die aktuale Methode wird vereinzelt für die Auslegung völkerrechtlicher Verträge gefordert, allerdings nur für die sogenannten Vereinbarungen, lawmaking treaties bzw. traités - lois (92). Insbesondere die multilateralen Verträge zur Gründung internationaler Organisationen seien als solche traités - lois anzusehen. Sie begönnen mit ihrem Abschluß eine Art Eigenleben, das durch die Wandlung und Entwicklung des Lebens der Völkergemeinschaft beeinflußt werde (93). Deshalb sei weniger der Zweck einer Bestimmung des Gründungsvertrages aufzuspüren, den die Vertragschließenden gemeint hätten, sondern vielmehr der Zweck, der für die modernen Gegebenheiten sinnvoll erscheine (94).

Von der überwiegenden Zahl der Völkerrechtslehrer wird der Unterschied zwischen traités - lois und traités - contrats keine Bedeutung für die Auslegungsmethode beigemessen (95). Gleichwohl erkennen einzelne Autoren an, daß die moderne Entwicklung

(89) FITZMAURICE, aaO S. 298 f m. Nachweisen aus der Rechtsprechung des Internationalen Gerichtshofs; Avis consultatif des IG in dem Fall der Zulassung zur UN, Fontes A I S. 197.

(90) BERBER, aaO S. 444; CASTBERG, La méthodologie du droit int. publ., Rec. des Cours 1933 Band I S. 315 f; SAUER, Grundlehre des Völkerrechts, 3. Aufl. Köln-Berlin 1955 S. 183 f.; FITZMAURICE, aaO S. 207 spricht von dem "teleological approach".

(91) Zur Begriffsdefinition ZEMANEK, Das Vertragsrecht der internationalen Organisationen, Wien 1957 S. 17.

(92) Die Unterscheidung zwischen diesen traités-lois und traités-contrats erscheint bisher nicht endgültig geklärt, vgl. dazu VERDROSS aaO S.87; BERBER aaO S.63; GUGGENHEIM aaO S. 124; LAUTERPACHT aaO S. 316 f; MC NAIR, The functions and differing legal character of treaties, BYIL 1930 S. 100 f; REGLADE, De la nature juridique des traités internationaux et du sens de la distinction des traités - lois et des traités - contrats, Rev. DP 1924 S. 505 f; FINCH, Les sources modernes du droit international, Rec. des cours, Band 53 1935 S. 535 f (s. 588).

(93) ALVARES, Auf dem Kongress des Institut de Droit Int. in Sienne 1952, Annuaire 1952 Band II S. 366.

(94) FITZMAURICE, aaO S. 208/209 nennt dies die theory of the emergent purpose; opinion discidente des Richters ALVAREZ, im Fall der Zulassung zur UN, Fontes A I 5 S. 194.

(95) BERBER, aaO S. 64; GUGGENHEIM, aaO S. 124; LAUTERPACHT, aaO S. 316 f; Neri, Sull' interpretazione dei trattati nel diritto int., Milano 1958, S. 50 f.

der internationalen Organisationen zur Bildung neuer Auslegungsregeln drängt. Der mitgliedschaftsrechtliche Charakter der mit ständigen Organen und festen Kompetenzen ausgestatteten Verbindungen zwingen, so schreibt MOSLER (96), zu einer anderen Betrachtung, als das gegenseitige Rechte- und Pflichtenverhältnis gewöhnlicher zwei- und mehrseitiger Abkommen sie gefordert habe.

Die überragende Bedeutung der bona fides im Völkerrecht spricht also nicht zwingend für die subjektiv-historische Methode bei der Auslegung von Staatsverträgen. Auch im Zivilrecht hat sich gezeig, daß aus dem Prinzip von Treu und Glauben bei der Vertragsauslegung ebensogut die Anwendung objektiv-aktualer Auslegungsgesichtspunkte hergeleitet werden kann (97).

5. Juristische Interpretation und allgemeine Hermeneutik

Die Argumente, mit denen im innerstaatlichen Recht und im Völkerrecht die historische oder die aktuale Methode gefordert wird, fußen letztlich jeweils auf einer nicht näher begründeten Annahme: der Sinngehalt einer Norm werde von Meinen und Wollen seiner Verfasser und der historischen Interessenlage bestimmt, oder aber dieser Sinngehalt sei in der objektiven Wortbedeutung zu suchen, in den "Bedeutungen des Gedankens, die das Bewußtsein seines Erzeugers überschreiten..."(98), welche sich in steter Entwicklung und Wandlung mit den Zeitverhältnissen befänden.

Die Suche nach der richtigen juristischen Interpretationsmethode führt damit zu Fragen, die nicht aus dem positiven Recht, sondern nur aus diesem vorgeordneten "allgemeinen Wissenschaftslehren ihre Klärung erfahren können" (99). Da nicht nur die Rechtswissenschaft, sondern alle Geisteswissenschaften die Frage nach der richtigen Auslegung einer von Menschen gesetzten "sinnhaltigen Form" (100) beantworten müssen (101), kann die Kritik der juristischen Auslegungsmethoden auf die Lehren der

(96) MOSLER, Das Völkerrecht in der Praxis der deutschen Gerichte, 1957, S. 26.

(97) § 157 BGB, dazu PALANDT-DANCKELMANN BGB § 157 Anm. 2, 3 und 4; BGHZ Band IX, S. 273 (277) m. w. N.; COING, aaO S. 21.

(98) RADBRUCH zit. bei ZWEIGERT, aaO S. 383. ZWEIGERT sieht hierin "den tieferen Grund, aus dem heraus die aktuale gegenüber der historischen Auslegungsmethode den Vorzug verdient."

(99) STERN, aaO S. 698; ähnlich LERCHE, Stil, Methode, Ansicht, DVBl 1961 S. 690: man solle einen Schritt hinter die am geltenden Recht orientierten methodischen "Zentralvorstellungen" zurückgehen.

(100) BETTI, Zur Grundlegung einer allgemeinen Auslegungslehre, Festschrift für Rabel (1954) Band II S. 98.

(101) STERN, aaO S. 697.

allgemeinen Hermeneutik gestützt werden. Betti (102) und Coing (103) sind so vorgegangen.

Betti hat grundsätzliche, apriorische Auslegungsgesichtspunkte - Canones - aufgezeigt. Er hat die Besonderheiten der Interpretation für die einzelnen Disziplinen der Geisteswissenschaften herausgestellt und ein System verschiedener Typen der Auslegung gebildet (104). Darin findet auch die juristische Auslegung als "interpretazione in funzione normativa" (105) ihren Platz. Diese normative Funktion der juristischen Auslegung, die ihr neben der rekognitiven Funktion jeder Auslegung eigentümlich ist, macht Betti in der Gegenüberstellung mit der Interpretation durch den Historiker deutlich (106). Bei dessen Interpretation gehe es nur darum, den in sich abgeschlossenen Sinn der sinnhältigen Form in seiner Eigengesetzlichkeit wieder ins Gedächtnis zu rufen (Canon der Autonomie des zu interpretierenden Werks) (107), ihn in seiner Ganzheit nachzukonstruieren (Canon der Totalität (108)) und ihn in seinen ursprünglichen Sinnzusammenhang einzubetten (ein Aspekt des genetischen Auslegungsgesichtspunktes) (109). Dagegen müsse man bei der juristischen Auslegung eines geltenden Rechtssystems einen Schritt weitergehen. Es gelte nämlich, den ursprünglichen Sinngehalt der Gesetzesformel auch mit der gegenwärtigen Lebensaktualität in Einklang zu bringen (110). Der Jurist habe den Sinnzusammenhang der Rechtsordnung dynamisch zu betrachten. Er müsse die Rechtsquelle auf dem Wege des Verstehens am Leben erhalten, eventuell ergänzen und aus ihr die Maxime einer Entscheidung oder die Richtlinie eines Handelns liefern (111).

Betti macht damit überzeugend deutlich, daß die historische und die aktuale Norminterpretation nicht als Gegensätze aufzufassen sind, die einander ausschließen, sondern daß die Ermittlung des historischen und des aktualen Sinnes der Rechtsnorm zusammenwirken müssen, damit die juristische Auslegung ihre Aufgabe erfüllt. Jeder der beiden Auslegungsmethoden kommt daher - im Zusammenspiel mit den anfangs genannten vier Ansatzpunkten der Interpretation - nur eine r e l a t i v e Bedeutung zu.

(102) Zur Grundlegung aaO; Ergänzende Rechtsfortbildung als Aufgabe der richterlichen Gesetzesauslegung, Festschrift für Leo Raape, Hamburg 1948 S. 379 f; Teoria Generale della Interpretazione, 2 Bände, Milano 1955.

(103) COING, Die juristische Auslegung ... aaO.

(104) BETTI, Zur Grundlegung aaO S. 142.

(105) BETTI, Teoria Generale aaO Kap. VII mit Verweisungen auf Interpretazione della legge aaO.

(106) BETTI, Zur Grundlegung aaO S. 121-134.

(107) Dazu auch COING, aaO S. 13

(108) COING, aaO S.14, ebenso.

(109) COING, aaO S. 14 und 15.

(110) BETTI, Allgemeine Auslegungslehre aaO S. 122.

(111) BETTI, Allgemeine Auslegungslehre S. 109, 133, 134; ergänzende Rechtsfortbildung aaO S. 393-396.

Zu dem gleichen Ergebnis kommt Coing (112) aus der Gegenüberstellung der juristischen Auslegung mit den Lehren der allgemeinen Hermeneutik, indem der insbesondere auf die Doppelnatur eines sprachlich ausgedrückten Gedankens hinweist. Dieser sei auf der einen Seite Ausdruck einer individuellen Vorstellung, auf der anderen Seite aber auch Ausprägung einer objektiv festliegenden Sprache (113).

Damit schält sich als die richtige juristische Auslegungsmethode für jede Rechtsnorm eine Synthese der historischen und der aktualen Methode heraus. Der Interpret hat die verschiedenen Auslegungsgesichtspunkte, die ihm zusammen mit den und in den Canones der Auslegung zur Verfügung stehen, in Funktion zu bringen und sie gegeneinander abzuwägen (114). Er wendet sich also der Vergangenheit und der Gegenwart zu, um die Verhaltensregeln des Gesetzes zu ermitteln und wirksam werden zu lassen. Die für das innerstaatliche Gesetz bereits genannte mehrstufige Rechtsfindungsmethode (115) erweist sich damit im Prinzip als brauchbar für die Interpretation jeder gesetzten Rechtsnorm, also auch zur Auslegung der Rechtssätze des Rechts der Europäischen Gemeinschaften. Der richtige Ansatz dieser Methode wird aus den universellen hermeneutischen Lehren erhärtet.

Diese Erkenntnis kann durch Überlegungen, die auf der jeweiligen positiven Rechtsordnung beruhen, nicht erschüttert werden, da der Maßstab nicht aus dem Objekt der Messung gewonnen werden kann (116). Andererseits ist - wie bereits erwähnt (117) - nicht ausgeschlossen, daß die Besonderheiten einzelner Disziplinen des Rechts das Interpretationsbemühen von außen her beeinflussen und in eine bestimmte Richtung lenken (118).

6. Ergebnis

Die wesentlichen Grundsätze der Methode zur Auslegung der Verträge zur Gründung der Europäischen Gemeinschaften können nicht dadurch gewonnen werden, daß man erforscht, ob die Gemeinschaften völkerrechtliche oder staatsrechtliche Verbindungen sind (119), und daraufhin entweder völkerrechtliche oder in-

(112) Juristische Auslegung aaO S. 22; ähnlich auch LARENZ, Methodenlehre S. 238.

(113) COING, aaO S. 14, unter Berufung auf SCHLEIERMACHER.

(114) Zu diesem topischen Verfahren COING, aaO S. 18, 19 und 23.

(115) vgl. oben S. 24

(116) STERN, aaO S. 697 m. w. N.

(117) vgl. oben S. 21

(118) STERN, aaO S. 697

(119) BINDESCHEDLER, Rechtsfragen der europäischen Einigung - Ein Beitrag zur Lehre von den Staatenverbindungen, Basel 1954, S. 22 f. Für den staatsrechtlichen Charakter haben sich z. B. ausgesprochen: CARTOU, Der

nerstaatliche Auslegungsregeln anwendet (120). Denn schon die Frage nach dem Charakter des Gemeinschaftsrechts kann letztlich nur durch Auslegung geklärt werden. Außerdem gibt es bis heute weder für das Völkerrecht noch für das innerstaatliche Recht allgemein anerkannte Auslegungsregeln.

Schon unabhängig davon, ob die Rechtsordnung der Gemeinschaften die Bezeichnung "sui generis" oder "supranational" (121) verdient, ist bei ihrer Auslegung ebenso wie bei der Auslegung jedes anderen Normensystems zunächst der Canon der Autonomie des zu interpretierenden Werkes (122) zu beachten. Dennoch muß der Interpret gerade gegenüber den neu entstehenden Ordnungen vermeiden, überkommene Vorstellungen in sie hineinzutragen. Dies gilt auch deshalb, weil die Verträge auf sechs zum Teil verschiedenen Rechtsüberzeugungen beruhen.

Die drei Verträge zur Gründung der Europäischen Gemeinschaften können als drei Glieder eines europäischen, die Rechtsordnungen der Mitgliedstaaten überlagernden Normensystems angesehen werden, das sich wegen der Befugnis der jeweiligen Orga-

Gemeinsame Markt und das öffentliche Recht, aaO S. 51; KRÜGER, HERBERT, Über die Herkunft der Gewalt der Staaten und der sogenannten supranationalen Organisationen, DÖV 1959 S. 721; LAGRANGE, L'ordre juridique, aaO, Rev. DP Band 74, S. 481 ff; MOSLER, Die Wendung zum supranationalen Gedanken im Schumanplan, Recht, Staat und Wirtschaft Band III (1952) S. 245; OPHÜLS, Juristische Grundgedanken des Schuman-Planes, NJW 51, S. 289; REUTER, Aspects de la CEE, Rev. M. C. 1958 S. 161 f und 310; STEINDORFF, Schumanplan und Europäischen Bundesstaat, Europa-Archiv 1951 S. 3955; zur Kritik dieser Vorstellung GAUDET, The Legal Framework of the Community, International and Comparative Law Quarterly, Supplementary Publication No. 1, 1961, S. 9-12. Für den völkerrechtlichen Charakter der Gemeinschaften sind eingetreten: EYSINGA, Supranational, Festschrift für Wehberg 1956 S. 130 f; HÉRAUD, Observations sur la nature juridique de la CEE, Rev. Gén. Droit Int. Publ. 1958, S. 25; KRAUS, Betrachtungen aaO S. 190; MÜNCH, Die Abgrenzung des Rechtsbereiches der supranationalen Gemeinschaft gegenüber dem innerstaatlichen Recht, Berichte Dt. Ges. VR. Heft 2, 1957, S. 73 ff; WEHBERG, Entwicklungsstufen der internationalen Organisation - zugleich ein Beitrag zur Frage des übernationalen Charakters der EGKS, Friedenswarte Nr. 52 (1953-55) S. 193 ff.

(120) LAGRANGE, L'ordre juridique, aaO, und Schlußanträge Rs. 8/55, GEGE II S. 266 f, stellt solche Überlegungen zwar an, bezieht sich aber wohl nur auf Besonderheiten, die das Auslegungsbemühen von außen her beeinflussen.

(121) Für den eigenständigen Charakter der Rechtsordnung der drei Gemeinschaften haben sich ausgesprochen: BALLREICH, Die Europäische Atomgemeinschaft, Zeitschr. Ausl. ÖRVR Band 1958 S. 24; JAENICKE, Der übernationale Charakter der EWG, Festgabe für Makarov, Zeitschr. Ausl. ÖRVR Band 19, 1958, S. 153; VON DER HEYDTE, Schumanplan und Völkerrecht, Festschrift für Rudolf Laun 1953 S. 111; JERUSALEM, Recht der Montanunion, Berlin 1954 S. 8 f; MASON, The European Coal and Steel Community - Experiment in Supranationalism, den Haag 1955, S. 126; MATHIJSEN, Le Droit de la CECA - Une étude de sources, den Haag 1958 S. 144 f (156); REUTER, La CECA, Paris 1953 S. 38 f, 138-140; SCHLOCHAUER, Zur Frage der Rechtsnatur der EGKS, Festschrift für Wehberg, Frankfurt 1956 S. 361 (367).

(122) BETTI, Grundlegung, aaO, S. 99; COING, aaO S. 13.

ne zur gemeinschaftsinternen Rechtssetzung (123) dynamisch entwickelt (124), dessen innere Geschlossenheit aber durch den gemeinsamen Gerichtshof gewährleistet wird (125). Daher ist der allgemein-hermeneutische Canon der Totalität, der gegenseitigen Erhellung von Einzelnem und Ganzem (126) nicht nur in bezug auf den Rechtskreis jedes Vertrages, sondern auch im Hinblick auf den Rechtskreis der drei Gemeinschaften in Funktion zu bringen. Erst danach darf auch auf völkerrechtliche Prinzipien oder solche des staatsinternen Rechts zurückgegriffen werden (127).

Unter einer solchen Berücksichtigung der Canones der Autonomie und der Totalität (128) ist der Sinn einer Vertragsnorm des Rechts der Europäischen Gemeinschaften zunächst historisch zu ermitteln. Die grammatischen, systematischen, genetischen und teleologischen Auslegungskriterien sind dabei zu verwenden. Schon hier ist auch eine objektive Betrachtungsweise angemessen, insbesondere bei der grammatischen und systematischen Interpretation. Es gilt den von den Vertragschließenden gewollten Gebotsgehalt der Norm auch aus dem Wortsinn zur Zeit des Vertragsschlusses und aus der damaligen Interessenlage zu ermitteln, nicht nur aus den in den Materialien erkennbaren Vorstellungen der Unterhändler.

Mit der Blickwendung von der Vergangenheit auf die Gegenwart tritt die aktuale Methode in Funktion. Der Gehalt der Norm, den diese mit der dynamischen Entwicklung der Gemeinschaften annimmt und annehmen muß, wird ermittelt. Auf dieser Stufe werden ursprüngliche und nachträgliche Mängel der Norm berichtigt (primäre und sekundäre Gesetzesergänzung und -berichtigung im Sinne der progressiven Methode). Vor allem müssen

(123) Art. 145, 155, 189 EWGV, Art. 8, 14 EGKSV, Art. 115, 124, 161 EAGV; Betonung dieses Gesichtspunktes insbesondere bei REUTER, Aspects aaO, Rev, MC 1958 S. 161 f; MUCH, Amtshaftung, S. 19 f. Der von VERDROSS (VR, aaO S. 13) entwickelte Begriff des "internen Staatengemeinschaftsrechtes" kann zur Erfassung dieser Rechtstatsache beitragen. Dazu auch KRAUS, aaO S. 207, 208.

(124) Daß gerade die EWG eine dynamische Entwicklung durchlaufen wird, hat GAUDET, The Legal Framework, aaO, S. 18-22 deutlich gemacht.

(125) Abschnitt II des Abkommens über die gemeinsamen Organe für die europäischen Gemeinschaften, BGBl 1957 II S. 1156.

(126) BETTI, Allgemeine Auslegungslehre, aaO, S. 101 f; Ergänzende Rechtsfortbildung, aaO, S. 395 u. 396; COING, aaO S. 14.

(127) Die Annahme des Gerichtshofes, GEGE VI S. 713, daß Art. 88 EGKSV wegen seines völkerrechtlich außergewöhnlichen Charakters eng auszulegen sei, ist daher nur mit Vorbehalt hinzunehmen.

(128) Sie dürfen die Grundlage sein für die "neuen Auslegungsregeln", die MOSLER, Das VR in der Praxis, aaO S. 26, SCHÜLE, Methoden der Völkerrechtswissenschaft, Archiv des VR, 8. Band (1959/1960) S. 129 f S. 133 und STRUPP - SCHLOCHAUER, Wörterbuch des Völkerrechts, Berlin, 2. Aufl. 1960/61, Band I S. 464, Band II S. 70 f, für das Recht der Europäischen Gemeinschaften gefordert haben.

die ursprünglichen Denk- und Anschauungsfehler der Vertragspartner aus der Entwicklung der Gemeinschaften aufgedeckt werden, um die Wertungen, die im Gesetz verkörpert sind, in der Gegenwart zu aktualisieren. Die Anpassung der Normen an die veränderten Verhältnisse dürfte wegen der Kürze der seit Inkrafttreten der Verträge verstrichenen Zeit nur in seltenen Fällen schon heute zum Zuge kommen.

3. Kapitel

WORTSINN

(Historisch - grammatische Auslegung)

Die Qualifizierung des Konkurrenzverhältnisses zwischen Art.84 Abs. 2 und anderen Vertragsnormen hängt von dem Gehalt ihrer Tatbestände und ihrer Rechtsfolgeanordnungen ab. Die Aussage von Tatbestand und Rechtsfolgeanordnung des Art. 84 Abs. 2 ist undeutlich. Der erste Schritt der Vertragsauslegung führt daher innerhalb der ersten historischen Interpretationsstufe zur Auslegung aus dem Wort- und Sprachsinn des Textes von Art. 84 Abs. 2 EWGV.

I. Tatbestand des Art. 84 Abs. 2

Es ist zunächst die sprachliche Bedeutung der im Tatbestand des Art. 84 Abs. 2 enthaltenen Worte näher zu betrachten.

Die Worte Seeschiffahrt und Luftfahrt sowie die entsprechenden Ausdrücke der anderen Vertragssprachen sind unbestimmte Begriffe, und zwar solche, die sich auf empirische Tatsachen und Verhältnisse beziehen. Sie sind also deskriptive Begriffe (1). Ihre Bestimmung ist eine Rechtsfrage. Sie ist nicht in das Ermessen der Organe der Gemeinschaft gestellt (2).

Das deutsche Wort Luftfahrt taucht im Vertragswerk lediglich in der Liste der unsichtbaren Transaktionen zu Art.106 des Vertrages (Anhang III) Posten 5 am Ende noch einmal auf: Navigationsmaterial für die Luftfahrt. Irgendeine besondere Bedeutung des Wortes kann man daraus nicht herleiten (3). Das Wort Seeschiffahrt kommt in allen vier Sprachen im Vertrag überhaupt

(1) Zu dieser in der deutschen Rechtswissenschaft üblichen Bezeichnung ENGISCH, Einführung S. 108 u. 123, FORSTHOFF, aaO 7. Auflage S. 75 und 76, WOLFF, Verwaltungsrecht, 3. Auflage, § 31 S. 133.

(2) FORSTHOFF, aaO 7. Aufl. S. 76; WOLFF, aaO S. 133; JESCH, Gesetz und Verwaltung, Tübingen 1961 S. 225. Die Bestimmung von Inhalt und Umfang unbestimmter deskriptiver Begriffe ist ein Akt der Auslegung, zu dem an sich wieder alle vier Ansatzpunkte der Interpretation verwendet werden können, weil der Inhalt der Begriffe auch von dem systematischen und teleologischen Zusammenhängen, in die sie gebettet sind, abhängt (ENGISCH, Einführung S. 78 u. 123). Hier kommt es auf den Beitrag des grammatischen Auslegungselementes an.

(3) Im französischen und italienischen Text heißt es dort "matériel de navigation aérienne" bzw. "materiale di navigazione aerea". Aus dem Zusammenhang ergibt sich, daß "navigation" bzw. "navigazione" dort die Bedeutung des des deutschen Wortes "Navigation" haben, also den Sinn von lenken, steuern, aufsuchen des Kurses.

nicht mehr vor. Es liegt nahe, anzunehmen, die Vertragsschließenden hätten die Worte in dem Sinn benutzt, den sie in der Umgangssprache, möglicherweise auch im juristischen Sprachgebrauch der Mitgliedstaaten damals hatten. Andererseits darf aber nicht außer acht gelassen werden, daß die im Vertrag verwendeten Begriffe vor allem durch den Zusammenhang, in den sie gestellt sind, einen bestimmten Sinn erhalten. Um die sprachlichen Untersuchungen nicht ins Absurde zu treiben, müssen daher schon hier einige Überlegungen aus der systematischen Interpretation hinzugenommen werden, damit Grenzen für die Untersuchung des Sprachsinns gesteckt werden.

Die Vertragsbestimmung für Seeschiffahrt und Luftfahrt steht als Bestandteil des Art. 84, der seinerseits eine Vorschrift im Titel IV des zweiten Teils des Vertrages ist, unter der Überschrift "Der Verkehr" bzw. "Les transports" usw. Seeschiffahrt und Luftfahrt müssen also als Unterbegriffe dieser Begriffe gesehen werden. In den drei nicht deutschen Vertragssprachen kehren die Worte "les transports", "i trasporti" und "het vervoer" in Art.84 Abs.1 wieder, im deutschen Text tritt dagegen zusätzlich das Wort "Beförderungen" auf. Der Sprachsinn der Begriffe Seeschiffahrt und Luftfahrt muß also im Zusammenhang mit dem Sinn der Begriffe les transports, i trasporti und het vervoer verstanden werden, die im deutschen Text teils mit "der Verkehr" teils mit "die Beförderungen" wiedergegeben werden.

Diese Begriffe stehen auch in Art.3e und in Art. 61 Abs. 1 EWGV. Sowohl Art. 3e als auch Art. 61 Abs. 1 verweisen aber auf den Titel IV im zweiten Teil des Vertrages, so daß die Bedeutung der Begriffe nicht aus jenen Vorschriften geklärt werden kann. Es bleibt also nur der Rückgriff auf den Sprachgebrauch in den Mitgliedstaaten übrig.

1. Gewöhnlicher und wirtschaftswissenschaftlicher Sprachgebrauch

a) Der gewöhnliche Sprachgebrauch ist schnell ermittelt:
Das französische "transport" und das italienische "trasporto" sind die Substantive zu den Verben "transporter" bzw. "trasportare", die auf das lateinische "portare" mit der Vorsilbe "trans" zurückgehen. In beiden Sprachen hat das Verb wie im Lateinischen die Bedeutung von "einen Gegenstand von einem Ort zum anderen verbringen" (4), entspricht also dem deutschen "transportieren" oder "befördern". Das niederländische "vervoer" ist das Substantiv zu dem Verb "vervoeren", das mit "over-

(4) PALAZZI, Novissimo dizionario della lingua italiana, Secondo edizione, Milano 1960; ANGÉ, Nouveau petit Larousse illustré, Dictionnaire encyclopédique, 86e Edition, Paris 1956.

brengen" erklärt wird (5). Auch dies ist mit "befördern" ins Deutsche zu übersetzen.

Die Begriffe "transport", "trasporto","vervoer" und "Beförderung" beschreiben also im gewöhnlichen Sprachgebrauch übereinstimmend eine bestimmte Tätigkeit. Da die Begriffe "navigation maritime et aérienne", "navigazione marittima e aerea" und "zeevaart en de luchtvaart" als Unterbegriffe zu diesen Begriffen verwendet sind, beschreiben sie dem Kern nach in den drei nicht deutschen Vertragstexten die Personen- und Güterbeförderung zur See und in der Luft. Entsprechend ist mittels Zusätzen zu den Oberbegriffen in Art. 84 Abs. 1 die Personen- und Güterbeförderung auf der Schiene, der Straße und dem Binnenwasserweg bezeichnet (6). Aus dem Zweck des EWGV - Integration der Volkswirtschaften der Mitgliedstaaten - läßt sich weiter ableiten, daß diese Beförderungstätigkeiten nur insoweit gemeint sind, als sie wirtschaftlich relevant sind, also grob umrissen die gewerbsmäßigen Beförderungen für andere (7) und der sogenannte Werkverkehr (8). Die Abgrenzung mag im einzelnen problematisch sein, kann aber hier offen bleiben.

Für den deutschen Vertragstext darf man im Rahmen des gewöhnlichen Sprachgebrauchs von dem in Art. 84 Abs. 1 verwendeten Begriff "Beförderung" auf die Überschrift des Titels IV, also den Begriff "Verkehr", zurückschließen, der für sich allein genommen wegen seiner Vieldeutigkeit keine Aussagekraft hat, aber durchaus den Sinn von "Beförderung" annehmen kann. Damit ergibt sich für den deutschen Text des EWGV das gleiche Resultat für den Sinn der Worte Seeschiffahrt und Luftfahrt wie nach den übrigen Texten: die Begriffe beschreiben die kommerzielle Beförderung von Personen und Gütern über See oder durch die Luft, verstanden als Gewerbetätigkeiten. Diese Gewerbetätigkeiten sind eine Untergruppe des Dienstleistungsgewerbes oder, wie Zanobini (9) zutreffend sagt, der "industrie di prestazione". Man kann also auch von der Produktion von Beförderungsleistun-

(5) KOENEN, Verklarend Handwoordenboek der nederlandsche Taal, negende druk, Groningen 1911.

(6) So meint z. B. auch EVERLING, WEGSpr Art. 74 Anm. 1, daß das Sachgebiet, auf das der Titel sich erstrecke, die Transportleistungen seien, nebst allem, was dazu gehöre.

(7) Zum Begriff z. B. § 1 des inzwischen außer Kraft getretenen dt. Gesetzes über die Beförderung von Personen zu Lande vom 6. Dez. 1937 (RGBl I S. 1320); heute in der Bundesrepublik § 1 PBefG vom 21. März 1961 (BGBl I S. 241): "entgeltliche oder geschäftsmäßige Beförderung", zur Abgrenzung dieser Begriffe BIDINGER, Personenbeförderungsrecht, Kom. zum PBefG, Berlin 1961 Anmerkung zu § 1 PBefG S. 55 f.

(8) zum Begriff z. B. § 48 GüKG.

(9) ZANOBINI, Corso di diritto amministrativo, Terza Edizione, Milano 1959 Band V S. 474 u. 475.

gen sprechen, hier von deren Produktion unter Verwendung von Seeschiffen und Luftfahrzeugen (10).

Dieses Ergebnis weicht leicht ab von der insbesondere von Stabenow, andeutungsweise aber auch von der Kommission vertretenen Ansicht, die besonderen Verkehrsbestimmungen des Vertrages beträfen das jeweilige Verkehrsunternehmen als Ganzes (11). Das Unternehmen wird hierbei offenbar - entsprechend dem Sprachgebrauch in den Mitgliedstaaten - nicht als Tätigkeit, sondern als Wirtschaftseinheit, als einheitliche Organisation verstanden (12). Sicher setzt die Produktion von Beförderungsleistungen einen bestimmten sachlichen und personellen Bestand voraus, der agieren muß, damit das Produkt, die Beförderung, entsteht. Deshalb geht es nicht an, z. B. die Einstellung von Arbeitskräften oder die Aufnahme von Kapital durch das Beförderungsunternehmen von seiner eigentlichen Transportleistung zu trennen (13). Dennoch wäre es nicht exakt, wenn man davon ausgehen wollte, die Begriffe Beförderung, Seeschiffahrt und Luftfahrt bezögen sich auf das jeweilige Verkehrs-, Reederei- oder Luftfahrt u n t e r n e h m e n als solches. Denn diese Wirtschaftsunternehmen üben vielfach nicht nur eine Gewerbetätigkeit aus, sondern mehrere nebeneinander (14). Die Abgrenzungsschwierigkeiten, die die Kommission vermeiden will (15), würden gerade entstehen, wenn man die Unternehmenseinheiten, die gleichzeitig mehrere Gewerbe ausüben, unter einen Begriff subsumieren will, der nur e i n e dieser Gewerbetätigkeiten anspricht. Außerdem wäre es bei diesem Vorgehen unmöglich, z. B. die kommerzielle Seeschiffahrt, die als Werkverkehr betrieben wird, mit Art. 84 Abs. 2 zu erfassen.

Auf diese Gesichtspunkte wird bei der systematischen Interpretation weiter einzugehen sein. Schon hier läßt sich aber sagen, daß auch im Sprachgebrauch der Begriff für eine Gewerbetätigkeit nicht die Unternehmenseinheit bezeichnet: Der gewöhnliche Sprachgebrauch unterscheidet zwischen Beförderung und Frachtführer oder Verkehrsunternehmer, zwischen Seeschiffahrt und Reeder, zwischen Luftfahrt und Fluggesellschaft. So taten es auch die Verfasser des EWGV, wenn sie in Art. 84 Abs. 1

(10) PREDÖHL, Verkehrspolitik, Göttingen 1958, S. 10 schreibt: "... ist Transport nichts anderes als eine Spielart von Produkten im weiteren Sinne".; so auch MÜLLER-HERMANN, Der Verkehr im Gemeinsamen Markt, in Osterkamp/Kühne, Handbuch der öffentlichen Wirtschaft, Stuttgart 1960 Band I S. 768 f (770).

(11) STABENOW, Triest S. 24; KOMMISSION, Memorandum Anl. 2 S. 12; vgl. oben S.

(12) ULMER, Der Unternehmensbegriff im Vertrag der EGKS, Heidelberg 1960 S. 33 f.

(13) So noch die von STABENOW, Triest S. 7 u. 24 geschilderte dritte Ansicht.

(14) z. B. betreiben manche Luftfahrtunternehmen gleichzeitig das Hotelgewerbe.

(15) KOMMISSION, Memorandum Anl. 2 S. 12 oben, S. 17

das Wort Beförderungen bzw. transports usw. benutzten, in den Art. 75 Abs. 1b, 76, 78 und 79 aber das Wort Verkehrsunternehmer bzw. Transporteur usw.

Selbst der Sprachgebrauch der Wirtschaftswissenschaften, in welchem mit den Begriffen Verkehr, transports und i trasporti ein bestimmter Wirtschaftssektor gemeint ist, begreift diesen nicht als eine Gesamtheit von Unternehmen, sondern als eine Gesamtheit von Vorgängen und Tätigkeiten. Bekannt ist die Definition von Predöhl (16), Verkehr sei "die Gesamtheit der Vorgände, die im Bereich der Wirtschaft der Raumüberwindung dienen" (17). Man kann sich also nicht einmal auf den Sprachgebrauch der Wirtschaftswissenschaften berufen, um anzunehmen, mit den Worten Seeschiffahrt und Luftfahrt seien Gruppen von Unternehmenseinheiten gemeint.

Nach dem gewöhnlichen Sprachgebrauch und nach dem der Wirtschaftswissenschaften muß also davon ausgegangen werden, daß mit den Worten Verkehr (= Beförderungen), transports usw., Seeschiffahrt und Luftfahrt, bestimmte Produktionstätigkeiten und Vorgänge bezeichnet werden, auch wenn man einen Wirtschaftszweig oder Teile davon mit diesen Worten erfassen will. Damit ist aber noch nicht endgültig abgegrenzt, welche Tätigkeiten im einzelnen unter die Begriffe Seeschiffahrt und Luftfahrt zu rechnen sind.

b) Zur Frage, ob die Küstenschiffahrt, also die Kabotage "unter Benutzung des Seeweges" zwischen zwei Seehäfen des gleichen Staates (18), der Seeschiffahrt (Art. 84) Abs. 2) oder etwa dem sog. Binnenverkehr (Art. 84 Abs. 1 EWGV) zuzuordnen ist, ergibt die Wortinterpretation das erstere. Es bestehen zwei Möglichkeiten, die Seeschiffahrt von der Binnenschiffahrt abzugrenzen, nämlich entweder nach dem verwendeten Schiffstyp (19) oder

(16) Verkehrspolitik, aaO S. 9

(17) Ähnlich auch VON BORGHT, Das Verkehrswesen, 3. Aufl. Leipzig 1925, S. 3 f; PIRATH, Die Grundlagen der Verkehrswirtschaft, 2. Aufl. Berlin-Göttingen-Heidelberg 1949, S. 1 f; BISSING, Verkehrspolitik, Berlin 1956, S. 1; SEIDENFUSS, Verkehrsmärkte, Marktform, Marktbeziehung, Marktverhalten, Basel-Tübingen 1959 S. 96 u. 141.; SERINO, Introduzione all' economia di trasporti, Seconda edizione, Napoli 1959 S. 15; RODIÈRE, Droit des Transports, Paris, Band I 1953 S. 3. Der VERKEHRSAUSSCHUSS DES EP hat in seiner terminologischen Liste (DOK. APE 4919, Nr. 10) für alle vier Sprachen der Gemeinschaft die Difinition von Predöhl etwas abgewandelt für den Begriff "Transport" übernommen, der den Nachrichtenverkehr nicht mit umfassen soll: "... die Gesamtheit der Vorgänge, die im Bereich der Wirtschaft der Ortsveränderung von materiellen Gegenständen oder Personen dient". THEEL, HDSW, Band 9 S. 189 ähnlich f. d. Begriff Seeschiffahrt.

(18) Zur Begriffsbestimmung § 1 des deutschen Gesetzes über die Küstenschiffahrt vom 26. Juli 1957, BGBl II S. 738.

(19) So unterscheidet z. B. § 3 der deutschen SchiffsregO nach der Bauart und Ausrüstung See- und Binnenschiffe.

nach dem als Transportweg benutzten Gewässer (20). Die Verfasser des EWGV haben sich für das letztere entschieden, wie die nicht deutschen Vertragstexte, die sich nicht mit dem unpräzisen Ausdruck Verkehr behelfen müssen, deutlich zeigen. Die Begriffspaare in Art. 84 sind: transports par voie navigable - navigation maritime, vervoer over de binnenwateren - zeevart. Die Küstenschiffahrt verkehrt zwischen Seehäfen über See und nicht auf "binnenwateren", gehört also zur Seeschiffahrt im Sinne des EWGV.

Der Tatbestand des Art. 84 Abs. 2 spricht nicht von Beförderungen zur See und durch die Luft, was der Diktion des Art. 84 Abs. 1 entsprechen würde, sondern von Seeschiffahrt und Luftfahrt. Dies erscheint daraus erklärlich, daß es noch andere Gewerbetätigkeiten als die Beförderung in Zusammenhang mit dem Befahren des Meeres und der Luft gibt, z. B. die Seefischerei oder die Luftwerbung, das Luftbildwesen und die Schädlingsbekämpfung aus der Luft (21).

Daß die Seefischerei im EWGV nicht von dem Wort Seeschiffahrt erfaßt wird, bedarf angesichts ihrer Erwähnung in Art. 3 EWGV keiner weiteren Erörterung.

Dagegen wird man die mit dem Befahren des Luftraums zusammenhängenden Gewerbetätigkeiten, die keine Beförderungen zum Gegenstand haben, trotz der Unterordnung des Begriffs Luftfahrt unter die Überschrift des Titels IV zu diesem Begriff im Sinne des EWGV rechnen dürfen, z. B. Luftwerbung usw.

c) Es fragt sich weiter, ob die Worte Seeschiffahrt und Luftfahrt nicht nur das Hauptgewerbe, sondern auch das Nebengewerbe erfassen. Unter Hauptgewerbe soll hier die eigentliche Beförderungsleistungsproduktion der Reeder und Fluggesellschaften, unter Nebengewerbe sollen die wirtschaftlich damit verknüpften speziellen selbständigen Gewerbetätigkeiten im Bereich eines Seehafens sowie z. B. die Leistungen der Flughafenunternehmen verstanden werden.

Die Frage, ob das Nebengewerbe mit dem Hauptgewerbe unter die besonderen Verkehrsvorschriften des EWGV fällt, stellt sich allgemein für die Transportwirtschaft. Sie wird aber insbesondere bei dem Problem der Stellung der Seehäfen in der EWG diskutiert (22). Ansatzpunkt ist dabei die Tatsache, daß die Leistungen der Flughafenunternehmen und einzelner Gewerbezwei-

(20) So Art. 2 des frz Gesetzes vom 1. April 1942 relative aux titres de navigation maritime (Dalloz S. 479) in Verbindung mit dem Gesetz vom 11. März 1941 portant fixation des limites de l' inscription maritime dans les fleuves, rivières et canaux.

(21) BVM, Die Verkehrspolitik in der Bundesrepublik Deutschland 1949-1957 S. 229.

(22) vgl. zu den verschiedenen Auffassungen: JOLMES, Gedanken zur Stellung der deutschen Seehäfen in der EWG, Düsseldorf 1961 S. 23 f m. w. N.; MUEHLRADT, Die Seehäfen in der EWG, Göttingen 1959 Teil II; NN, Hafen-

ge in den Seehäfen in engem wirtschaftlichem Zusammenhang mit dem jeweiligen Hauptgewerbe stehen (23). Die betreffenden Unternehmen und die an ihrem Kapital häufig beteiligte öffentliche Hand (24) richten ihre Dispositionen weitgehend nach den Verhältnissen in der Luftfahrt bzw. in der Seeschiffahrt aus.

Die wirtschaftliche Abhängigkeit eines Gewerbezweiges von einem anderen ist jedoch allein kein Grund, ihn auch den Sonderregeln für den anderen zu unterwerfen, denn letztlich sind in einer arbeitsteilig organisierten Volkswirtschaft alle Wirtschaftszweige mehr oder weniger miteinander verknüpft. Es erscheint also allenfalls möglich, daß die verschiedenen Gewerbetätigkeiten kraft eines besonderen tatsächlichen Zusammenhangs rechtlich als Einheit aufgefaßt werden müssen, daß also das Flughafengewerbe unter den Begriff der Luftfahrt, einzelne Gewerbe in den Seehäfen dagegen unter den Begriff der Seeschiffahrt im Sinne des Art. 84 Abs. 2 EWGV gerechnet werden müssen.

Dies ist aber allenfalls insoweit möglich, als es sich um Gewerbetätigkeiten handelt, die sehr eng mit dem Hauptgewerbe verknüpft sind. Dies ist bei den Diensten der Flughafenunternehmen generell der Fall. Dagegen kann bei der großen Vielfalt der Gewerbezweige im Bereich eines Seehafens nicht einfach davon ausgegangen werden, die Ausübung ihrer Tätigkeit an diesem Ort begründe bereits den rechtlich relevanten Zusammenhang mit dem Hauptgewerbe. Es bedarf vielmehr einer Unterscheidung zwischen solchen Gewerbezweigen, die in die Abwicklung der Güter- und Personenbeförderung eingeschaltet sind, und solchen, die vornehmlich mit der Güterproduktion oder dem Handel verknüpft sind. Nur für die erste Gruppe könnte eine Zuordnung zum Beförderungsgewerbe überhaupt in Betracht kommen. Man beginnt sie mit dem Begriff "Seehafenverkehrswirt-

kurier vom 1. Sept. 1960, "Die Seehäfen in der EWG"; Resolution der NORDSEE-HANDELSKAMMERN Amsterdam, Antwerpen, Bremen, Hamburg, Rotterdam vom 11. März 1960 und vom 26. Sept. 1960 "Die Position der Seehafenverkehrswirtschaft in der EWG"; Entschließung des BUNDESRATES vom 29. März 1961, Drucks. 75/61; SCHAUS, Bremen S. 23; STABENOW, Triest S. 25.

(23) So insbesondere BVM, Anlage zur Stellungnahme betreffend die Seehafenverkehrswirtschaft.

(24) In der Bundesrepublik sind z. B. die Flughäfen als privatrechtliche Gesellschaften organisiert, ihr Grund- bzw. ihr Stammkapital gehört jedoch der öffentlichen Hand (z. B. Hamburger Flughafen Aktiengesellschaft). Ähnlich steht es mit den großen Hafengesellschaften (z. B. Hamburger Hafen- und Lagerhaus Aktiengesellschaft), vgl. KUHLES, Flughäfen und Raumordnung, DVBl 1961 S. 808; IPSEN, Hamburgs Verfassung und Verwaltung, Hamburg 1956, S. 447, 448. Zur Rechtsstellung dieser Betriebe HUBER, Wirtschaftsverwaltungsrecht, 1953 Band I S. 161 u. 528.

schaft" (25) zu bezeichnen. So einfach es ist, einen solchen Begriff zu prägen, so schwierig ist es festzustellen, welche Gewerbetätigkeiten im einzelnen darunter fallen (26). Da der Begriff Seehafenverkehrswirtschaft im EWGV nicht vorkommt, hat es wenig Wert, seinen Gehalt im einzelnen abzugrenzen. Es kommt allein auf eine Abgrenzung derjenigen Gewerbe im Bereich eines Seehafens an, die die Beförderungsleistung des Hauptgewerbes Seeschiffahrt direkt unterstützen. Dies geschieht z. B. durch die Dienstleistungen der Kaiumschlagsbetriebe, der Ewerführereien, der Stauer, der Schiffsmakler und Schiffsagenten. Dagegen unterstützt z. B. das langfristige Lagern von Gütern durch Quartiersleute und Kühlhäuser nicht primär die Seeschiffahrt, sondern den Handel. Auch der Schiffbau durch die Werften unterstützt nicht die Beförderungsleistung, sondern stellt dafür das Produktionsmaterial her. Zweifelhaft ist die Zuordnung der Tätigkeiten, die das Warten und das Ausrüsten der Schiffe besorgen (27), und auch die Zuordnung der Seeversicherung.

Auf eine genaue Abgrenzung aller Tätigkeiten, die die Beförderung mittels Seeschiffen direkt unterstützen, kommt es zunächst nicht an. Wichtig ist nur die Feststellung, daß es solche Tätigkeiten gibt, und die Herausstellung der Frage, ob sie unter den Begriff der Seeschiffahrt im Sinne des EWGV fallen.

Der gewöhnliche Sprachgebrauch bezieht in die Begriffe Verkehr = Beförderung sowie die Worte Seeschiffahrt und Luftfahrt, verstanden als Gewerbetätigkeiten, das Nebengewerbe nicht mit ein. Niemand kommt auf den Gedanken, die Dienstleistungen einer Stauerei oder eines Schiffsagenten als Beförderung oder als Seeschiffahrt zu bezeichnen (28). Dagegen erfaßt der Sprachgebrauch der Wirtschaftswissenschaften mit dem Begriff Verkehr im Sinne eines Wirtschaftssektors und damit mit den Worten Seeschiffahrt und Luftfahrt durchaus das Nebengewerbe. Predöhl (29), auf den sich das Europäische Parlament bezieht (30), und

(25) Entschließung des BUNDESRATES aaO; Resolutionen der Handelskammern aaO; JOLMES, Stellung, aaO S. 15 f; KOLATH, Der Verkehr in der EWG, aaO, Int. ArchVerkw. 1961 S. 150; SCHAUS, Bremen S. 23; die KOMMISSION, Denkschrift I S. 38 meint wohl mit dem Ausdruck "Hafenbetriebe" diesen Gewerbezweig.

(26) Man kann mühelos im Hamburger Hafen über 30 Gewerbe zählen, die von selbständigen Unternehmern ausgeübt werden und mit der Seeschiffahrt zu tun haben, z. B. Ewerführereien, Stauer, Kaiumschlagsbetriebe, Tally-Firmen, Schiffsmakler, Quartiersleute, Kornumstecher, Festmacher und andere mehr.

(27) z. B. Reparaturarbeiten der Werften, Schiffs- und Kesselreinigungen, Schiffsausrüstung, Bunkereien, Bergungs- und Taucherbetriebe u. a. m.

(28) So im Ergebnis auch KOLATH, aaO S. 150.

(29) Verkehrspolitik S. 10.

(30) Verkehrsausschuß, Terminologische Liste, Dok. APE 4919.

Schwaighofer (31) stellen dies ausdrücklich klar: Vorgänge im Bereich der Wirtschaft, die der Raumüberwindung dienen, sind nicht nur das Verbringen von Gütern von Personen von einem Ort zum andern, sondern auch die Tätigkeiten, die dieses Verbringen unterstützen und vermitteln.

Es muß jedoch grundsätzlich davon ausgegangen werden, daß bei der Auslegung des EWGV allenfalls insoweit auf den Sprachgebrauch der Wirtschaftswissenschaften zurückgegriffen werden darf, als diese zum Sinngehalt der Vorschrift beigetragen haben (32). Die Anliegen von Nationalökonomie und Betriebswirtschaft unterscheiden sich derart von dem Ordnungszweck, der mit Rechtsnormen verfolgt wird, daß nicht vermutet werden kann, die Begriffe dieser Lehren seien mit Rechtsbegriffen inhaltsgleich (33). Das Prinzip der Rechtssicherheit erfordert außerdem besondere Präzision, so daß auch deshalb ein Begriff in einer Rechtsnorm normalerweise sprachlich enger ist als der entsprechende Begriff in der Wirtschaftswissenschaft. Mehr Gewicht wird man deshalb auf den Sprachgebrauch der nationalen Rechtsnormen und der internationalen Verträge legen müssen, die ebenfalls den Gegenstand Beförderungen betreffen und denen die Mitgliedstaaten angehören. Nach der Untersuchung des Sprachgebrauchs dieser Rechtssätze ist der Wortsinn der Begriffe Seeschiffahrt und Luftfahrt abschließend zu beurteilen.

2. Juristischer Sprachgebrauch

Die Untersuchung des Sprachgebrauchs der Rechtssätze soll sich darauf erstrecken, ob mit den Begriffen Verkehr, Beförderung usw. Tätigkeiten oder Unternehmenseinheiten bzw. nur das Hauptgewerbe oder auch das Nebengewerbe gemeint sind.

Die Durchsicht insbesondere der öffentlich-rechtlichen Normen, aber auch der privatrechtlichen Bestimmungen der Mitgliedstaaten auf dem Gebiet der Transportwirtschaft ergibt zunächst, daß Legaldefinitionen für die hier interessierenden Begriffe nur in

(31) SCHWAIGHOFER, Verkehrsmittel und Verkehrswege, in Elster, Weber, Wieser, Handwörterbuch der Sozialwissenschaften, 4. Aufl. Jena 1928, Band 8 S. 562.

(32) LAGRANGE, Schlußanträge Rs 13/57, GEGE IV S. 349, meint zu der Frage, inwieweit der durch den EGKSV geschaffene Gemeinsame Markt auf der Freiheit des Wettbewerbs beruhe, daß die moderne nationalökonomische Theorie keine rechtlichen Anhaltspunkte für die Anwendung des Vertrages liefere, da der Jurist zu wissen wünsche, "auf welche grundlegende Vorstellungen der Text zurückgeht, den er auszulegen hat". Diese können aber auch solche der Wirtschaftswissenschaften sein.

(33) IPSEN, Öffentliche Subventionierung Privater, Berlin-Köln 1956, S. 6-9 stellt klar, daß die Einordnung rechtserheblicher Tatsachen in die rechtliche Systematik eine von der Typisierung der Nationalökonomie abweichende Begriffsbestimmung erfordert.

Einzelfällen vorkommen (34), dann aber lediglich Bedeutung für das betreffende Gesetz haben (35). Man kann also nur aus der Verwendung der Begriffe in den Rechtsvorschriften vorsichtig Rückschlüsse auf den Sinngehalt der Worte ziehen.

Bei diesem Vorgehen zeigt sich einmal, daß der Sprachgebrauch der Begriffe Beförderung, transport, trasporto und vervoer in den Rechtsnormen vom natürlichen Sprachgebrauch n i c h t abweicht. Die Begriffe werden nur zur Bezeichnung der Tätigkeit des Verbringens von Personen oder Sachen von einem Ort zum anderen benutzt. Darüber hinaus verwendet die Gesetzessprache diese Begriffe nicht zur Bezeichnung der Tätigkeiten des Verkehrsnebengewerbes. Etwas anderes gilt insoweit nur in einigen Fällen für das unscharfe deutsche Wort Verkehr, dessen Bedeutung meist nur aus dem Sinnzusammenhang zu ermitteln ist, in dem es steht (36).

(34) z.B. Art. 2 des frz. Gesetzes vom 1.4.1942, aaO (Dalloz S. 479): "Est considérée comme maritime la navigation pratiquée en mer ou dans les limites..." Art. 1 nd. luchtvaart-wet: "Voor de toepassing van het bej of krachtens deze wet bepaalde wordt verstaan onder
a) luchtvaart: het gebruik van luchtvaartuigen
b) ..."

(35) Dalloz, Repertoire, Band 2 S. 450 f, Stichwort navigation maritime.

(36) vgl. aus der Gesetzgebung der Mitgliedstaaten (es werden auch einige Vorschriften zitiert, die nach dem Aushandeln des EWGV erlassen wurden. Das ist zwar im Hinblick auf die historische Interpretation nicht ganz exakt, wegen des geringen Zeitunterschiedes aber unbedenklich):
BELGIEN, Art.1 Arrêté-loi du 30 décembre 1946, portant révision et coordination de la législation relative au transport rémunéré de personnes par vehicules automobiles, modifié ... Moniteur Belge, 20/21 janvier 1947. Gesetz vom 1. August 1960 relative au transport rémunéré de choses par véhicules automobiles, Moniteur Belge vom 12. August 1960.
BUNDESREPUBLIK, §§ 1 und 2 PBefG alt, aaO. §§ 1, 2, 3, 9, 22, 46, PBefG neu; §§ 1, 2, 3, 46, 47, 48 GüKG; § 2 Allgemeines Eisenbahngesetz vom 29. März 1951, BGBl I S. 225. §§ 20 und 21 LuftVG. § 1 f Beförderungssteuergesetz, Fassung vom 13. 6. 1955, BGBl I S. 366, letzte Änderung durch Gesetz vom 19. Juni 1961, BGBl I S. 771.
FRANKREICH, Art. 7 Loi relative à diverses dispositions d'ordre économique et financier, vom 5. Juli 1949 J.O. vom 6. Juli 1949. Art. 1 Décret vom 14. Nov. 1949 relatif à la coordination et à l'harmonisation des transports ferroviaires et routiers, J.O. v. 15. Nov. 1949 zuletzt geändert durch Verordnung vom 30. Juni 1961, J.O. vom 1. Juli 1961. Art. 113 Code de l'aviation.
ITALIEN, Art. 1 Legge autoservizi di linea per viaggiatori, Nr. 1822, vom 28. Sept. 1939. Art. 2 und 3 Disciplinamento dei servici mediante autoveicoli, Nr. 1349 vom 20. Juni 1935.
LUXEMBURG, Art. 1-6 Arrêté grand - ducal soumettant l'exercice de certaines professions à une autorisation gouvernementale vom 14. August 1934. Art. 1 Règlement grand - ducal du 27 juillet 1961 concernant les transports aeriens, l'immatriculation et l'identité des aeronefs, Memorial vom 16. August 1961.
NIEDERLANDE, § 1 Art. 1 Wet Autovervoer Personen vom 24. Juni 1939, Stb 527, letzte Fassung durch Gesetz vom 9. April 1959, Stb 143. § 1 Art. 1 Wet Autovervoer Goederen vom 4. August 1951, Stb 342, letzte Fassung durch Gesetz vom 9. April 1959, Stb 143. Art. 16 Luchtvaartwet.
Von den INTERNATIONALEN ÜBEREINKOMMEN vgl.: Art. 96 Chikagoer Abk.; Art. 1 § 1 Internationales Übereinkommen über den Eisenbahnfrachtverkehr

Die Begriffe Seeschiffahrt und Luftfahrt haben dagegen in der Gesetzessprache der Mitgliedstaaten - sofern sie überhaupt vorkommen - eine sehr allgemeine Bedeutung. Sie bezeichnen für gewöhnlich einfach den Vorgang des Befahrens der hohen See (37) oder der Luftraums (38) und alles, was an technischen, aber auch kommerziellen Angelegenheiten damit verbunden ist. Das liegt daran, daß die Gesetze der Mitgliedstaaten, die sich auf Seeschiffahrt und Luftfahrt beziehen, meist nicht speziell zum Zweck der Regelung der kommerziellen Beförderung von Personen und Sachen zur See und durch die Luft erlassen sind, sondern allgemein zur Regelung der Benutzung des Meeres und der Häfen durch die Schiffe sowie des Luftraumes und der Start- und Landeplätze durch die Luftfahrzeuge (39). Die Auslegung der Begriffe Seeschiffahrt und Luftfahrt in Art. 84 Abs. 2 EWGV aus der Verwendung dieser Begriffe in den nationalen Rechtsnormen führt also nicht weiter. Dagegen zeigt sich deutlich, daß der ihnen übergeordnete Begriff Beförderung = transport = vervoer usw. in den Rechtsnormen nicht im Sinne des Sprachgebrauchs der Wirtschaftswissenschaften verwendet wird. Das spricht entscheidend dafür, daß auch mit den Worten Seeschiffahrt und Luftfahrt die

vom 25.Okt. 1955 bei Haustein/Pschirrer, Internationales Eisenbahnrecht, Band I S. 187. Art. 1 Abs. 1, 3, 4 u. 5 Übereinkommen über den Beförderungsvertrag im internationalen Straßengüterverkehr vom 16. Mai 1956, BGBl 1961, II S.1120. Im EGKSV (französischer Wortlaut, Art. 100 EGKSV) sind für die Beförderung im 3. Titel, Kap.IX Art. 70 und in § 10 des Übergangabkommens beide Male unter der Überschrift "Transports" Vorschriften enthalten. Keine dieser Vorschriften ist jemals - soweit sich aus der Übersicht von Klaer, Der Verkehr im Gemeinsamen Markt für Kohle und Stahl, Baden-Baden Bonn 1961, ergibt - auf Tätigkeit des Verkehrsnebengewerbes angewendet werden.

(37) Dazu SANDIFORD, Diritto marittimo, Milano 1960 S. 45.

(38) z. B. § 29 Abs. 1 dt. LuftVG.

(39) vgl. aus der Gesetzgebung der Mitgliedstaaten insbesondere:
BELGIEN, Code de commerce, Livre II: "De la navigation maritime et ..." (Schiffsbegriff, Teile des Registerrechts, Reeder, Besatzung, Seehandelsrecht). Arrêté Royal portant règlement général relatif à la navigation aérienne ... M. B. 10. Dezember 1938, insbesondere Kap. II (Benutzung der Flughäfen, Flugregeln, Fluggewerbe).
BUNDESREPUBLIK, Grundgesetz Art, 74 Ziff. 21, 87, 89 Abs.2. Gesetz über die Aufgaben des Bundes auf dem Gebiet der Seeschiffahrt vom 22. November 1950, BGBl S. 767. Für die Luftfahrt Art. 73 Ziff. 6 GG, § 29 Abs. 1 LuftVG.
FRANKREICH, Code de commerce, livre II: "Du Commerce maritime". Loi du 27. 2. 56 portant prescription de codification des textes interessant les gens de mer, les navires, la navigation, les transports maritimes, le domaine public maritime - code de la marine marchande = noch nicht zusammengestellt. Loi du 1. 4. 1942 relative aux titres de navigation maritime (Dalloz S. 478. Für die Luftfahrt, Code de l'aviation.
ITALIEN, Codice delle leggi sulla navigazione marittima - interna - e aerea, herausgegeben von Dante Gaeta und Gabriele Pescatore, Milano 1952, mit Zusätzen vom 27. 11. 54 und 25. 10. 57.
LUXEMBURG, aaO. règlement grand-ducal vom 27. 7. 61.
NIEDERLANDE, z. B. Wet op de zeevaartdiplomas 1935 Stb Nr. 456. Luchtvaartwet. siehe auch Art. 96 Chik. Abk.

ganz bestimmten Gewerbetätigkeiten der Reeder und Luftfahrtunternehmen gemeint sind, nicht aber die damit verknüpften Nebengewerbe.

3. Zusammenfassung

Zusammenfassend läßt sich also feststellen, daß der Tatbestand des Art. 84 Abs. 2 die Gewerbetätigkeiten der Beförderung von Personen und Gütern über das Meer und durch die Luft beschreibt.

Bestimmte Gruppen von Unternehmenseinheiten sind nicht angesprochen. Das Nebengewerbe wird nicht erfaßt. Dem insoweit abweichenden Sprachgebrauch der Wirtschaftswissenschaften kann keine entscheidende Bedeutung beigemessen werden.

Dies Zwischenergebnis der grammatischen Interpretation ist nur ein Teil der Auslegung. Insbesondere die Frage, ob der Tatbestand des Art. 84 Abs. 2 auch das Nebengewerbe erfaßt, muß mit den anderen Kriterien der Auslegung weiter verfolgt werden. Da jedoch die Bestimmung des Begriffshofes der Begriffe Seeschiffahrt und Luftfahrt wesentlich davon abhängt, welcher Regelung die von ihrem Kern (40) erfaßten Hauptgewerbe unterliegen, wird die Frage, ob Art. 84 Abs.2 auch für das Nebengewerbe gilt, zurückgestellt. Sie wird wieder aufgegriffen, wenn das Ergebnis für das Hauptgewerbe gefunden ist (41).

Die Luftwerbung, das Luftbildwesen usw. werden in folgendem nicht mehr besonders erwähnt, wenn von Luftfahrt die Rede ist. Sie können jedoch in bestimmten Fällen mit darunter verstanden werden.

II. Rechtsfolgeanordnung des Art. 84 Abs. 2

Die Worte der Rechtsfolgeanordnung des Art. 84 Abs. 2 EWGV sind zu erläutern.

Der Inhalt des Begriffes "Der Rat" ergibt sich aus den Art. 145 bis 154 des Vertrages.

Zu dem Begriff der "Einstimmigkeit" bei Ratsentscheidungen ist in Art. 148 Abs. 3 EWGV eine Erläuterung gegeben: Einstimmigkeit des Beschlusses liegt also auch bei Stimmenthaltung eines Mitglieds vor.

Nach dem Sprachsinn ist das Verb "entscheiden" nicht eindeutig. Gewöhnlich hat es lediglich die Bedeutung von bestimmen, beschließen, aus mehreren Möglichkeiten eine auswählen, rechtstechnisch könnte es zusätzlich bedeuten, daß der Rat diesen Akt

(40) Zu den Bezeichnungen Begriffshof - Begriffskern: ENGISCH, Einführung S. 108, WOLFF, VerwR, § 31 I c 2, 3. Aufl. S. 134.

(41) Siehe unten S. 137f.

in eine der Rechtsformen des Art. 189 EWGV kleiden muß, eventl. sogar in die Form einer Entscheidung im Sinne dieses Artikels. Das Verb entscheiden wird im Vertrag verhältnismäßig selten zur Bezeichnung des Tätigwerdens des Rates oder der Kommission benutzt (42). Aus Art. 93 Abs. 2 Unterabsatz 1 in Verbindung mit Unterabsatz 2 und Abs. 3 und aus Art. 103 Abs. 2 in Verbindung mit Abs. 3 könnte sich ergeben, daß in diesen Vorschriften das Verb entscheiden auch die Rechtsform der Entscheidung meint, weil entscheiden dort zugleich als Entscheidung bezeichnet wird. Dies könnte dafür sprechen, daß das Verb entscheiden in Art. 84 Abs. 2 ebenfalls eine Entscheidung im Sinne des Art. 189 meint. Der französische und der italienische Text des Art. 93 Abs. 2 entchen dem deutschen, der niederländische jedoch nicht. Entscheidung im technischen Sinne ist im Niederländischen "beschikking", in Art. 93 Abs. 2 und 3 ist aber nur von "besluit" bzw. von "eindbeslissing" die Rede (43). Sprachliche Überlegungen allein führen hier also nicht zum Ziel. Dies auch deswegen nicht, da der Zweck der Befugnis des Rates letztlich dafür maßgebend ist, ob sein Ausspruch nach Art. 84 Abs. 2 überhaupt in eine der Rechtsformen des Art. 189 zu kleiden ist und in welche.

Mit Sicherheit läßt sich aus dem Sprachsinn des Verbes entscheiden und den entsprechenden Begriffen der drei anderen Sprachen nur entnehmen, daß der Rat etwas rechtsverbindlich festlegen kann und nicht auf Empfehlungen oder Stellungnahmen im Sinne des Art. 189 beschränkt ist.

Die Wendung "k a n n entscheiden", "pourra décider" usw. enthält die Zuweisung der Entscheidungsbefugnis. Ob dem Rat durch diese Wendung darüber hinaus auch ein sogenanntes Entschließungsermessen (44) eingeräumt ist, kann an dieser Stelle nicht näher untersucht werden. Dem Wortsinn nach ist die Möglichkeit immerhin gegeben.

Das Wort "Vorschriften" und die entsprechenden Ausdrücke der drei anderen Sprachen sind nach dem Sprachsinn und der Terminologie des Vertrages nur insoweit begrenzt, als sie rechtsverbindliche Anordnungen bezeichnen. Es ist aber keine der drei Rechtsformen des Art. 189 EWGV für verbindliche Regeln ausschließlich gemeint. Unverbindliche Empfehlungen und Stellungnahmen sind schon nach gewöhnlichem Sprachgebrauch keine Vorschriften für ein bestimmtes Tun. Außerdem bedarf es - zumindest für die Kommission - auch keiner besonderen Ermächtigung für ihren Erlaß, Art. 155 EWGV. Es kommt jedoch letztlich nicht entscheidend darauf an, ob mit dem Wort Vorschriften in Art. 84

(42) Nämlich in den Art. 21 Abs. 2; 28; 70 Abs. 2 Unterabsatz 2; 73 Abs. 2; 93 Abs. 2, 3 u. 4; 99 Abs. 2; 103 Absatz 2 und 3.

(43) DAIG, Die Gerichtsbarkeit in der EWG und der EAG, Arch. ÖR 1958 S. 132 (156, 157).

(44) Zum Begriff WOLFF, VR, S. 137.

Abs.2 u. a. Empfehlungen und Stellungnahmen gemeint sein können, jedenfalls bezeichnet der Vertrag in allen vier Sprachen rechtsverbindliche Regeln mit diesem Wort. Das ergibt sich insbesondere aus den Überschriften zum Kapitel 2, Titel I, dritter Teil, zum Titel I, fünfter Teil und zum Kapitel 2, Titel I, fünfter Teil des Vertrages. Hier werden nämlich mit den Worten Vorschriften, dispositions usw. die Normen des Vertrages bezeichnet.

Der gleiche Sprachgebrauch findet sich in den drei nicht deutschen Texten auch in Art. 84 Abs. 1: "Les dispositions du présent titre s'appliquent ... und entsprechend im italienischen und niederländischen Text. Die Art. 74 bis 83 werden also als Vorschriften bezeichnet. In Art. 84 Abs. 2 wird dann dies Wort wieder aufgegriffen: "... des dispositions appropriées pourront être prises...", so daß man vermuten kann, daß mit dem Wort Vorschriften in Art. 84 Abs. 2 Regeln gemeint sind, die den Art. 74 bis 83 in irgendeiner Weise entsprechen.

Damit erhalten auch die Worte, ob, inwieweit, nach welchen Verfahren und geeignet eine gewisse Färbung. Zu den Worten "nach welchen Verfahren - par quelle procedure" (45) u. s. w. bleibt zu bemerken, daß hiermit das Verfahren zwischen den Organen der Gemeinschaft, also beispielsweise Vorschlag der Kommission, Anhörung der Versammlung, aber auch die zeitlichen Grenzen - z. B. innerhalb oder nach der Übergangszeit - und der Abstimmungsmodus im Rat bezeichnet sein dürften. Dies würde den im Vertrag üblichen Verfahrensregelungen entsprechen (46).

III. Der Rechtssatz des Art. 84 Abs. 2

Der in Art. 84 Abs. 2 EWGV enthaltene Satz sagt somit nach dem Sprachsinn folgendes aus:

Im Hinblick auf die kommerzielle Tätigkeit der Beförderung von Gütern und Personen über See und durch die Luft ist der Rat befugt, einstimmig etwas rechtsverbindlich zu beschließen. Der Beschluß ist nicht unbedingt in eine der Rechtsformen des Art. 189 zu kleiden. Er kann entweder zum Inhalt haben, daß es des Erlasses von geeigneten Vorschriften nicht bedarf, womit es auf die Frage, inwieweit und nach welchen Verfahren sie zu erlassen sein würden, nicht mehr ankommt. Andererseits kann der Beschluß auch beinhalten, daß geeignete Vorschriften erlassen werden sollen oder können und zwar zu einem bestimmten Zweck und beispielsweise durch Verordnung des Rates auf Vorschlag der Kommission bis zum Ende der zweiten Stufe.

(45) Über den Umstand, daß "Verfahren" im deutschen Text im Plural steht, in den übrigen Sprachen aber im Singular, wird man hinwegsehen dürfen.

(46) vgl. z. B. Art. 69, 70, 63, 54 u. ä.

Diese zweite Möglichkeit für den Inhalt des Ratsbeschlusses erscheint nicht sehr konsequent, wenn man bedenkt, daß mit den Worten "geeignete Vorschriften" dem Sprachsinne nach Vorschriften gemeint sind, die denen der Art. 74 bis 83 entsprechen. Jene Bestimmungen enthalten nämlich meist Ermächtigungen an die Organe der Gemeinschaft, im Hinblick auf bestimmte Sachverhalte nach bestimmten Verfahrensregelungen Maßnahmen zu ergreifen (47). Der Rat müßte also nach Art. 84 Abs. 2 entscheiden, nach "welchen Verfahren" Ermächtigungsnormen zu erlassen sind, die wiederum ein bestimmtes Verfahren festlegen würden. Vernünftiger wäre es insoweit gewesen, dem Rat die Befugnis zu geben, zu entscheiden, ob den Art. 74 bis 83 entsprechende Vorschriften erlassen werden sollen, und bei positivem Entscheid, der zugleich das "inwieweit" enthalten würde, in derselben Entscheidung solche Vorschriften sofort zu erlassen, ohne vorher noch wieder Verfahrensregeln festlegen zu müssen. Die Worte "und nach welchen Verfahren" wollen also nicht recht in Art. 84 Abs. 2 hineinpassen.

Eine andere Interpretationsmöglichkeit geht dahin, die geeigneten Vorschriften in Art. 84 Abs. 2 mit den zweckdienlichen Vorschriften des Art. 75 Abs. 1c auf eine Stufe zu stellen. Der Rat hätte dann die Befugnis zu beschließen, nach welchem Verfahren und unter Berücksichtigung welcher materiellen Grundsätze und Zwecke solche Vorschriften von ihm unter Mitwirkung der Kommission erlassen werden. Sein Beschluß würde dann also Ermächtigungsnormen setzen, die den Zweck (inwieweit!) und das Verfahren für den Erlaß von geeigneten Vorschriften festlegen würden. Bei dieser Auslegung hätte allerdings das Wort dispositions in Art. 84 Abs. 2 einen anderen Sinn als in Art. 84 Abs. 1. In letzterem Fall meint es dann Vertragsnormen, im ersteren aber lediglich Normen, die die Organe der Gemeinschaft setzen können.

Der Sprachsinn des Satzes des Art. 84 Abs. 2 ist also in keiner der beiden Auslegungsmöglichkeiten, die sich mit Rücksicht auf Art. 84 Abs. 1 und Art. 75 Abs. 1c anbieten, in sich ganz folgerichtig. Vom Ergebnis her ist die zweite Auslegung vorzuziehen, denn ein Beschluß des Rates darüber, nach welchem Verfahren Ermächtigungsnormen mit Verfahrensregelungen zu erlassen sind, ist zu unpraktisch, als daß er von den Vertragschließenden gewollt sein könnte.

Es ist also davon auszugehen, daß der Rat nach Art. 84 Abs. 2 befugt ist,

- entweder sich selber zum Erlaß von Vorschriften für die Seeschiffahrt und die Luftfahrt zu ermächtigen und in dieser Ermächtigung den Zweck dieser Maßregeln und das Verfahren,

(47) Art. 74/75, 76, 79 Abs. 3, 80 Abs. 2 u. 3, 81 Abs. 3.

nach dem sie zu beschließen sind, festzulegen,
- oder zu entscheiden, daß es des Erlasses von geeigneten Vorschriften nicht bedarf und damit auch nicht des Erlasses von Ermächtigungen dazu.

Mit diesem Ergebnis allein ist über die Zulässigkeit der Einbeziehung von Seeschiffahrt und Luftfahrt in die Tätigkeit der Gemeinschaft nach anderen Vorschriften des Vertrages nichts ausgesagt, weil dies von dem Konkurrenzverhältnis des Art. 84 Abs. 2 zu diesen Vorschriften abhängt. Deshalb ist das Argument, der Wortlaut des Art. 84 Abs. 2 mache deutlich, daß die Vertragspartner die bestehenden Vertragsbestimmungen nicht als geeignete Vorschriften für die Seeschiffahrt und die Luftfahrt angesehen, diese beiden Verkehrsarten also vom Vertrag freigestellt hätten (48), unrichtig. Nichts im Wortlaut des Art. 84 deutet darauf hin, daß die Vertragspartner den Rat ermächtigen wollen, für See- und Luftfahrt geeignete Vorschriften zu erlassen, die an die Stelle der nicht geltenden Vertragsbestimmungen treten sollen. Es läßt sich allenfalls sagen, daß der Beschluß nach Art. 84 Abs. 2 und die darin enthaltenen Ermächtigungen an die Stelle der nicht geltenden Art. 74 bis 83 treten sollen, wenn der Rat ihn zu fassen für richtig hält.

Soweit zur Ermittlung des Konkurrenzverhältnisses zwischen Art. 84 Abs. 2 und den Vorschriften außerhalb des Verkehrstitels eine Wortinterpretation der letzteren notwendig wird, wird diese im Rahmen der Prüfung des systematischen Zusammenhangs des Vertrages vorgenommen.

(48) BVM, Stellungnahme, S. 16-17.

4. Kapitel

SYSTEMATISCHER ZUSAMMENHANG

(Historisch-systematische Auslegung)

I. Aufbau des Vertrages

1. Organisationsvorschriften und materielle Vorschriften über den Gemeinsamen Markt

Zur Feststellung des Konkurrenzverhältnisses zwischen Art. 84 Abs.2 und den Vorschriften außerhalb des Verkehrstitels ist klarzustellen, mit welchen Tatbeständen anderer Vertragsvorschriften der Tatbestand des Art.84 Abs. 2 sich überhaupt überschneiden kann.

Der Vertrag unterscheidet zwischen der Gründung der EWG, Art. 1, einerseits und den Aufgaben der Gemeinschaft, Errichtung des Gemeinsamen Marktes und Annäherung der Wirtschaftspolitik der Mitgliedstaaten, Art. 2 und 3, andererseits. Im Zusammenhang mit den beiden Aufgaben der Gemeinschaft spricht der Vertrag auch von deren Tätigkeit, Aktion oder Aktivität, Art. 3 Abs. 1. Man kann also im Vertrag zwei Gruppen von Vorschriften unterscheiden, nämlich einmal solche, die sich auf die Gründung und Organisation der Gemeinschaft beziehen - Organisationsvorschriften - und zum anderen solche, die die Aktivität der Gemeinschaft, also die Errichtung und die Gewährleistung des Funktionierens des Gemeinsamen Marktes, betreffen - materielle Vorschriften über den Gemeinsamen Markt (1).

Nur innerhalb dieser letzten Gruppe befinden sich Normen, in deren Tatbeständen Belange der verschiedenen Wirtschaftstätigkeiten umschrieben sind. Nur im Rahmen dieser Gruppe kann es daher auch ein Konkurrenzverhältnis zwischen den Normen des Verkehrstitels und anderen Vertragsbestimmungen geben. Die Organisationsvorschriften, also im wesentlichen der fünfte Teil des Vertrages, "Die Organe der Gemeinschaft", und mehrere Bestimmungen des sechsten Teiles - mit Ausnahme insbesondere der Art.220 bis 227, 229 bis 235 - scheiden also für die Frage nach dem Konkurrenzverhältnis des Verkehrstitels zu den übrigen Vertragsvorschriften aus der Betrachtung aus.

Die Frage, ob die Organisationsvorschriften für den Verkehr gelten oder nicht, kann nicht gestellt werden, da man nicht von

(1) vgl. zu dieser Unterscheidung REUTER, Aspects de la CEE, Rev. MC 1958, S. 161 f; CORTOU, Le Marché Commun et la technique du Droit Public, Rev. DP 1958, S. 186 (190, 197).

der Anwendung einer Organisationsvorschrift auf einen Gewerbezweig sprechen kann. Schon allein die Anwendung des Verkehrstitels auf die Transportwirtschaft durch die Organe der Gemeinschaft setzt den Bestand dieser Gemeinschaft voraus.

2. Universalitätsprinzip, Verkehr und Gemeinsamer Markt

Ohne auf die Qualität des Konkurrenzverhältnisses zwischen Art. 84 Abs.2 und anderen materiellen Vorschriften über den Gemeinsamen Markt im einzelnen einzugehen, will die Kommission (2) die Anwendbarkeit solcher Vorschriften auf das Transportgewerbe, insbesondere See- und Luftfahrt, aus einem Prinzip der Universalität des Vertrages herleiten. Die Gegenansicht meint, der Verkehr gehöre nicht zum Gemeinsamen Markt (3). Aus dem Aufbau des Vertrages ergibt sich, daß beide Argumente nicht geeignet sind, zur Beantwortung der Frage beizutragen, wie Art. 84 Abs. 2 mit den materiellen Vorschriften außerhalb des Verkehrstitels konkurriert:

Die materiellen Vorschriften über den Gemeinsamen Markt zielen darauf hin, im einheitlich gesehenen Gebiet aller Mitgliedstaaten grundsätzlich für jede Wirtschaftstätigkeit solche Verhältnisse zu schaffen, die denen eines nationalen Binnenmarktes weitgehend entsprechen. Jeder, der ein Gewerbe betreibt, gleich welcher Art, soll grundsätzlich im Raum der Mitgliedstaaten die gleichen Voraussetzungen und Möglichkeiten für seine Tätigkeit finden wie in einem staatsinternen Wirtschaftsgebiet. Zu diesem Zweck enthält der Vertrag vor allem im zweiten Teil eine umfassende Regelung über die Freizügigkeit aller für die Produktion und den Absatz von Gütern und Dienstleistungen notwendigen Faktoren. Die Herstellung dieser umfassenden Freizügigkeit beruht auf dem Grundprinzip, daß innerhalb des gemeinsamen Wirtschaftsraumes kein Angehöriger eines Mitgliedstaates wegen seiner Staatsangehörigkeit benachteiligt werden darf, Art. 7 EWGV (4). Sie ist ein wesentlicher Teil der E r r i c h t u n g des Gemeinsamen Marktes durch die Mitgliedstaaten und die Organe der Gemeinschaft. Sie schafft die Voraussetzungen für die Entwicklung einer arbeitsteiligen Wirtschaft und die marktordnende Wirkung des Wettbewerbs (5).

Damit diese Freizügigkeit der Produktionsfaktoren und die Freiheit des Wettbewerbs im Hinblick auf die in Art. 2 genannten Ziele der EWGV nicht durch private oder hoheitliche Maßnah-

(2) Denkschrift I S. 26.
(3) BVM, Gutachten, S. 8, Stellungnahme, S. 2, 3, 7 ff.
(4) STABENOW, Freizügigkeit S. 485.
(5) VON DER GROEBEN vor dem EP, wiedergegeben in E. W. 1961 S. 486 f.

men wieder beschränkt werden, ist vor allem im dritten Teil des Vertrages eine umfassende Regelung für das Funktionieren des Gemeinsamen Marktes (6) getroffen: Annäherung der Wirtschafts- und Sozialpolitik der Mitgliedstaaten (7) und "Errichtung eines Systems, das den Wettbewerb innerhalb des Gemeinsamen Marktes vor Verfälschung schützt" (8).

Von dieser umfassenden Regelung über die Errichtung und das Funktionieren des Gemeinsamen Marktes kann keine Erwerbstätigkeit völlig unberührt bleiben. Man denke z. B. an die Art. 103, 104 und 105 EWGV, die dem Rat Befugnisse auf dem Gebiet der Konjunkturpolitik verleihen und eine Koordinierung der Währungs- und Wirtschaftspolitik vorschreiben. Es ist faktisch unmöglich, währungspolitische Maßnahmen, die oft mit konjunkturpolitischen Erwägungen verknüpft sind (9), auf einzelne Wirtschaftszweige zu beschränken. Dementsprechend enthalten auch die Allgemeinen und Schlußbestimmungen des Vertrages keine Freistellung irgendeines Wirtschaftszweiges von allen materiellen Vorschriften des Vertrages über den Gemeinsamen Markt.

Gleichwohl war es unumgänglich, den besonderen Aspekten einzelner Wirtschaftszweige sowohl bei der Errichtung als auch bei der Gewährleistung des Funktionierens des Gemeinsamen Marktes Rechnung zu tragen. Art. 232 EWGV bestimmt für Kohle und Stahl und für den Kernenergiebereich, daß der EWGV nur insoweit gilt, als die betreffenden Sonderverträge nicht abweichende Vorschriften enthalten (10). Weitere derartige begrenzte Sondervorschriften für einzelne Wirtschaftszweige finden sich auch in anderen Artikeln des EWGV. Zum Teil sind dabei die Erwerbstätigkeiten, auf die sie sich beziehen, ausdrücklich benannt, zum Teil wird dabei allgemein von Wirtschaftszweig oder Tätigkeit gesprochen:

- Art. 38 in Verbindung mit Art. 42, Produktion landwirtschaftlicher Erzeugnisse und Handel mit diesen;
- Art. 55 Abs. 1, Tätigkeiten, die in den Mitgliedstaaten dauernd oder zeitweise mit der Ausübung öffentlicher Gewalt verbunden sind;
- Art. 55 Abs. 2, bestimmte Tätigkeiten;

(6) vgl. für die Formulierung Art. 3h, 100 Abs. 1.

(7) Art. 2, 103-116, 117-128.

(8) Art. 3 f, 85-102. Einige der Vorschriften im dritten Teil des Vertrages haben zugleich auch für die Errichtung des Gemeinsamen Marktes Bedeutung, so vor allem die steuerlichen Vorschriften, Art. 95-99 in Zusammenhang mit dem freien Warenverkehr, und die Angleichung der Rechtsvorschriften, Art. 100-102. Auch die Koordinierung der Handelspolitik gegenüber Drittländern bezieht sich in Zusammenhang mit der Einführung des gemeinsamen Außenzolls auf die Errichtung des Gemeinsamen Marktes, V. BOECKH in Groeben-Boeckh, Art. 2b-f.

(9) Vierter Gesamtbericht der Kommission, 1961, Ziff. 87-90.

(10) BRUNNER in Groeben-Boeckh, Art. 232 Anm. 1b; STABENOW, Triest, S. 8 und 9.

- Art. 57 Sparwesen, Banktätigkeit, Ausübung der ärztlichen, arztähnlichen und pharmazeutischen Berufe;
- Art. 61 Abs.2, Dienstleistungen der Banken und Versicherungen;
- Art. 87 Abs. 2c, einzelne Wirtschaftszweige (11);
- Art. 223, Erzeugung von Waffen und Munition usw. und Handel damit;
- Art. 226 Abs. 1 in Verbindung mit Abs. 2, Wirtschaftszweig.

In diese Gruppe von Sondervorschriften für einzelne Wirtschaftszweige gehört auch der Verkehrstitel.

Damit erweist sich das von der Kommission hervorgehobene Prinzip der sachlichen Universalität des Vertrages insoweit als richtig, als es besagt, daß die Errichtung und die Gewährleistung des Funktionierens des Gemeinsamen Marktes alle Wirtschaftszweige und damit jegliche Produktion von Gütern und Dienstleistungen erfaßt. Die Richtigkeit der Behauptung, daß der Vertrag Ausnahmen vom sachlichen Geltungsbereich einzelner materieller Vorschriften nur zulasse, wenn sie expressis verbis vorgesehen seien (12), ist dagegen nicht erwiesen. Allerdings enthält der Vertrag ausdrücklich einige begrenzte Ausnahmen oder Ermächtigungen, solche festzulegen. Das Prinzip der sachlichen Universalität beinhaltet aber keineswegs automatisch den Ausschluß von Konkurrenzverhältnissen der Spezialität oder der Subsidiarität zwischen einzelnen Normen des Vertrages. Die Feststellung, daß der EWGV alle Wirtschaftszweige erfaßt, weil er nicht nur eine Teilintegration anstrebt, wie zuvor der EGKSV, sagt über die Konkurrenzverhältnisse zwischen den einzelnen Normen des EWGV nichts aus. Stabenow selber erkennt dies im Grunde an, denn nachdem er eben den Satz von der sachlichen Universalität des Vertrages und den ausdrücklich vorgesehenen Ausnahmen aufgestellt (13) und verteidigt (14) hat, schreibt er: "Der Verkehrstitel enthält ... Sondervorschriften, die in einigen Punkten den allgemeinen Regeln vorgehen ..." (15)

Ebenso findet auch das Argument, daß der Gemeinsame Markt lediglich ein gemeinsamer Warenmarkt sei und die Dienstleistungen, also auch den Verkehr, nicht mit erfasse (16), im Vertrag keinerlei Stütze, wie die Kommission zu Recht hervorhebt. Der Begriff Gemeinsamer Markt bezeichnet nach dem Vertrag ein einheitliches Wirtschaftsgebiet, in dem der Waren-, Personen-, Dienstleistungs- und Kapitalverkehr liberalisiert und in

(11) Art. 90 ist keine Ausnahme für einzelne Wirtschaftszweige, sondern knüpft an die Rechtsform von Unternehmen und die Wahrnehmung öffentlicher Aufgaben an.

(12) So ausdrücklich STABENOW, Triest, S. 9.

(13) Triest, S. 8 und 9.

(14) Triest, S. 9-15.

(15) Triest, S. 16 oben.

(16) So BVM Gutachten S. 8, Stellungnahme S. 2, 3, 7 ff.

dem der Wettbewerb vor Verfälschungen geschützt ist (17). Ein etwa daraus sich ergebender gemeinsamer Warenmarkt ist allenfalls ein Teilaspekt dieses Gebildes (18).

II. Gliederung der Rechtssätze über den Verkehr

1. Vollständige und unvollständige Rechtssätze im Verkehrstitel

Die Qualität des Konkurrenzverhältnisses zwischen zwei Normen hängt vom Inhalt ihrer Rechtsfolgen ab. Es kann also ein Konkurrenzverhältnis nur zwischen zwei vollständigen Rechtssätzen (19) bestehen, d.h. solchen, die selber Tatbestand und Rechtsfolgeanordnung enthalten. Ehe im einzelnen geprüft werden kann, inwieweit die Tatbestände der Normen des Verkehrstitels sich mit solchen außerhalb dieses Titels überschneiden, bedarf es daher der Klarstellung, welche Normen für das Verkehrsgewerbe vollständige und welche unvollständige Rechtssätze sind.

Diese Prüfung muß für den ganzen Verkehrstitel vorgenommen werden, damit die Stellung von Art. 84 Abs. 2 darin richtig gewürdigt werden kann. Außerdem werden aus dem Konkurrenzverhältnis zwischen Vorschriften für die drei Binnenverkehrsarten und Vertragsbestimmungen für alle Wirtschaftszweige Rückschlüsse auf den Sinngehalt von Art. 84 Abs. 2 zu ziehen sein.

Sehr deutlich ist die Unvollständigkeit des in Art. 84 Abs. 1 enthaltenen Rechtssatzes. Er gehört zur Gruppe der unvollständigen einschränkenden Rechtssätze. Zwar regelt er positiv, für welche Branchen der Beförderungsleistungsproduktion die Vorschriften der Art. 74 bis 83 gelten sollen, damit beschränkt er aber zugleich auch den Anwendungsbereich dieser Vorschriften auf die genannten drei Verkehrsarten.

Art. 82 ist ebenfalls ein unvollständiger einschränkender Rechtssatz. Auch er schränkt den Geltungsbereich der Vorschriften des Verkehrstitels ein. Er besagt, daß die betreffenden Maßnahmen der Bundesrepublik Deutschland von den Vorschriften des Titels, unter deren Tatbestände sie an sich fallen würden - in Betracht kommt z.B. Art. 80 -, nicht geregelt werden sollen.

Eine weitere einschränkende Vorschrift dieser Art enthält Art. 77. Dieser Rechtssatz ist nur verständlich in Zusammenhang mit

(17) Zu diesem Begriff des Gemeinsamen Marktes vgl. WOHLFAHRT in WEGSpr. Art. 2 Anm. 2a; V. BOECKH, in Groeben-Boeckh Art. 2 Anm. 2a u. b; OPHÜLS, La relance Européenne, Annuaire Européen, Band IV, den Haag 1958, S. 3 (12).

(18) Auf das Argument aus dem Vergleich von Art. 38 mit Art. 74 wird unten S. 68 eingegangen.

(19) Zur Terminologie hier und in folgendem LARENZ, Methodenlehre aaO, 160 f.

einer Vorschrift, die die genannten Beihilfen für unvereinbar mit dem Vertrag erklärt. Fraglich ist, ob Art. 92 diese Vorschrift enthält - in dem es allerdings heißt, daß Beihilfen "mit dem Gemeinsamen Markt" unvereinbar sind -, so die Kommission (20), oder ob das zu Art. 77 gehörige Verbot noch nach Art. 74, 75 zu erlassen ist, so z. B. Everling (21).

Sodann enthält der Verkehrstitel Vorschriften, die die Rechtsfolge eines Rechtssatzes ausgestalten und ausfüllen. Ein solcher ausfüllender Rechtssatz ist Art. 78. Er gibt den Rechtsfolgeanordnungen, die mit Tatbeständen verknüpft sind, welche die Beförderungsentgelte und -bedingungen erfassen, eine besondere Nuance. Er bezieht sich damit auch auf die Rechtsfolge von Art. 74. Ob nur auf diese, bleibt offen.

Es fragt sich, ob die in Art.75 enthaltenen Ermächtigungen des Rates zum Erlaß von Durchführungsvorschriften zu Art.74, nämlich

- zum Erlaß von Regeln für die internationalen Beförderungen, Art. 75 Abs. 1a,
- zur Feststellung der Bedingungen für die Kabotage, Art. 75 Abs. 1b,
- zum Erlaß sonstiger zweckdienlicher Vorschriften, Art. 75 Abs. 1c,

mit den dazugehörigen Verfahrensvorschriften vollständige Rechtssätze oder unvollständige, die Rechtsfolge des Art. 74 ausgestaltende Rechtssätze sind.

Für ersteres könnte sprechen, daß Art.75 Abs. 1a und b jeweils einen Sachverhalt beschreiben, für den sie eine Rechtsfolge anordnen. Art. 75 Abs. 1c beschreibt selber zwar keinen Sachverhalt, man kann aber davon ausgehen, daß er sich auf "das in diesem Titel geregelte Sachgebiet" bezieht. Dagegen spricht für den Charakter von ausfüllenden Rechtssätzen, daß alle drei Ermächtigungen des Art. 75 Abs. 1 der Durchführung von Art. 74 dienen. Das Verfolgen der Ziele des Vertrages auf dem Gebiet des Verkehrs soll also u. a. in dem Erlaß der in Art. 75 im einzelnen bezeichneten Vorschriften und Regeln bestehen. Eine selbständige rechtliche Geltungsanordnung enthält Art.75 nicht. Ohne den Basissatz von Art. 74 hat Art. 75 mit seinen umfassenden Verfahrensvorschriften keinen Sinn.

Art. 75 regelt also ein Verfahren für die Verfolgung der Ziele des Vertrages im Rahmen der gemeinsamen Verkehrspolitik auf den in Abs. 1a und b genannten Gebieten und gibt dem Rat außerdem generell die Befugnis, zweckdienliche Vorschriften zur Ausgestaltung dieser Politik zu erlassen. Daher muß angenommen werden, daß Art.75 Abs.1a und b die in Art.74 generell angeordnete Rechtsfolge im Hinblick auf einzelne Sachgebiete, die Un-

(20) Denkschrift I, S. 27 u. 28.
(21) EVERLING in WEGSpr. Art. 77 Anm. 1.

terfälle vom Tatbestand des Art. 74 sind, entfalten und ausgestalten. Sie sind also unvollständige Rechtssätze. Das gleiche gilt für Art. 75 Abs. 1c. Art. 75 gestaltet die Rechtsfolge des Art. 74 aber nur im Hinblick darauf aus, was der Rat tun kann und muß. Die unmittelbare Verpflichtung der Mitgliedstaaten ergibt sich allein aus Art. 74 selbst. Sie besteht unabhängig von den Befugnissen des Rates nach Art. 75.

Die Art. 74, 75, 79 bis 81 und 84 Abs. 2 enthalten jeweils vollständige Rechtssätze, da in ihnen selbständige Rechtsfolgeanordnungen an bestimmte Tatbestände geknüpft sind.

Art. 74 enthält die Anordnung zur Einführung einer gemeinsamen Verkehrspolitik für das Sachgebiet Verkehr. Art. 76 knüpft an den bestimmten Tatbestand eine Stillhalteverpflichtung für die Mitgliedstaaten. Art. 79 gibt für genau umschriebene Diskriminierungen den Organen der Gemeinschaft die Pflicht, sie zu beseitigen. Abs. 3 und 4 regeln, wie dies zu geschehen hat. Art. 79 Abs. 2 ist wieder ein unvollständiger Rechtssatz zur Klarstellung, daß dem Abs. 1 keine Ausschlußwirkung zukommt. Daß Art. 80 und 81 vollständige Rechtssätze enthalten, leuchtet ohne weiteres ein.

Auch Art. 84 Abs. 2 ist ein vollständiger Rechtssatz. Der Tatbestand beschreibt zwei Branchen der Transportwirtschaft. An diesen ist als Rechtsfolge die Entscheidungsbefugnis des Rates geknüpft. Art. 84 Abs. 2 ist nicht etwa eine als Rechtssatz unvollständige Ausgestaltung der Rechtsfolge von Art. 74. Das könnte Art. 84 Abs. 2 allenfalls dann sein, wenn der Tatbestand des Art. 74 sich auch auf Seeschiffahrt und Luftfahrt beziehen würde. Das ist zwar dem Wortlaut nach der Fall, aber durch den einschränkenden Rechtssatz des Art. 84 Abs. 1 ausdrücklich ausgeschlossen. Das "in diesem Titel geregelte Sachgebiet", Art. 74, ist der Verkehr, also jede Beförderungsleistungsproduktion. Aber Art. 84 Abs. 1 schließt die Beförderungsleistungsproduktion mittels Seeschiffen und Luftfahrzeugen für sämtliche ihm vorstehenden Tatbestände der Vorschriften des Verkehrstitels wieder aus.

Vollständige Rechtssätze des Verkehrstitels sind demnach die Art. 74, 76, 79 bis 81 und 84 Abs. 2. Nur zwischen diesen und anren Vorschriften über den Gemeinsamen Markt kann ein Konkurrenzverhältnis vorliegen.

Unvollständige Rechtssätze sind die Art. 75, 77, 78, 82 und 84 Abs. 1. Für die Art. 77 und 78 besteht die Möglichkeit, daß sie auch die Rechtsfolgeanordnungen von Vorschriften außerhalb des Verkehrstitels ausgestalten.

2. Selbständige Bedeutung von Art. 84 Abs. 2, Konsequenzen

a) Die Gliederung des Verkehrstitels in vollständige und unvollständige Rechtssätze ergibt, daß Art. 84 Abs. 2 mit dem Art. 74 bis 83 nichts weiter gemeint hat als die gleiche Überschrift. Insbesondere ist die Verfolgung der Ziele des Vertrages im Rahmen einer gemeinsamen Verkehrspolitik für Seeschiffahrt und Luftfahrt durch Art. 74 nicht angeordnet. Dies muß deshalb betont werden, weil verschiedentlich argumentiert wird, daß die Einführung der gemeinsamen Verkehrspolitik die Anwendung der übrigen Vertragsvorschriften auf den Verkehr ausschließe und dies auch für Seeschiffahrt und Luftfahrt gelte (22). Richtig könnte dies Ergebnis allenfalls für die drei Arten des Binnenverkehrs sein. Das Konkurrenzverhältnis von Art. 74 zu Vorschriften außerhalb des Verkehrstitels erstreckt sich nicht auf Seeschiffahrt und Luftfahrt.

Die vor allem von Everling (23) vertretene Ansicht, daß, soweit andere Teile des Vertrages überhaupt auf den Verkehr angewendet werden könnten, diese auch für Seeschiffahrt und Luftfahrt gälten, ist in dieser weitgehenden Formulierung unrichtig. Es kann nur für die drei Binnenverkehrsarten einerseits und für Seeschiffahrt und Luftfahrt andererseits gesondert geprüft werden, welchen Normen außerhalb des Verkehrstitels sie noch unterliegen. Denn ein bestimmtes Konkurrenzverhältnis zwischen den verschiedenen Normen kann nur durch den Vergleich der jeweiligen Tatbestände und der jeweiligen Rechtsfolgen ermittelt werden, nicht aber daraus, daß die Vorschriften über die Transportwirtschaft im EWGV unter der gleichen Überschrift stehen.

Die Meinung Everlings ist nur insoweit richtig, als sie auf Vorschriften außerhalb des Verkehrstitels bezogen wird, deren Tatbestände den Verkehr als solchen bezeichnen und diesen nicht nach Branchen aufschlüsseln. Das sind Art. 61 Abs. 1 und Art. 3e. Diese beiden Vorschriften gelten auch für Seeschiffahrt und Luftfahrt. Allerdings ist dabei zu berücksichtigen, daß Art. 61 Abs. 1 nur einen unvollständigen, den Anwendungsbereich des Kapitels über die Dienstleistungen einschränkenden Rechtssatz enthält. Art. 3e dagegen enthält keine selbständige Geltungsanordnung, sondern gibt nur eine Übersicht über die Aktivitäten der Gemeinschaft. Etwas anderes kann aus Art. 3 Satzbeginn: "Die Tätigkeit der Gemeinschaft ... umfaßt nach Maßgabe dieses Vertrages..." nicht herausgelesen werden, da sämtlichen der in

(22) BVM, Stellungnahme I, 8, S. 13; EVERLING, in WEGSpr, Art. 74 Anm. 1 und Anm. 4.

(23) In WEGSpr, Art. 84 Anm. 1.

Art.3 Buchstabe a bis k genannten Tätigkeiten der Gemeinschaft ein Titel oder ein Kapitel im Vertrag gewidmet ist (24).

b) Die Unabhängigkeit des Art. 84 Abs. 2 von Art. 74 verdeutlicht weiterhin, daß Art. 84 Abs. 2 nicht lediglich ein Verfahren festlegt, "nach dem im Rahmen der gemeinsamen Verkehrspolitik geeignete Maßnahmen für den Luftverkehr (und die Seeschiffahrt) getroffen werden können", wie der Verkehrsausschuß des Europäischen Parlamentes annimmt (25). Aus den Ausführungen des Berichterstatters geht nicht ganz deutlich hervor, ob er die Einführung einer gemeinsamen Verkehrspolitik für Seeschiffahrt und Luftfahrt allein auf Grund von Art. 3e oder auch auf Grund von Art. 74 für angeordnet hält. Beides wäre verfehlt. Art. 3e ordnet die Einführung dieser Politik nicht rechtsverbindlich an, da diese Bestimmung durch den Verkehrstitel des Vertrages konkretisiert wird. Art.74 gilt nicht für Seeschiffahrt und Luftfahrt. Der Rat ist also nicht wie in Art.75 ermächtigt, Durchführungsvorschriften für die Einführung der gemeinsamen Verkehrspolitik zu erlassen. Vielmehr ist er befugt, Normen zu setzen, die sich im Rang von den in Art.75 Abs.1c genannten zweckdienlichen Vorschriften unterscheiden. Letztere stehen als Durchführungsvorschriften im Rang unter den Vertragsnormen. Bestimmungen, in denen geregelt ist, "ob, inwieweit und nach welchen Verfahren geeignete Vorschriften zu erlassen sind", stehen im gleichen Rang mit den im Vertrag selbst enthaltenen Normen. Der Rat kann solche Normen erlassen und damit für Seeschiffahrt und Luftfahrt regeln, was in dem durch Art.75 ausgestalteten Art.74 für die drei Binnenverkehrsarten schon geregelt ist: die Einführung einer gemeinsamen Politik. Der Rat kann also über die Verwirklichung des in Art. 3e auch für See- und Luftfahrt enthaltenen Programms nach Art. 84 Abs. 2 noch entscheiden, während durch Art.74 für die drei Binnenverkehrsarten darüber bereits entschieden ist.

Damit erweist sich die Meinung als richtig, Art. 84 Abs. 2 ermächtige den Rat zur Vertragsergänzung (26). Eine Befugnis des Rates zum Eingriff in das Vertragsgefüge selbst ist weder

(24) Wie hier WOHLFAHRT in WEGSpr Art.3 Anm.1; vgl. auch Art.2 EAGV. Etwas ähnliches gilt sogar für die Art. 2-5 EGKSV, die zwar teilweise selbständig die Organe der Gemeinschaft binden und - insbesondere Art. 4 - selbständige Verbote enthalten, zum Teil aber auch in Einzelbestimmungen des Vertrages konkretisiert sind. vgl. z. B. Urteil des Gerichtshofs vom 21. Juni 1958, Rs. 8/57, GEGE IV, S. 235 f, Leitsatz 4b: "Die Bestimmungen der Art. 2-5 genügen sich selbst und sind also, soweit sie nicht in andere Bestimmungen des Vertrages Eingang gefunden haben, unmittelbar anzuwenden. Haben sie in andere Bestimmungen desselben Eingang gefunden, so sind alle Vorschriften, die sich auf denselben Gegenstand beziehen, in ihrer Gesamtheit zu würdigen und gleichzeitig anzuwenden!"

(25) Bericht CORNIGLION-MOLINIER, S. 11.

(26) So vor allem EVERLING in WEGSpr. Art. 84 Anm. 1.

nach dem EWGV noch nach dem EAGV etwas Außergewöhnliches. In beiden Verträgen wird der Rat wiederholt in Einzelfällen ermächtigt, Vertragsnormen in bestimmten Punkten zu ändern oder zu erweitern (27). Ob dem Rat allerdings in den Art.235 EWGV und 203 EAGV generell die Befugnis gegeben ist. neue Kompetenzen der Organe der betreffenden Gemeinschaft zu schaffen (28), ist zweifelhaft. Näherliegend erscheint nach der Vertragssystematik, daß diese Vorschrift dem Rat nur eine "Lückenkompetenz" gibt, von der er in den darin gezogenen Grenzen Gebrauch machen darf, wenn seine sonst im Vertrag enthaltenen Kompetenzen zur Verfolgung der Ziele des Vertrages nicht ausreichen. Er wird also nach den Art.235 EWGV und 203 EAGV nur Recht im Rang unter dem Vertrag setzen können (29).

Die Befugnis zur Vertragsergänzung in Art. 84 Abs. 2 führt dazu, daß der Rat zunächst sich selber den Rahmen für sein späteres Tätigwerden abstecken, also eine Art Selbstbindung eingehen kann. Auch dies ist in dem System des EWGV nicht ungewöhnlich, sondern findet ebenfalls in anderen Fällen statt, in denen der Rat zur Vertragsergänzung befugt ist. So kann er z. B. gemäß Art. 14 Abs. 7 die Bestimmung des Art. 14 Abs. 5 ändern, in der er zum Erlaß von Richtlinien ermächtigt ist. Nach Art. 33 Abs. 8 kann er die Verfahrensvorschrift des Art. 33 Abs. 5 für sein eigenes Tätigwerden modifizieren. Auch die Erweiterung der Liste für landwirtschaftliche Erzeugnisse gemäß Art.38 Abs.3 durch den Rat bindet ihn selber bei der Durchführung der gemeinsamen Agrarpolitik. Schließlich bindet sich der Rat auch in den Allgemeinen Programmen nach Art. 54 und 63 EWGV selber im Hinblick auf den Erlaß von Richtlinien zur Durchführung dieser Programme.

In begrenztem Umfang wird der Rat darüberhinaus auch die Kommission zum Erlaß von Durchführungsbestimmungen zu dem von ihm nach Art. 84 Abs. 2 gefaßten Beschluß ermächtigen können, Art. 155 letzter Punkt. Dies gilt insbesondere für solche Fälle, in denen Einzelakte zur Durchführung des Ratsbeschlusses notwendig werden. Der Rat kann aber seine Befugnis zur Vertragsergänzung nicht einfach an die Kommission delegieren.

Die Frage, ob der Rat die einmal vorgenommene Vertragsergänzung nach Art.84 Abs. 2 nach Belieben wieder ändern darf, kann nicht generell beantwortet werden, da es dafür auf den Inhalt des Ratsbeschlusses im einzelnen ankommt. Eine grund-

(27) EWGV Art. 14 Abs. 7, 33 Abs. 8, 38 Abs. 3, 126a u. b, 136, 200 Abs. 3, 217. EAGV Art. 4, 76, 85, 90, 203, 215.

(28) So WOHLFAHRT in WEGSpr Art. 235 Anm. 5 u. 6 und EHRING in Groeben-Boeckh, Art. 235 Anm. 1 u. 10.

(29) Ähnlich auch Art.95 EGKSV; dazu, ob Art. 235 EWGV die Lehre von den implied powers für den EWGV ausschließt JAENICKE, Der übernationale Charakter der EWG, Zschr. ausl. ÖRVR, Band 19, 1958, S. 153 (174).

sätzliche Regelung, auf die die Rechtsunterworfenen für die Zukunft vertrauen, erfordert eine stärkere Bestandsgarantie als eine Entscheidung von geringer Tragweite, die nicht auf Dauer berechnet ist.

c) An dieser Stelle zeigt sich auch, daß die Entschließung des Rates nach Art. 84 Abs. 2 nicht in eine der Rechtsformen des Art. 189 EWGV zu kleiden ist. Diese Rechtsformen beziehen sich auf Beschlüsse, die Recht im Rang unter den Vertragsbestimmungen setzen. Wird der Vertrag durch einen Beschluß des Rates geändert oder ergänzt, so passen diese Rechtsformen nicht, und es ist ein Beschluß eigener Art zu erlassen (30). Beispiel für einen solchen Vertragsänderungsentscheid ist der sog. Beschleunigungsbeschluß des Rates vom 12. Mai 1960 (31), der u. a. auf Art. 14 Abs. 7 gestützt sein dürfte.

d) Trotz der selbständigen Bedeutung des Art. 84 Abs. 2 wird man aus dem Verhältnis der Art. 74, 76, 79 bis 81 zu den Vertragsvorschriften für alle Wirtschaftszweige und aus der Bedeutung der Art. 77 und 78 auf den Sinn des Art. 84 Abs. 2 schließen können. Denn der Rat kann nach dieser Vorschrift vertragsergänzende Normen schaffen, deren Inhalt und deren Verhältnis zu den Vertragsbestimmungen für alle Wirtschaftszweige entsprechend Art. 74 bis 83 zu gestalten sein dürften. Schon aus der Vertragssystematik läßt sich ableiten, daß die nach Art. 84 Abs. 2 zu erlassenden Normen den besonderen Aspekten von Seeschiffahrt und Luftfahrt bei der Wirtschaftsintegration ebenso Rechnung tragen sollen, wie die Eigenarten der Binnenverkehrsträger durch Art. 74 bis 83 berücksichtigt werden. Daher ist die Untersuchung des Konkurrenzverhältnisses zwischen Art. 84 Abs. 2 und den Vorschriften für alle Wirtschaftszweige auf die Konkurrenz dieser Vorschriften mit den Bestimmungen für die drei Binnenverkehrsarten zu erstrecken.

III. Die Überschneidung der Tatbestände der Art. 74 und 84 Abs. 2 mit den Tatbeständen der Vorschriften für alle Wirtschaftszweige

Der Titel IV im zweiten Teil des Vertrages enthält Regeln für die Beförderungsleistungsproduktion. Art. 84 gliedert diesen Sektor nach Branchen auf. Der Tatbestand des Art. 74 beschreibt

(30) WOHLFAHRT in WEGSpr, Art. 189 Anm. 18; EVERLING, Die ersten Rechtssetzungsakte der Organe der Europäischen Gemeinschaften, BB, 1959, S. 52; dazu, daß die Nomenklatur des Art. 189 EWGV die Akte der Gemeinschaftsorgane nicht vollständig bezeichnet, auch DAIG, Die Gerichtsbarkeit in der EWG und der EAG, ArchÖR, 1958, S. 132 (166).

(31) Beschluß der im Rat vereinigten Vertreter der Regierungen der Mitgliedstaaten der EWG über die beschleunigte Verwirklichung der Vertragsziele, ABl. 1960, 1217.

demnach die Beförderungsleistungsproduktion mittels Eisenbahn, Kraftfahrzeug und Binnenschiff, der des Art. 84 Abs. 2 die Beförderungen mittels Seeschiffen und Luftfahrzeugen. Die Tatbestände beider Vorschriften umschreiben aber nur bestimmte Arten der gleichen Produktionstätigkeit. Es kann also für beide Vorschriften gemeinsam geprüft werden, inwieweit ihre Tatbestände sich mit solchen von Vorschriften für alle Wirtschaftszweige überschneiden.

1. Freizügigkeitsbestimmungen

Die Tatbestände der Art. 74 und 84 Abs. 2 beschreiben die Produktion von Beförderungsleistungen schlechthin. Da diese Produktion wie jede andere Wirtschaftstätigkeit von einer Reihe von Faktoren abhängig ist, die ihre Ausübung beeinflussen, erfassen die Tatbestände der Art. 74 und 84 Abs. 2 zugleich die Faktoren, die für die Ausübung der Beförderungsleistungsproduktion von Bedeutung sind.

Dagegen beschreiben die Tatbestände der übrigen Vorschriften des zweiten Teiles des Vertrages - mit Ausnahme insbesondere des Titels über die Landwirtschaft - jeweils nur einzelne bestimmte Belange der Ausübung einer Wirtschaftstätigkeit:

Die Tatbestände der Art. 9 bis 37 EWGV erfassen die Zölle, die mengenmäßigen Beschränkungen und die Maßnahmen gleicher Wirkung. Wenn auch der Warenverkehr das Transportgewerbe als Dienstleistungsgewerbe nicht direkt zu berühren scheint (32), so sind doch Fälle denkbar, in denen die Ausübung des Beförderungsgewerbes von Zöllen und mengenmäßigen Beschränkungen für Waren beeinflußt werden kann. Das gilt insbesondere dann, wenn es um die Beschaffung des rentabelsten und zweckmäßigsten Beförderungsmittels sowie der Einzel- und Ersatzteile geht. Auch können Handelsbeschränkungen aus technischen Vorschriften, die die gleiche Wirkung wie Kontingente haben, Art. 33 Abs. 7 EWGV, Belange der Transportwirtschaft berühren.

Der Tatbestand des Art. 48 erfaßt jede "auf der Staatsangehörigkeit beruhende unterschiedliche Behandlung der Arbeitnehmer der Mitgliedstaaten in bezug auf Beschäftigung, Entlohnung und sonstige Arbeitsbedingungen". Die Beförderungsleistungsproduktion wird beeinflußt durch den Produktionsfaktor Arbeit und damit ebenfalls davon, ob Freizügigkeit der Arbeitskräfte besteht oder nicht. Die Tatbestände der Art. 74 und 84 Abs. 2 erfassen somit auch den Sachverhalt der unterschiedlichen Behandlung der Arbeitnehmer in der Transportwirtschaft in bezug auf die Arbeitsbedingungen. Unter dem Gesichtspunkt Ausländerdiskri-

(32) STABENOW, Freizügigkeit, S. 468.

minierung in der Beschäftigung der Arbeitnehmer überschneiden sich also die Tatbestände des Art. 48 und der Art. 74 und 84 Abs. 2

Der Tatbestand des Art. 52 Abs. 1 EWGV beschreibt die "Beschränkungen der freien Niederlassung von Staatsangehörigen eines Mitgliedstaates im Hoheitsgebiet eines anderen Mitgliedstaates". Der Begriff "freie Niederlassung" wird in Art.52 Abs.2 näher erläutert. Die Möglichkeit zum Produzieren von Beförderungsleistungen ist davon abhängig, ob Niederlassungsfreiheit in den anderen Ländern besteht. Die Beschränkungen der Niederlassungsfreiheit der Verkehrsunternehmer fallen also sowohl unter Art. 52 als auch unter die Art. 74 und 84.

Ebenso verhält es sich mit den Beschränkungen des Kapitalverkehrs, Art. 67.

In all diesen Fällen der Überschneidung der Art. 74 und 84 Abs. 2 mit den Tatbeständen der Artikel des zweiten Teiles des EWGV ist aber weder der Tatbestand der Art. 74 und 84 Abs. 2 ein Unterfall des betreffenden Artikels des zweiten Teiles noch umgekehrt. Sowohl die Tatbestände der Art. 84 Abs. 2 und 74 als auch der der betreffenden zweiten Vorschrift erfassen nämlich außerdem Sachverhalte, die der jeweils anderen Vorschrift nicht unterliegen. So erfaßt z. B. Art.52 die Beschränkungen der Niederlassungsfreiheit auch noch für andere Wirtschaftszweige, die Art. 74 und 84 Abs. 2 dagegen erfassen auch andere Sachverhalte in der Transportwirtschaft. Art.74 und 84 Abs. 2 sind also keine Spezialvorschriften im technischen Sinn gegenüber den Vorschriften des zweiten Teils des Vertrages. Es könnte also allenfalls ein Subsidiaritätsverhältnis zwischen ihnen vorliegen.

2. Insbesondere: Tätigkeiten und nicht Unternehmenseinheiten

Insbesondere aus dem Vergleich der Art. 74 und 84 Abs. 2 mit Art. 54 des Vertrages wird systematisch das schon bei der Auslegung aus dem Sprachsinn gefundene Ergebnis bestätigt, daß mit den Worten Seeschiffahrt und Luftfahrt nur Tätigkeiten und nicht Unternehmenseinheiten gemeint sind:

Art.54 Abs.1 Unterabsatz 2 bestimmt, daß das Allgemeine Programm für die Aufhebung der Beschränkungen der Niederlassungsfreiheit für jede Art von Tätigkeiten die allgemeinen Voraussetzungen festlegt. Ebenso setzt Art. 55 den Geltungsbereich des Kapitels Niederlassungsrecht für bestimmte Tätigkeiten fest oder gibt dazu die Ermächtigung. Es wäre daher ausgeschlossen, die Stufen für die Verwirklichung der Niederlassungsfreiheit oder den Anwendungsbereich des Kapitels nach Art. 55 Abs. 2 zu bestimmen, wenn man unter Wirtschaftszweigen die

Unternehmenseinheiten verstehen wollte. Denn diese üben oft nebeneinander verschiedene selbständige Tätigkeiten im Sinne des EWGV gleichzeitig aus, z. B. Kohlenbergbau und Gewinnung von chemischen Produkten oder Lagerhaltung neben Großhandel oder Beherbergungsgewerbe neben Speditionstätigkeit, neben Frachtgeschäft und neben Fahrzeugreparatur. Es kann auf diese Weise z. B. durchaus geschehen, daß einem Unternehmen, Art. 58, die Niederlassungsfreiheit in einem anderen Mitgliedstaat zur Ausübung einer seiner Tätigkeiten schon für die erste Stufe, zur Ausübung einer anderen Tätigkeit erst für eine spätere Stufe eingeräumt wird. Würde man diese Unterscheidung nicht treffen, so würde man sehr bald mit der Frage danach, ob das Unternehmen überwiegend das eine oder das andere tut, in die Enge geraten.

Für die Herstellung der Freiheit des Dienstleistungsverkehrs gilt das gleiche, Art. 59, 60, 63 Abs. 1 Unterabsatz 2, 66.

Es ist in diesen Fällen aber selbstverständlich, daß nur den Unternehmen als Rechtssubjekten Rechte oder Pflichten auferlegt werden können. Die Unterscheidung nach Tätigkeiten bezieht sich nur auf die Abgrenzung des sachlichen Geltungsbereichs der Vorschriften, die entweder den Organen der Gemeinschaft Befugnisse verleihen oder aber die Regelung direkt mit Wirkung für die Rechtsunterworfenen treffen.

Wegen des systematischen Zusammenhangs der Rechtsordnung der EWG mit den nationalen Rechtsordnungen sei erwähnt, daß z.B. das deutsche Gewerberecht im Tatbestand der Normen ebenfalls den Betrieb bestimmter Gewerbe beschreibt, also bestimmte Gewerbetätigkeiten und nicht Unternehmenseinheiten (33). In § 3 der GewO heißt es sogar ausdrücklich: "Der gleichzeitige Betrieb verschiedener Gewerbe ... ist gestattet." Ebenso hat sich bereits bei der Durchsicht der nationalen Verkehrsgesetze ergeben, daß diese durchweg Regelungen für die Tätigkeit des Beförderns, nicht aber schlechthin für den Verkehrsunternehmer enthalten.

3. Vorschriften über die Politik der Gemeinschaft

Die Tatbestände der Vorschriften des dritten Teiles des Vertrages sind umfassender als die der Bestimmungen des zweiten Teiles. Sie beziehen sich auf Sachverhalte, die die Wettbewerbsbe-

(33) z. B. § 3, 14, 33-35 Gewerbeordnung für das Deutsche Reich vom 21. Juni 1889 in der Fassung des letzten Änderungsgesetzes vor Inkrafttreten des EWGV vom 29. September 1953, BGBl I S. 1459; § 1 Gaststättengesetz vom 28. 4. 1930, RGBl I S. 567; § 1 Gesetz zur Ordnung des Handwerks vom 17. Sept. 1953, BGBl I S. 1411.

dingungen der Produktionstätigkeiten auch durch die Verzerrung der Freizügigkeit der Produktionsfaktoren beeinflussen können (34). So erfaßt der Tatbestand des Art. 85 die Vereinbarungen, Beschlüsse und Verhaltungsweisen aller Wirtschaftszweige mit Bezug auf die Freizügigkeit aller Produktionsfaktoren, darüber hinaus aber auch andere Absprachen, die die Tatbestandsmerkmale - Beeinträchtigung des Handels, Verfälschung des Wettbewerbs - erfüllen. Ähnlich umfassend sind z. B. die Tatbestände der Art. 92 (Beihilfen gleich welcher Art), 1oo (Rechts- und Verwaltungsvorschriften, die sich unmittelbar auf die Errichtung oder das Funktionieren des gemeinsamen Marktes auswirken), 1o3 (Konjunkturpolitik), 1o4 (Wirtschaftspolitik), 1o6 (Zahlungen, die sich auf den Waren-, Personen-, Dienstleistungs- und Kapitalverkehr beziehen) usw. Alle diese Tatbestände erfassen ohne weiteres auch die jeweiligen Belange der Transportwirtschaft. Das kommt in der Liste des Anhangs III zu Art. 106 zum Ausdruck. Andererseits fallen diese Belange auch unter die Tatbestände der Art. 74 und 84 Abs. 2: das Sachgebiet Beförderungsleistungsproduktion umfaßt auch die privaten und staatlichen Wettbewerbsverfälschungen auf diesem Sektor und die konjunktur-, wirtschafts- und sozialpolitischen Maßnahmen, die sich auf ihn beziehen. Auch insoweit sind aber die Tatbestände der Art. 74 und 84 Abs. 2 keine Unterfälle der Vorschriften des dritten Vertragsteils, sondern sie überschneiden sich mit diesen Vorschriften lediglich in dem Bereich Beförderungsleistungsproduktion.

Das gleiche gilt für die Vorschriften des ersten und sechsten Vertragsteils, die die Beförderungsleistungsproduktion berühren.

Art. 74 und 84 Abs. 2 sind also für das Sachgebiet Verkehr keine Spezialvorschriften im rechtstechnischen Sinne gegenüber den für alle Wirtschaftszweige gültigen anderen Vorschriften des Vertrages über Errichtung und Funktionieren des Gemeinsamen Marktes. Ob die Art. 74 und 84 Abs. 2 diese anderen Vorschriften gleichwohl verdrängen, hängt davon ab, inwieweit ihre Rechtsfolgeanordnungen mit denen der übrigen Vorschriften vereinbar sind (vgl. unten IV und V).

4. Insbesondere: Zusammenhang zwischen Art. 106, 61 Abs. 1, 74 und 84

An dieser Stelle bedarf es einer besonderen Erörterung der Frage, wie sich die Art. 106 Abs. 3 und 84 Abs. 2 zueinander verhalten.

(34) EVERLING in WEGSpr, Übersicht vor Art. 85.

Der Verkehrsausschuß des Europäischen Parlamentes hat im Anschluß an die Stellungnahme des Parlamentes zum "Allgemeinen Programm zur Aufhebung der Beschränkungen des freien Dienstleistungsverkehrs" (35) und dem Bericht des Binnenmarktausschusses dazu (36) versucht, aus Art. 106 Abs. 3 EWGV eine Kompetenz der Gemeinschaftsorgane zur Beseitigung der Beschränkungen im Zahlungstransfer für Dienstleistungen der Luftfahrt herzuleiten (37). Die beiden Ausschüsse sind der Ansicht, daß der Transfer von Zahlungen im Transportgewerbe gemäß den Art. 63 bis 65 EWGV zu liberalisieren sei. Diese unsichtbaren Transaktionen seien in der Liste des Anhangs III genannt, und Art. 61 Abs. 1 werde von Art. 106 Abs. 3 ausdrücklich für nicht anwendbar erklärt.

Zwar bestehen insoweit keine Beschränkungen des Zahlungstransfers mehr, der Verkehrsausschuß benutzt das Argument aber, um darzutun, "daß der Luftverkehr keinesfalls vollständig vom Anwendungsbereich des Vertrages auszuschließen ist" (38).

Dies Argument kann nur gewürdigt werden, wenn der Zusammenhang zwischen den Art. 106, 61 Abs. 1, 74 und 84 erläutert wird.

Die Kommission hat Umfang und Bedeutung der Zahlungsbeschränkungen hinsichtlich der unsichtbaren Transaktionen untersucht (39) und festgestellt, daß die Liste des Anhangs III sieben Gruppen von unsichtbaren Transaktionen enthält, nämlich

- solche, die sich auf die Dienstleistungen beziehen (mit Ausnahme der Verkehrsdienstleistungen),
- solche, die sich auf die Beförderungsleistungen beziehen,
- solche, die sich auf den Verkehr von Arbeitnehmern beziehen,
- solche, die sich auf den Warenverkehr beziehen,
- solche, die sich auf den Kapitalverkehr beziehen,
- solche, die den Charakter von laufenden Zahlungen haben, die sich auf den Kapitalverkehr beziehen,
- solche, die sich n i c h t auf den Waren-, Dienstleistungs -, Kapital- und Personenverkehr beziehen.

Diese Unterscheidung ermöglicht eine eindeutige Auslegung des Art. 106:

(35) Stellungnahme: ABl 1961 S. 558, Programm: ABl 1962, 32.

(36) Dok. 4/1961/1962 vom 1. 3. 1961, Bericht im Namen des Binnenmarktausschusses von Herrn THORN, S. 17 f.

(37) Bericht CORNIGLION-MOLINIER, S. 11 u. 12.

(38) Bericht CORNIGLION-MOLINIER, S. 12.

(39) "Liberalisierung von Kapitalverkehr-Transferzahlungen auf Grund unsichtbarer Transaktionen", Dok. II /KOM (61) 8 vom 14. Januar 1961, sowie dessen Anhang "Liberalisierungsstand der Transferierungen zwischen den Mitgliedstaaten, die sich auf die unsichtbaren Transaktionen beziehen, die in der gemäß Art. 106 des Vertrages vorgesehenen Anlage III aufgeführt sind", Dok. II - 6075 / 1 / 60.

Soweit die Grundgeschäfte nach den Vorschriften des Vertrages über den freien Waren-, Dienstleistungs-, Personen- und Kapitalverkehr liberalisiert sind, sind die Beschränkungen des Transfers der Zahlungen, die sich auf die Grundgeschäfte beziehen, nach Art.106 Abs.1 bzw. Absatz 2 zu beseitigen. Dies kommt in der in beiden Absätzen enthaltenen Wendung "soweit der Waren-, Dienstleistungs-, Kapital- und Personenverkehr ... liberalisiert ... bzw. nur durch Beschränkungen der diesbezüglichen Zahlungen begrenzt ist..." zum Ausdruck. Art.106 Abs.3 Unterabsatz 2 hat nur noch für die unsichtbaren Transaktionen der letzten der obengenannten Gruppen Bedeutung, denn nur für diese sind die Absätze 1 und 2 des Art. 106 bzw. das Kapitel über den Kapitalverkehr nicht maßgebend. Das sind z. B. Transferierungen von staatlichen Ausgaben, Gerichtskosten, Erträgnissen aus Urheberrechten usw. Allein hinsichtlich dieser unsichtbaren Transaktionen ordnet Art. 106 Abs. 3 Unterabsatz 2 die Beseitigung "gemäß den Art.63 bis 65"an. Das bedeutet im wesentlichen, daß für ihre Liberalisierung das in Art.63 vorgesehene Verfahren einzuhalten ist, keineswegs aber, daß die Aufhebung dieser Zahlungsbeschränkungen im Allgemeinen Programm zur Liberalisierung der Dienstleistungen vorgesehen werden muß.

Das Europäische Parlament hat nicht berücksichtigt, daß Art. 106 Abs. 3 Unterabsatz 2 hinsichtlich der Liberalisierung der in der Liste des Anhangs III genannten unsichtbaren Transaktionen, die den Transportsektor betreffen, auf die Absätze 1 und 2 des Art. 106 verweist.

Die Verkehrsleistungen sind eine Untergruppe der Grundgeschäfte, die der Vertrag in Art. 60 als Dienstleistungen definiert. Art.61 Abs.1 macht dies deutlich. Der Transfer von Zahlungen, die sich auf Beförderungsleistungen beziehen, ist daher allein nach Art. 106 Abs. 1 und Abs. 2 zu liberalisieren. Das bedeutet für den Binnenverkehr, daß die Mitgliedstaaten entweder verpflichtet sind, alle Zahlungen zu genehmigen, soweit der freie Dienstleistungsverkehr auf dem Gebiete des Verkehrs gemäß Art. 75 Abs. 1 a. u. b. hergestellt ist (106 Abs. 1), oder daß die Kommission im Fall der Begrenzung des freien Erbringens von Beförderungsleistungen durch reine Zahlungsbeschränkungen entsprechende Maßnahmen nach Art. 75 Abs. 1 a. u. b zu treffen hätte (Art. 106 Abs. 2). Art.106 verweist insoweit auf die Artikel 59 bis 66, Art.61 Abs.1 verweist weiter auf Art.75 Abs. 1 a und b.

Hinsichtlich des Transfers der Zahlungen für die Grundgeschäfte der Seeschiffahrt und der Luftfahrt gilt das gleiche, nur daß hier gemäß Art.61 Abs.1 anstelle von Art. 75 Abs. 1 a. u. b. Art. 84 Abs. 2 anzuwenden ist.

Die Argumentation des Verkehrsausschusses des Europäischen Parlaments ist also nicht haltbar. Der Verkehrsausschuß hätte allerdings damit argumentieren können, daß die Stillhalteverpflichtung des Art. 106 Abs. 3 sich auch auf die unsichtbaren Transaktionen bezieht, die den Transportsektor betreffen. Darauf wird später näher einzugehen sein.

IV. Mögliches Konkurrenzverhältnis zwischen den Vorschriften für die drei Binnenverkehrsarten und den Vorschriften für alle Wirtschaftszweige

Es ist nunmehr zu untersuchen, wie sich die Rechtsfolgen der Art. 74/75 und der Art. 76, 79, 80 und 81 zu den Rechtsfolgen der Vorschriften für alle Wirtschaftszweige verhalten. Im Rahmen der systematischen Interpretation können daraus aber nur Möglichkeiten für das Konkurrenzverhältnis ermittelt werden. Welche von diesen wirklich gewollt war, werden nur die weiteren Auslegungsgesichtspunkte ergeben können.

1. Art. 74/75 - Verhältnis der Addition

Art. 74 ordnet für das Sachgebiet Verkehr an, daß die Mitgliedstaaten die Ziele des Vertrages im Rahmen einer gemeinsamen Verkehrspolitik verfolgen. Die fünf obersten Ziele des Vertrages sind als Aufgaben der Gemeinschaft in Art. 2 genannt: Förderung
- einer harmonischen Entwicklung des Wirtschaftslebens,
- einer beständigen und ausgewogenen Wirtschaftsausweitung,
- einer größeren Stabilität,
- einer beschleunigten Hebung der Lebenshaltung,
- engerer Beziehungen zwischen den Mitgliedstaaten.

Art. 2 sagt auch, daß diese Ziele mit den Mitteln der Errichtung eines Gemeinsamen Marktes und der Annäherung der Wirtschaftspolitik der Mitgliedstaaten zu verfolgen sind (40). Art. 3 gibt einen Katalog der Maßnahmen, mit denen diese Errichtung des Gemeinsamen Marktes und diese Annäherung der Wirtschaftspolitik der Mitgliedstaaten nach Maßgabe des Vertrages vollzogen werden. Art. 74 macht deutlich, daß die in Art. 3a bis c und f bis k genannten Maßnahmen und die Einführung der gemeinsamen Verkehrspolitik bei der Errichtung des Gemeinsamen Marktes ineinandergreifen: die Ziele des Vertrages sind durch die Herstellung der Freizügigkeit und die Ausschaltung von Wettbewerbsfälschungen sowie durch die Annäherung der Wirtschaftspolitik zu verfolgen; dies wird auf dem Gebiet des Verkehrs in den Rahmen der gemeinsamen Verkehrspolitik gestellt. Die gemeinsame Verkehrspolitik ist also nur eine besondere Konzeption für das Be-

(40) WOHLFAHRT in WEGSpr, Art. 2 Anm. 1 und 2.

treiben der Wirtschaftsintegration auf dem Transportsektor, die zu den übrigen Maßnahmen zur Errichtung des Gemeinsamen Marktes hinzutritt, nicht aber für diesen Wirtschaftszweig ihren Platz einnimmt.

Zu dem gleichen Ergebnis kommt man, wenn man unter den Zielen des Vertrages nicht nur die in Art.2 genannten Fernziele, sondern auch die in Art.3 a bis c und f bis k aufgezählten und im Vertrag konkretisierten Nahziele versteht (41).

An dieser Stelle wird deutlich, daß Art. 38 und 74 zwar etwas unterschiedlich formuliert sind, sich aber dem Sinne nach entsprechen, so daß das Argument, der Verkehr werde nicht vom Gemeinsamen Markt erfaßt, auf den Vergleich dieser beiden Vorschriften nicht gestützt werden kann. In Art. 38 heißt es:

> "Der Gemeinsame Markt umfaßt auch die Landwirtschaft und den Handel mit landwirtschaftlichen Erzeugnissen ... Mit dem Funktionieren und der Entwicklung des Gemeinsamen Marktes für landwirtschaftliche Erzeugnisse muß die Gestaltung der gemeinsamen Agrarpolitik der Mitgliedstaaten Hand in Hand gehen."

Ob formuliert wird "der Gemeinsame Markt umfaßt ..." oder "auf dem Gebiet ... werden die Ziele des Vertrages verfolgt", bleibt sich gleich, da die Ziele des Vertrages durch die Herstellung der umfassenden Freizügigkeit und die Annäherung der Wirtschaftspolitik, das heißt durch das Errichten und das Gewährleisten des Funktionierens des Gemeinsamen Marktes verfolgt werden. Ebenso bleibt es sich gleich, ob formuliert wird. daß mit diesen Maßnahmen die Entwicklung einer gemeinsamen Politik "Hand in Hand" geht oder ob es heißt, daß die Maßnahmen "im Rahmen einer gemeinsamen Politik" erfolgen.

Die durch die Rechtsfolgeanordnung des Art. 74 gebotene Verfolgung der Ziele des Vertrages im Rahmen einer gemeinsamen Verkehrspolitik steht nicht im Widerspruch zu den Rechtsfolgeanordnungen der übrigen Vorschriften über den gemeinsamen Markt. Die Art. 48, 52, 67 usw. bestimmen z.B., daß die Beschränkungen der Freizügigkeit der Arbeitnehmer, der Niederlassung, des Kapitalverkehrs zu beseitigen seien. Art. 74 bestimmt für den Verkehr das gleiche - Verfolgung der Ziele des Vertrages - und fügt lediglich hinzu, daß dies im Rahmen einer gemeinsamen Verkehrspolitik zu geschehen habe. Die gemeinsame Verkehrspolitik wird den Zielen des Vertrages angemessen sein müssen, sonst könnte sie nicht den Rahmen für ihre Verfolgung abgeben. Sie kann zu Modifizierungen der Durchführung der Ziele im Hinblick auf die Errichtung des Gemeinsamen Mark-

(41) Daß Art. 3 und die übrigen Vorschriften des Vertrages Nahziele enthalten, meint Wohlfahrt in WEGSpr, Art. 145 Anm. 4 und Art. 235 Anm. 1.

tes führen, sie kann aber nicht den Wesensgehalt (42) der dafür geltenden Vertragsvorschriften für den Verkehrssektor aufheben. Eine zusätzliche Anwendung des Art. 74 neben den übrigen Vorschriften über den Gemeinsamen Markt auf den Verkehr scheint also möglich. Ob sie gewollt ist, wird letztlich erst die teleologische Interpretation zeigen können.

Immerhin läßt sich schon an dieser Stelle sagen, daß die zusätzliche Anwendung hier mit dem Begriff Kumulation insofern nicht richtig bezeichnet werden würde, als dieser Begriff, so wie er von Larenz (43) verstanden wird, nicht ausdrücklich die zwingende Verknüpfung beider Rechtssätze beschreibt, die den Sachverhalt erfassen. Eine solche zwingende Verbindung wäre in bezug auf den Sektor Binnenverkehr aber notwendig, damit dieser vollständig geregelt wird. Denn schon die Vertragssystematik zeigt, daß bei der Verfolgung der Ziele des Vertrages auf dem Transportsektor dessen Besonderheiten berücksichtigt werden sollen (Art. 75 Abs. 1). Deshalb wird hier besser von dem Konkurrenzverhältnis der Addition gesprochen (44). Der Rechtsfolgeanordnung der betreffenden Vorschrift für alle Wirtschaftszweige ist - so scheint es nach der Vertragssystematik - die Rechtsfolgeanordnung des Art. 74 zu addieren, damit eine optimale Lösung für die Transportwirtschaft gefunden wird. Dabei darf aber der Wesensgehalt der Vorschrift, die für alle Wirtschaftszweige gilt, für den Verkehr nicht vernichtet werden, da sonst die Ziele des Vertrages nicht mehr verfolgt würden.

Die drei Ermächtigungen des Rates in Art. 75 Abs. 1 a, b und c zum Erlaß von Durchführungsvorschriften zu Art. 74 sind zugleich Ausgestaltungen der Rechtsfolge dieser Vorschrift. Die Trennung von Art. 74 und 75 folgt dem Prinzip, nach dem auch andere Vertragskapitel aufgebaut sind. Diese enthalten ebenfalls zunächst eine Grundsatznorm, die meist eine Verpflichtung der Mitgliedstaaten enthält, und daran anschließend die Ausgestaltung der Rechtsfolgeanordnung dieser Norm durch Verfahrensvorschriften und Befugnisse für die Organe der Gemeinschaft, vgl. z. B. Art. 48 mit 49, Art. 52 mit 54, Art. 59 mit 63, Art. 67 mit 69, Art. 85 und 86 mit 87, Art. 92 mit 93 und 94, Art. 103 Abs. 1 mit Abs. 2 und 3, Art. 117 mit 118. Demzufolge er-

(42) Diese dem deutschen Verfassungsrecht - Art. 19 Abs. 2 GG - eigene Wendung, daß eine Norm nicht in ihrem Wesengehalt angetastet werden dürfe, hat bereits auch Eingang in völkerrechtliche Texte gefunden, vgl. Art. VII Abs. 3 des Freundschafts-, Handels- und Schiffahrtsvertrages vom 29. Okt. 1954 zwischen der Bundesrepublik Deutschland und den Vereinigten Staaten von Amerika, Gesetz vom 7. Mai 1956, BGBl II S. 487.

(43) LARENZ, Methodenlehre S. 173.

(44) Als Beispiel für einen solchen Übergang von einem Konkurrenzverhältnis der Kumulation zur Addition könnte man die Notwendigkeit der gleichzeitigen Beachtung mehrerer Grundsätze des Art. 3 EGKSV durch die Hohe Behörde bei der Regelung eines konkreten Falles ansehen.

gibt sich die Möglichkeit, daß sich das Verfahren nach Art. 75 von bestimmten Verfahren nach den übrigen Vertragsbestimmungen zum Erlaß von Durchführungsvorschriften z. B. in der Weise unterscheidet, daß nach der einen Bestimmung ein anderer Modus der Abstimmung im Rat besteht als nach der anderen. Solche Verschiedenheiten ergeben aber keinen unerträglichen Normwiderspruch, da sie schon dadurch behoben werden können, daß in Angelegenheiten des Verkehrssektors die strengere Vorschrift zur Anwendung kommt. Der Hauptanwendungsfall der Art. 75 Abs. 1a und b liegt im übrigen auf dem Gebiet des freien Dienstleistungsverkehrs (45). Auf diesem Gebiet ist aber das Prinzip des Art.59 auf dem Verkehrssektor gemäß Art. 61 Abs.1 ausschließlich nach den Verfahrensvorschriften des Art. 75 zu erwirklichen. Außerdem kann die additive Anwendung von Art. 74/75 mit einer Norm zur Verwirklichung eines der Grundsätze des Vertrages auf die Transporte - z. B. die gemeinsame Anwendung von Art.75 mit Art. 87 - erfordern, daß für den Transportsektor der Anwendungsbereich des Grundsatzes - z. B. Art. 85 und 86 - stärker eingeschränkt wird als für andere Wirtschaftszweige. Das würde - z. B. gemäß Art. 87 Abs. 1 nach Ablauf von 3 Jahren nach Inkrafttreten des Vertrages - auch die Anwendung der schärferen Verfahrensvorschrift für den Verkehr rechtfertigen.

Daß dem Vertrag eine solche additive Anwendung mehrerer Kapitel im Hinblick auf einen bestimmten Wirtschaftszweig nicht fremd ist, zeigt Art. 61 Abs. 2, der bestimmt, daß die Liberalisierung bestimmter Dienstleistungen der Banken und Versicherungen im Einklang mit der schrittweisen Liberalisierung des Kapitalverkehrs durchgeführt wird.

Weiter dürften die Fälle, in denen die gleichzeitige Anwendung der Verfahrensvorschrift eines Kapitels für alle Wirtschaftszweige und des Art.75 praktisch wird, auch deshalb weniger groß sein, als es zunächst scheint, da viele Vorschriften für den Gemeinsamen Markt essentielle Sonderbelange der Transportwirtschaft nicht berühren, so daß eine besondere Durchführung im Rahmen der gemeinsamen Verkehrspolitik nach dem Verfahren des Art. 75 auch nicht erforderlich ist (46).

Immerhin ist die Aufnahme des Verkehrssektors (Binnenverkehr) in das Allgemeine Programm zur Aufhebung der Beschränkungen der Niederlassungsfreiheit durch den Rat (47) bereits

(45) STABENOW, Freizügigkeit, S.487-489; Kommission, Denkschrift I S.49 und 83.

(46) Zu den Belangen der Transportwirtschaft, auf die sich die Verkehrspolitik erstreckt, s. unten bei der teleologischen Auslegung unter I. -Einzelheiten für die Anwendung des Vertrages auf verkehrspolitisch neutrale Belange von Seeschiffahrt und Luftfahrt sind unten, Grund und Zweck, IV, behandelt; Entsprechendes kann für den Binnenverkehr gelten.

(47) Erlassen am 29.Okt.1961, ABl 1962 S.36, Binnenverkehr unter IV G, S.39.

das erste Beispiel dafür, daß die additive Anwendung der Art. 74/75 mit anderen Bestimmungen über den Gemeinsamen Markt praktikabel ist. Bei dieser Aufnahme hat sich gezeigt, daß lediglich die Frage der Koordinierung der Rechts- und Verwaltungsvorschriften nach Art.57 EWGV die Sonderbelange des Verkehrssektors und damit der gemeinsamen Verkehrspolitik berührt (48). Ihre Koordinierung wird daher auch zu recht im Allgemeinen Programm als ein Bestandteil der gemeinsamen Verkehrspolitik bezeichnet (49). Bei dem Erlaß von Richtlinien zu dem in Art. 57 Abs.2 bezeichneten Zweck auf dem Verkehrssektor muß also das in Art. 75 vorgeschriebene Verfahren eingehalten werden. Dies dürfte sich in diesem Fall mit dem Verfahren des Art. 75 Abs. 2 decken, da die Aufnahme und Ausübung selbständiger Tätigkeiten auf dem Sachgebiet Transportwirtschaft in den Mitgliedstaaten durch Gesetz geregelt ist.

Schließlich braucht in bestimmten Fällen zur Verwirklichung der Rechtsfolgeanordnung des Art.74 nicht auf Art.75 zurückgegriffen zu werden, weil vornehmlich Verpflichtungen der Mitgliedstaaten, nicht aber Befugnisse der Gemeinschaft in Rede stehen. Das gilt insbesondere für die Abstimmung der Verkehrspolitik mit der Konjunkturpolitik, Art.103, und der Währungspolitik, Art.105 bis 108, im Rahmen der Wirtschaftspolitik, Art.104, mit der Sozialpolitik, Art. 117 mit 118, und während der Übergangszeit auch mit der Handelspolitik, Art. 110-116.

Soweit das Verfahren für die Befugnisse des Rates zur Durchführung der gemeinsamen Handelspolitik nach Ablauf der Übergangszeit, Art. 113 Abs. 2 und 4 und 116, mit Art. 75 Abs. 3 kollidiert, kann für den Verkehr der Abstimmungsmodus dieser Vorschrift angewendet werden.

Für die vorgenannten Sachgebiete könnte aber auch - z. B. bei Schwierigkeiten der Zahlungsbilanz eines Mitgliedstaates, Art. 108 - der Zweck dieser für alle Wirtschaftszweige gleich bedeutsamen Bestimmungen das Zurücktreten der Verfahrensvorschriften des Art. 75 erfordern, soweit der Verkehrssektor betroffen ist.

Auch die in den Vorschriften für alle Wirtschaftszweige enthaltenen Zeitpläne stehen der additiven Anwendung von Art. 74/75 nicht entgegen. Meist ist nur grundsätzlich ebenso wie in Art. 75 Abs. 2 bestimmt, daß die Maßnahmen im Laufe der Übergangszeit zu treffen sind, Art. 48 Abs. 1, 52 Abs. 1, 67 Abs. 1. Sind kürzere Fristen angeordnet, z. B. Art. 54 Abs.1, Art. 87 Abs. 1, so führt die Verletzung dieser Fristen nur zu Veränderungen des Abstimmungsmodus im Rat, Art.54 Abs.2, Art.87 Abs. 1 Unterabsatz 2. Das führt wieder zu dem bereits erörterten Unterschied

(48) KOMMISSION, Denkschrift I, S. 29-31; STABENOW, Freizügigkeit S.490.
(49) Abschnitt IV Buchstabe G 1.

der Stimmenverhältnisse nach Art. 75 und den Vorschriften für alle Wirtschaftszweige.

Damit ergibt die Auslegung aus dem Wortlaut und dem systematischen Zusammenhang, daß die Vorschriften des Verkehrstitels für die drei Binnenverkehrsarten nicht notwendig die Anwendung anderer Vertragsbestimmungen über den Gemeinsamen auf diesen Wirtschaftszweig ausschließen. Es spricht sogar einiges dafür, daß, sofern es nicht ausdrücklich anders geregelt ist (Art. 61 Abs. 1), die Art. 74/75 mit den übrigen Vorschriften für alle Wirtschaftszweige im Konkurrenzverhältnis der Addition stehen (50).

2. Art. 79 bis 81

Die selbständigen Rechtssätze der Art. 79 bis 81 EWGV regeln einzelne Belange der Transportwirtschaft und können als Unterfälle von Art. 74/75 angesehen werden. Wenn diese zu den Vorschriften für alle Wirtschaftszweige im Verhältnis der Addition stehen, sind für die Art. 79 bis 81 folgende Konkurrenzverhältnisse mit Vorschriften außerhalb des Verkehrstitels möglich:

Der Tatbestand des Art. 79 überschneidet sich mit dem des Art. 7 insoweit, als unterschiedliche Frachten und Beförderungsbedingungen nach Herkunfts- und Bestimmungsland der Güter zugleich Diskriminierungen nach der Staatsangehörigkeit der Verbraucher von Beförderungsleistungen sind. Insoweit wird Art. 7 durch Art. 79 verdrängt, da Art. 7 ausdrücklich nur dann eingreifen soll, wenn nicht besondere Bestimmungen des Vertrages vorgehen. Dies Verhältnis der Subsidiarität gilt, obwohl die Rechtsfolgen der Art. 7 und 79 sich nicht widersprechen.

Der Tatbestand des Art. 80 ist ein Unterfall des Tatbestandes des Art. 92, da staatlich auferlegte Unterstützungstarife zugunsten bestimmter Unternehmen zugleich "staatliche Beihilfen gleich welcher Art" sind (51). Es kommt also ein Spezialitätsver-

(50) Ähnliche Konkurrenzverhältnisse der Addition gibt es vor allem im innerstaatlichen Baurecht in den Fällen, in denen für die Errichtung von Bauwerken in besonderen Zonen neben den allgemeinen baupolizeilichen Vorschriften Sondervorschriften zur Wahrung spezieller Sicherheitsbelange zur Anwendung kommen. z. B. tritt § 9 dt.Bundesfernstraßengesetz vom 6.Aug.1953 BGBl I S. 903, zu den allgemeinen Baupolizeibestimmungen hinzu, wenn an der Bundesfernstraße gebaut werden soll. Die Baubehörde prüft in einem solchen Fall die allgemeinen baupolizeilichen Fragen, die oberste Landesstraßenbaubehörde nimmt die mit dem Verkehr auf Bundesfernstraßen zusammenhängenden Belange wahr, (vgl. OVG Rhl. Pfalz, Urteil vom 3. 11. 1960, DÖV 1961, S. 117 m. w. N). Ähnlich gelten die §§ 12 Abs. 2 und 3 und 13 f LuftverkG zu den Baupolizeivorschriften additiv, wenn in der Nähe von Flughäfen Bauwerke errichtet werden.

(51) KOMMISSION, Denkschrift I S. 28. Daß insbesondere die Ausnahmetarife der Eisenbahnen Subventionen, zumindest aber Beihilfen sind, geht aus den

hältnis zwischen Art.80 und 92 in Betracht. Die Rechtsfolgeanordnungen der Art.92 mit 93 und 80 weichen so stark voneinander ab, daß hinsichtlich der Fälle, die unter die Tatbestände beider Vorschriften fallen, Art.80 dem Art.92 vorgehen muß. Das gilt insbesondere deswegen, weil die Kommission bei der Genehmigung von Unterstützungstarifen nach Art. 80 Abs. 2 deren Auswirkungen auf den Wettbewerb zwischen den Verkehrsarten zu berücksichtigen hat. Im übrigen ist in Art. 92 Abs. 1 ausdrücklich gesagt, daß das Beihilfenverbot nur insoweit gilt, als nicht andere Vorschriften des Vertrages etwas Abweichendes bestimmen.

Für Art. 81 stellt sich die Frage nach dem Verhältnis zu Vorschriften außerhalb des Verkehrstitels nicht, da es keine Bestimmung gibt, die eine Regelung für die Abgaben oder Gebühren enthält, die ein Verkehrsunternehmen neben den Frachten beim Grenzübergang in Rechnung stellt. Zwar weist Art. 81 einen gewissen tatsächlichen Zusammenhang mit Art.27 EWGV auf, aber die Tatbestände beider Vorschriften beziehen sich doch auf verschiedene Sachverhalte.

3. Art. 76; Art. 77 und 78

Wenn Art. 74/75 zu den Vorschriften für alle Wirtschaftszweige im Verhältnis der Addition stehen, gilt für die Art. 76, 77 und 78 folgendes:

Der Tatbestand des Art.76 ist sehr weit und überschneidet sich daher mit den Tatbeständen vieler Vertragsbestimmungen, die einzelne Belange aller Wirtschaftszweige regeln. Das Verhältnis des Art.76 zu diesen Vorschriften wird meist das der Kumulation sein. Denn die Rechtsfolgeanordnung des Art. 76 enthält eine Stillhalteverpflichtung für die Mitgliedstaaten, während die übrigen Vorschriften über den Gemeinsamen Markt meist auf eine zur Ausgangslage günstigere Gestaltung der Stellung der ausländischen Unternehmen gegenüber den inländischen hinzielen. Andere Stillhalteverpflichtungen des Vertrages dürfte Art.76 verdrängen. Auf eine genauere Untersuchung kann hier verzichtet werden, weil diese Frage für die Auslegung von Art.84 Abs. 2 nicht von entscheidender Bedeutung ist.

Wenn Art.74 nicht die ausschließliche Geltung des Art.74 bis 83 für den Binnenverkehr festlegt, können die unvollständigen Rechtssätze der Art. 77 und 78 EWGV auch mit Vorschriften

Urteilen des Europäischen Gerichtshofs vom 10. Mai 1960 zu Art. 70 EGKSV hervor, Rs 3-18, 25 u. 26/58, GEGE VI 373 (413) und Rs 19/58, GEGE VI S.480 (506). Der Gerichtshof spricht dort von Subventionen, richtiger dürfte nach den Begriffsbestimmungen, die er im Urteil vom 23. 2. 1961, Rs 30/59, GEGE VII S. 3 (42), für Subventionen und Beihilfen gegeben hat, ein Unterstützungstarif als Beihilfe zu bezeichnen sein.

außerhalb des Verkehrstitels ineinandergreifen. Art. 77 könnte den Geltungsbereich des Art. 92 einschränken und Art. 78 auch die Rechtsfolge von Vorschriften außerhalb des Verkehrstitels ausgestalten.

Ob die Konkurrenzverhältnisse und das Ineinandergreifen der Vorschriften des Vertrages im Hinblick auf den Binnenverkehr als Interpretationsergebnis angenommen werden können, hängt von der Fortführung der Auslegung ab.

V. Mögliches Konkurrenzverhältnis zwischen Art. 84 Abs. 2 und den Vorschriften für alle Wirtschaftszweige

Zwischen Art. 84 Abs. 2 und den Vorschriften für alle Wirtschaftszweige kommt vorläufig folgendes Konkurrenzverhältnis in Betracht:

Die Rechtsfolgeanordnung des Art. 84 Abs. 2 besagt, daß der Rat einstimmig solche Bestimmungen für Seeschiffahrt und Luftfahrt im Rang des Vertrages erlassen kann, die denen entsprechen, die in den Art. 74 bis 83 für den Binnenverkehr schon erlassen worden sind. Es fragt sich, ob diese Rechtsfolgeanordnung mit denen der Grundsatznormen des Vertrages für alle Wirtschaftszweige und deren verfahrensmäßiger Ausgestaltung kollidiert.

Zur Berücksichtigung der besonderen Aspekte der Seeschiffahrt bei der Wirtschaftsintegration könnte der Rat wie beim Binnenverkehr vorsehen, daß die Verfolgung der Vertragsziele auf dem Sektor dieser beiden Verkehrsarten in den Rahmen einer gemeinsamen Politik zu stellen ist. Im Rahmen dieser gemeinsamen Politik, die additiv zu den Vorschriften für alle Wirtschaftszweige einzuführen wäre, könnten dann die für Seeschiffahrt und Luftfahrt notwendigen Einschränkungen der innerhalb des Gemeinsamen Marktes für alle Wirtschaftszweige geltenden Prinzipien vorgenommen werden. Der Rat könnte andererseits aber auch, entsprechend Art. 77, in unvollständigen einschränkenden Rechtssätzen begrenzte Ausnahmen von den Vorschriften für alle Wirtschaftszweige direkt erlassen. Ebenso könnte er, entsprechend Art. 78, die Rechtsfolgen einiger Vorschriften für alle Wirtschaftszweige den Anforderungen der See- und Luftfahrt anpassen, sie also in unvollständigen Rechtssätzen ausgestalten. Er könnte ebenfalls Bestimmungen erlassen, die einzelne generelle Verbote für Verhaltungsweisen innerhalb des Gemeinsamen Marktes im Hinblick auf See- und Luftfahrt spezifizieren und damit die generellen Normen insoweit entsprechend Art. 79 und 80 verdrängen. Schließlich bleibt es dem Rat überlassen, entsprechend Art. 81 Regeln aufzustellen, die ausschließlich See- und Luftfahrt betreffen.

Die Rechtsfolgeanordnung des Art. 84 Abs. 2 besagt also, daß der Rat darüber zu entscheiden hat, inwieweit den Vorschriften des Vertrages für alle Wirtschaftszweige zur Berücksichtigung der besonderen Aspekte der Produktion von Beförderungsleistungen durch See- und Luftfahrt Normen hinzuzufügen sind. Damit widerspricht Art. 84 Abs. 2 den Vorschriften für alle Wirtschaftszweige im Hinblick auf See- und Luftfahrt zwar nicht in der Weise, daß er besagt, die Beschränkungen der Freizügigkeit seien nicht abzubauen, das System, das den Wettbewerb im Gemeinsamen Markt vor Verfälschungen schützt, sei etwa nicht herzustellen usw., aber er stellt diese Rechtsfolgeanordnungen unter den Vorbehalt einer Modifizierung, soweit Seeschiffahrt und Luftfahrt davon betroffen sind. Diese Modifizierung kann von der Anordnung der Berücksichtigung zusätzlicher Gesichtspunkte über die Änderung der verfahrensmäßigen Ausgestaltung bis zur begrenzten Ausnahme von den Rechtsfolgeanordnungen reichen. Daraus ergibt sich, daß die Rechtsfolgeanordnungen der Vorschriften für alle Wirtschaftszweige im Hinblick auf Seeschiffahrt und Luftfahrt nicht vollzogen werden können, ehe nicht der Rat von seiner Befugnis nach Art. 84 Abs.2 Gebrauch gemacht hat. Andernfalls würden vollendete Tatsachen geschaffen, und die Befugnis des Rates nach Art. 84 Abs. 2 würde ihres Inhaltes entleert.

Art. 48 und 49 bestimmen z. B., daß die auf der Staatsangehörigkeit beruhende unterschiedliche Behandlung der Arbeitnehmer in See- und Luftfahrt mit Inkrafttreten des Vertrages schrittweise mittels Richtlinien oder Verordnungen des Rates abgeschafft werden sollen, Art. 84 Abs. 2 bestimmt demgegenüber für diese unterschiedlichen Behandlungen, daß der Rat im Rahmen einer Prüfung der Besonderheiten der Seeschiffahrt und Luftfahrt noch festlegen wird, inwieweit, wann und wie sie abgeschafft werden sollen.

Der gleichzeitige Vollzug der Rechtsfolgeanordnungen der Normen für alle Wirtschaftszweige und der Bestimmung des Art. 84 Abs. 2 sind also n i c h t möglich. Möglich wäre lediglich die gleichzeitige Geltung dieser Normen mit den Vorschriften, die der Rat nach Art. 84 Abs. 2 in den gleichen Rang mit ihnen stellen wird.

Es muß demnach angenommen werden, daß Art. 84 Abs. 2 die Bestimmungen des Vertrages für alle Wirtschaftszweige vorläufig insoweit verdrängen soll, als diese jeweils Faktoren erfassen, die das Erbringen von Beförderungsleistungen zur See und in der Luft beeinflussen. Es dürfte also ein Konkurrenzverhältnis der Subsidiarität vorliegen.

Abs. 84 Abs. 2 geht diesen Vorschriften aber nur so lange vor, als der Rat nicht von seiner Befugnis nach Art. 84 Abs. 2 Gebrauch macht und bestimmt, in welcher Weise und in welchem Maße die Ziele des Vertrages auf dem Gebiet der See- und Luftfahrt zu verfolgen sind.

Eine Besonderheit ergibt sich durch Art.61 Abs.1. Diese Vorschrift verweist nämlich auf den Verkehrstitel als solchen und damit auch auf Art.84 Abs.2. Der Rat wird also zur Verwirklichung des Prinzips des freien Dienstleistungsverkehrs bei See- und Luftbeförderungen ein eigenständiges Verfahren ausarbeiten müssen, welches dem der Art. 75 Abs. 1a und b entspricht. -

Dieses vorläufige Ergebnis ist notwendig unvollkommen und farblos, weil Grund und Zweck von Art.84 Abs.2 bisher nicht im einzelnen untersucht wurden. Ob es bestehen bleiben kann, hängt daher von der Weiterführung der Auslegung ab. Das Ergebnis erscheint insbesondere im Hinblick auf die Vorschriften über die Konjunktur-, Wirtschafts- und Währungspolitik der Präzisierung bedürftig. Auch dürfte es Faktoren geben, die die Beförderungsleistungsproduktion mittels Seeschiffen und Luftfahrzeugen nicht anders beeinflussen als die übrigen Wirtschaftstätigkeiten auch, so daß insoweit eine Sonderbehandlung der Seeschiffahrt und der Luftfahrt möglicherweise nicht in Frage kommt.

Die historische Betrachtung von Grund und Zweck des Art. 84 Abs.2 EWGV muß auf der Untersuchung der Entstehungsgeschichte der Vorschrift aufbauen. Diese hängt mit der Entstehungsgeschichte der Bestimmungen für die drei Binnenverkehrsarten zusammen.

5. Kapitel

ENTSTEHUNGSGESCHICHTE DER VERKEHRSBESTIMMUNGEN

(Historisch - genetische Auslegung)

I. Vom Entwurf einer Satzung für die Europäische Gemeinschaft bis zum Spaak-Bericht

Nachdem die sogenannte Ad-hoc-Versammlung den Entwurf eines Vertrages über die Satzung der Europäischen Gemeinschaft (1) ausgearbeitet hatte, setzen die Außenminister der sechs Mitgliedstaaten der EGKS auf ihrer Konferenz vom 26.bis 28.November 1953 im Haag eine Studienkommission für die Schaffung einer Europäischen Gemeinschaft ein. Diese Studienkommission befaßte sich seit Januar 1954 in Paris unter anderem mit den Zuständigkeiten, die der Gemeinschaft auf wirtschaftlichem Gebiet zur Verwirklichung des geplanten Gemeinsamen Marktes zuzuerkennen seien. Dieser Gemeinsame Markt sollte nach dem Vertragsentwurf der Ad-hoc-Versammlung auf dem freien Umlauf der Güter, des Kapitals, und der Freizügigkeit der Menschen beruhen (2). Die Studienkommission prüfte, welche Einschränkungen für Ausländer in den Mitgliedstaaten zur Durchsetzung dieser Prinzipien zu beseitigen sein würden, und erfaßte dabei auch den Transportsektor unter Einschluß von Seeschiffahrt und Luftfahrt.

In dem Memorandum der Benelux-Staaten vom Frühjahr 1955 an die anderen Staaten der Montanunion, in welchem nach dem Scheitern von EVG und Europäischer Gemeinschaft erneut die Integration der Volkswirtschaften in einem Gemeinsamen Markt gefordert wurde, ist der Transportsektor nicht besonders erwähnt (3). Das Memorandum legt nur allgemeine Ziele fest.

Auch die Entscheidung der Außenminister der Mitgliedstaaten der Montanunion anläßlich ihrer Tagung in Messina am 1. und 2. Juli 1955 enthält nur allgemeine Zielsetzungen, zu denen allerdings auch die "gemeinsame Entwicklung großer Verkehrswege" gehört (4).

(1) AUSWÄRTIGES AMT, Europa, Dokumente zur Frage der Europäischen Einigung, Bonn 1953, S. 384; siehe auch Beschluß des Rates der Montanunion vom 10. Sept. 1952, in AA, Europa aaO, S. 339 und Art. 38 des EVGV, AA, aaO, S. 357.

(2) Art. 82 des Satzungsentwurfs.

(3) WOHLFAHRT in WEGSpr, Einleitung S. XVIII.

(4) Bundesrepublik Deutschland, Bundesregierung, Erläuterungen zu den Ver-

Der Ausschuß für den Gemeinsamen Markt, für Investitionen und Sozialfragen des von der Konferenz von Messina eingesetzten Regierungsausschusses - sog. Brüsseler Vorkonferenz, Herbst 1955 bis April 1956 (5) - befaßte sich auch eingehend mit der Untersuchung der Beseitigung der Hindernisse, die dem freien Dienstleistungsverkehr auf dem Gebiet der Beförderungen entgegenstehen (6). Bei der "Definition der besonderen Probleme, die sich bei der Herbeiführung der Freizügigkeit der natürlichen, nicht in abhängiger Stellung tätigen Personen ergeben" (7), wurden ausdrücklich Fragen der Seeschiffahrt behandelt.

Die Zusammenfassung der Ergebnisse der Brüsseler Vorkonferenz, der sog. Spaak-Bericht (8) vom 21. April 1956, geht an drei Stellen auf den Transportsektor einschließlich Seeschiffahrt und Luftfahrt ein:

Im ersten Teil, der über den Gemeinsamen Markt handelt, unter Titel I, "Der Zusammenschluß der Märkte", Kapitel 3, "Die Dienstleistungen" (9), wird dem Verkehrssektor ein eigener Abschnitt gewidmet. Dort heißt es, dieser Sektor werfe ein "besonderes Problem" auf, "da auf ihm die Liberalisierung in verschiedener Weise den Straßenverkehr, die Schiffahrt und den Luftverkehr berühren" werde. Gleichwohl wird klargestellt, daß, wenn der Gemeinsame Markt voll verwirklicht sei, alle Angehörigen der Mitgliedstaaten das Recht haben müßten, im gesamten Gebiet der Staaten Verkehrsdienste frei zu leisten und anzunehmen. Allerdings sei für das Verkehrswesen die Übergangszeit besonders wichtig.

Im Titel II, "Die Politik des Gemeinsamen Marktes", steht das Kapitel 3 unter der Überschrift "Die Transporttarife und die Verkehrspolitik" (10). Die vorgeschlagenen Regelungen für die Transporttarife sind an Art. 70 EGKSV orientiert. Die Harmonisierung der Verkehrstarife innerhalb einer gemeinsamen Verkehrspolitik der bestmöglichen Nutzung der verfügbaren Mittel wird vorgeschlagen. Die gemeinsame Politik habe in einer "Koordinierung der nationalen Koordinierungsbemühungen" zu bestehen.

trägen zur Gründung der EWG und EAG, dt. Bt., zweite Wahlp. 1953, Drucksache 3440, Anlage C, S. 105 und 106.

(5) WOHLFAHRT in WEGSpr, Einleitung S. XIX, Erläuterungen der BuReg aaO S. 106.

(6) Regierungsausschuß, MAE 347 d/55, Dok. Nr. 263 vom 21. 9. 1955

(7) vgl. Antwort der dt. Deligation zu Dok. 208 Anl. II, ca vom November-Dezember 1955.

(8) Bericht der Deligationsleiter des von der Konferenz von Messina eingesetzten Regierungsausschusses an die Außenminister, Dok. MAE 120 d/56 korr.

(9) Spaak-Bericht S. 44.

(10) Spaak-Bericht S. 71 f.

Schließlich ist dem Luftverkehr im 3. Teil, "Sachgebiete, die vordringlich behandelt werden müssen", das Kapitel 2 gewidmet (11), das mit dem Satz beginnt: "Die Verwirklichung des allgemeinen gemeinsamen Markts wird auch die Liberalisierung des Luftverkehrs nach und nach zur Folge haben." Jedoch werden einige Sofortmaßnahmen angeregt (12). Ein besonderer Abschnitt dieses Kapitels befaßt sich mit der Luftfahrtgeräteindustrie im Gemeinsamen Markt. -

Es zeigt sich also, daß zunächst vorgesehen war, den Transportsektor einschließlich Seeschiffahrt und Luftfahrt voll in die Integration der Volkswirtschaften mit einzubeziehen, jedoch einige besondere Aspekte des Sektors dabei zu berücksichtigen.

Durch Beschluß der Außenminister auf der Konferenz von Venedig vom 19. bis 20. Mai 1956 wurde der Spaak-Bericht mit dem Vorbehalt von Änderungen zur Grundlage der Verhandlungen über die Verträge zur Errichtung der Wirtschaftsgemeinschaft und der Atomgemeinschaft gemacht (13).

II. Vom 1. Redaktionsentwurf bis zum ersten Vorschlag einer dem Art. 84 entsprechenden Bestimmung

Auf der Regierungskonferenz für den Gemeinsamen Markt und Euratom, die in der Zeit vom 26. Juni 1956 bis zum 8. März 1957 in Brüssel den Text des EWGV und des EAGV ausarbeitete, wurden aus Vertretern der vertragschließenden Staaten eine Arbeitsgruppe für den Gemeinsamen Markt, eine Arbeitsgruppe für Euratom und eine Redaktionsgruppe gebildet. Die von den beiden Arbeitsgruppen fertiggestellten Arbeiten und alle Fragen, über die in ihnen keine Übereinstimmung erzielt werden konnte, wurden dem Ausschuß der Delegationsleiter zur Prüfung vorgelegt. Konnten auch die Delegationsleiter eine Einigung nicht erzielen, wurde die Frage durch die Außenminister gelöst, die ad-hoc zusammen kamen (14).

(11) Spaak-Bericht S. 137.

(12) 1. Finanzierung des für den Luftverkehr erforderlichen Materials. 2. Austausch von Luftfahrzeugen. 3. Herstellung der auf der Konferenz von Chicago 1944 erörterten Luftverkehrsfreiheiten (vgl. Transportvereinbarung, Art. 1 Sektion 1, zu den fünf Freiheiten des Luftverkehrs im allgemeinen RIESE, Luftrecht, S. 129 ff) durch ein multilaterales Abkommen unter den Mitgliedstaaten. 4. eine europäische Betriebsgesellschaft.

(13) WOHLFAHRT, WEGSpr, Einleitung S. XIX; Erläuterungen der BuReg S. 106.

(14) Erläuterungen der BuReg S. 106; NERI /SPERL, Traité instituant la CEE, Travaux préparatoires ect., Luxemburg 1960, S. XII.

Die bisher nicht veröffentlichten Aufzeichnungen der Regierungskonferenz für den Gemeinsamen Markt und Euratom, die im Hinblick auf die Entstehungsgeschichte der Verkehrsbestimmungen des EWGV Bedeutung haben, sind in 3 Gruppen zu teilen:

- Sitzungsprotokolle der Arbeitsgruppe für den Gemeinsamen Markt,
- Sitzungsprotokolle des Ausschusses der Delegationsleiter und der Außenminister,
- Entwürfe der Artikel des Vertrages, insbesondere der Artikel 49 bis 55 betreffend die Transporte.

In den beiden Gruppen der Sitzungsprotokolle sind nur sehr spärliche Hinweise auf die bei den Verhandlungen von den einzelnen Delegationen vorgebrachten Meinungen zu finden. So ergibt sich die Schwierigkeit, daß man den Willen der Vertragschliessenden praktisch nur aus der fortschreitenden Änderung der Entwürfe der Vertragsartikel rekonstruieren kann. Einige darin enthaltene Fußnoten und Erläuterungen erleichtern dies allerdings im gewissen Grade.

1. Darstellung

Die Redaktionsgruppe arbeitete auf Grund des Spaak-Berichtes im Juli und August 1956 einen ersten Entwurf der Vertragsartikel aus (Dok. Mar. Com. 17). Die "Transporte" (wie es auch in den deutschsprachigen Konferenzdokumenten durchweg heißt) fanden darin entsprechend dem Spaak-Bericht an zwei verschiedenen Stellen Berücksichtigung:

Zweiter Teil,	Wirtschaftliche, finanzielle und soziale Bestimmungen.
Erster Titel,	Der Zusammenschluß der Märkte.
2. Kapitel,	Die Dienstleistungen und die Transportfrage, Art. 33 bis 35.
Zweiter Titel,	Die Politik der Gemeinschaft
3. Kapitel,	Die Transporttarife und die Verkehrspolitik, Art. 49 bis 55.

Die Art. 33 bis 35, die die gesamte Materie freier Dienstleistungsverkehr enthielten, wurden im Juli 1956 zum ersten Mal gelesen. In dem Sitzungsprotokoll vom 23. Juli 1956 (15) heißt es zu Art. 33 des Entwurfs Mar. Com. 17, die Arbeitsgruppe sei der Ansicht gewesen,

(15) Dok. MAE 190 d/56.

"daß die mit den Transporten und mit der Niederlassung natürlicher und juristischer Personen zusammenhängenden Probleme in verschiedenen Bestimmungen behandelt werden sollten."

Die Arbeitsgruppe für den Gemeinsamen Markt las die Art. 49 bis 55 des Entwurfs Mar. Com. 17 zum ersten Mal am 17., 18. und 19. September 1956. Im Sitzungsprotokoll (16) vom 26. 9. 1956 werden die gegensätzlichen Auffassungen der einzelnen Delegationen zur Frage der Liberalisierung des Transportsektors im Zuge der Integration der Volkswirtschaften dargestellt, die zu überwinden erhebliche Schwierigkeiten bereiten sollte:

"Im Laufe einer allgemeinen Diskussion

- schlug die deutsche Delegation trotz Anerkennung der fördernden Wirkung des Verkehrs für die Verwirklichung des Gemeinsamen Marktes vor,
- für diesen Sektor kein ebenso detailliertes und vollständiges Integrationsverfahren, wie für die anderen Sektoren vorzusehen, sondern sich auf die Ausschaltung von Umständen zu beschränken, die das Funktionieren des Gemeinsamen Marktes behinderten...
- ...
- Die französische Delegation vertrat zwar die Auffassung, daß der Verkehrssektor zum Gemeinsamen Markt gehört, sie
  - hielt es jedoch für zweckmäßig, diesen Sektor in Anbetracht seines besonderen Charakters und der Notwendigkeit, in Verfahrensfragen Unklarheiten zu vermeiden, von den anderen Sektoren des Gemeinsamen Marktes zu trennen,
  - schlug deshalb vor, im Kapitel über die Dienstleistungen die Worte "mit Ausnahme der Dienstleistungen auf dem Verkehrssektor" einzufügen.
- Die niederländische Delegation betonte, daß sie es vorbehaltlich der erforderlichen Anpassungen für zweckmäßig halten würde, die Anwendung der allgemein für den Gemeinsamen Markt gültigen Regeln auf den Verkehrssektor vorzusehen."

Es wurde also für zweckmäßig gehalten, die Transportdienstleistungen aus dem Kapitel "Die Dienstleistungen" herauszulösen und sie eventuell mit den Transporttarifen und der Verkehrspolitik zusammen in einem Kapitel zu behandeln. Unter dem Datum des 17. Oktober 1956 findet sich dementsprechend eine Synoptische Darstellung, die ausschließlich die Art.49 bis 55 und 33 bis 35 des Dok. Mar. Com.17 mit den dazu gehörigen Gegenentwürfen der sechs Deligationen enthält (17). Diese Darstellung ist in drei Abschnitte gegliedert:

(16) Dok. MAE 334 d/56.
(17) Dok. MAE 441/56.

Abschnitt 1: Die Transporttarife, Art. 49 bis 53
Abschnitt 2: Die Verkehrspolitik, Art. 54 und 55
und: Die Dienstleistungen und die Transportfrage, Art. 33 bis 35.

Mit Datum vom 16. November 1956 liegt ein erster Entwurf eines einheitlichen Kapitels über die Transporte vor, Dok. MAE 553/56. In einer Fußnote zur Überschrift heißt es:

"Es besteht eine allgemeine Tendenz zu Gunsten der Aufnahme aller Artikel über die Transporte in ein besonderes Kapitel. Es wäre jedoch noch zu bestimmen, welche allgemeinen Vorschriften des Gemeinsamen Marktes auch auf die Transporte Anwendung finden und welche Lösung angenommen werden könnte, um in diesem Kapitel auf sie zu verweisen."

Die Artikelfolge des Dok. MAE 441/56 wurde aufgegeben zu Gunsten einer mehr organischen Gliederung des Stoffes. Insbesondere wurde eine Bestimmung über die gemeinsame Verkehrspolitik als Grundsatzvorschrift an den Anfang gestellt. Art. C dieses Entwurfes sieht die Beseitigung jeglicher auf der Staatsangehörigkeit beruhender Diskriminierungen auf dem Gebiete der Dienstleistungen im Transportwesen vor. In einer Fußnote dazu heißt es:

"Die Transportarten, auf welche diese Bestimmung Anwendung findet, sind noch genauer anzugeben."

Eine besondere Expertengruppe der Arbeitsgruppe Gemeinsamer Markt prüfte den Entwurf MAE 553/56 Ende November Anfang Dezember und stellte am 7. Dezember 1956 den Entwurf (18) einer Fassung des zweiten Titels, 3. Kapitel "Die Transporte" fertig, der der Arbeitsgruppe für den Gemeinsamen Markt vorgelegt wurde. In der Einleitung dieser Aufzeichnung heißt es:

"Es sei bemerkt, daß die Experten bei der Ausarbeitung dieses Entwurfs unter dem Blickwinkel der drei Arten von Binnentransporten gearbeitet haben (Schiene, Wasser, Straße) und daß es zweckmäßig wäre, falls die Arbeitsgruppe für den Gemeinsamen Markt es für erforderlich erachten sollte, auch die Frage der Transporte zur See und in der Luft zu behandeln, die Experten erneut einzuberufen, um unter diesem Gesichtspunkt die Bestimmungen zu prüfen, die in dem derzeitigen Entwurf enthalten sind.

Ferner behielten sich die Experten bis zur Abfassung eines Textes, der die allgemeinen Bestimmungen des Vertrages enthält, ihre Stellungnahme hinsichtlich der Frage der Anwendung einiger dieser Bestimmungen auf dem Transportsektor vor."

(18) Dok. MAE 723/56.

Weiterhin wird in der Einleitung der Gegensatz zwischen den Auffassungen der niedländischen Delegation, die eine echte Integration auf dem Gebiet des Verkehrs wünschte, und denen der übrigen Delegationen dargestellt, die sich mehr oder weniger auf die Förderung des allgemeinen Gemeinsamen Marktes bei der Regelung des Transportsektors beschränken wollten.

Die Artikelfolge dieses Expertenentwurfs läßt allmählich den heutigen Aufbau des Verkehrstitels erkennen, eine dem Art.84 entsprechende Bestimmung fehlt aber noch.

Die Arbeitsgruppe für den Gemeinsamen Markt beriet in den Sitzungen vom 17., 18. und 19. Dezember 1956 (19) über diesen Entwurf. Ein Ausgleich der Meinungsverschiedenheiten, die sich am 19. Dezember 1956 folgende Fassung des Art. 49 (20) vor, die auf dem Vorschlag der Experten vom 7. Dezember beruhte:

"Art. 49

1. Die Mitgliedstaaten beabsichtigten, eine gemeinsame Verkehrspolitik zu entwickeln, um das Funktionieren des Gemeinsamen Marktes zu erleichtern.
2. Diese Politik wird auf folgenden Grundsätzen beruhen:
   a)...
   b)...
   c) (betrifft Harmonisierung der Wettbewerbsbedingungen)
3. (betrifft Vorschläge der Kommission, Entscheidungen des Ministerrates)."

In den Art. 50 bis 55b sind unter anderem Vorschläge für die Veröffentlichungen der Frachten und Beförderungsbedingungen und die Bekanntgabe der Beihilfen und Subventionen auf dem Transportsektor an die Kommissionen enthalten. Eine dem Art. 84 entsprechende Bestimmung fehlt weiterhinn.

In dem Protokoll über die Sitzungen vom 17., 18. und 19. Dezember 1956 heißt es schließlich (21):

"Am Ende dieser Prüfung vereinbarte die Gruppe unter Berücksichtigung der ernsten Meinungsverschiedenheiten zwischen den verschiedenen Delegationen, die Prüfung dieses Problems in einer späteren Sitzung wieder aufzunehmen und die Frage nicht - wie ursprünglich vorgesehen - den Delegationsleitern bei ihrer Sitzung Anfang Januar 1957 vorzulegen."

Eine einheitliche Haltung der sechs Delegationen konnte aber auch nach dem Jahreswechsel nicht erreicht werden. Deshalb legte der Vorsitzende der Arbeitsgruppe für den Gemeinsamen Markt dem Ausschuß der Delegationsleiter schließlich am 10. Januar 1957 einen "Entwurf für die Fassung der Art.49 bis 55 betr.

(19) Dok. MAE 840 d/56.
(20) Dok. MAE 763 d/56.
(21) Dok. MAE 840 d/56, v. 22. 12. 56.

die Transporte" (22) vor. Die Delegationen nahmen zu diesem Entwurf erneut ausführlich Stellung. Die Stellungnahmen wurden in zwei Tabellen vom 12. bzw. vom 16.Januar 1957 synoptisch dargestellt (23). Die Stellungnahme der niederländischen Delegation wich erheblich von dem Vorschlag des Vorsitzenden der Arbeitsgruppe für den Gemeinsamen Markt ab, die Stellungnahmen der übrigen Delegationen stimmten im wesentlichen damit überein. Damit ergab sich am 16. Januar 1957 folgendes Bild:

Niederländische Delegation	Übrige Delegationen
"Art. 49 1. Der Gemeinsame Markt erstreckt sich auf die Binnentransporte. 2. Ist in den folgenden Artikeln nichts Gegenteiliges bestimmt, so gelten die für die Errichtung des Gemeinsamen Marktes vorgesehenen Regeln, wobei einige besondere Aspekte dieses Sektors zu berücksichtigen sind.	Art. 49
3. Die Mitgliedstaaten beabsichtigen eine gemeinsame Verkehrspolitik zu entwickeln, um das ordnungsgemäße Arbeiten und die Entwicklung des Gemeinsamen Marktes dieser Dienstleistungen auf dem Verkehrssektor zu fördern.	1. Die Mitgliedstaaten beabsichtigen, eine gemeinsame Verkehrspolitik zu entwickeln, um das ordnungsgemäße Arbeiten des Gemeinsamen Marktes zu erleichtern. 2. (betr. Vorschläge der Kommission, Entscheidungen des Rates usw.)

Art. 50 bis 53, Vorstufen zu den jetzigen
Art. 75, 76, 78, 79 und 80.

Art. 53a 1. Für die Beihilfen und Subventionen der Mitgliedstaaten für die verschiedenen Verkehrsträger gelten die Art. 44, 44 a und 44 b dieses Vertrages (24).	Art. 53a Die Beihilfen und Subventionen der Staaten für die verschiedenen Verkehrsträger werden der Europäischen Kommission bekanntgegeben. Diese kann die Beseitigung

(22) Dok. MAE 72/57 v. 10. Jan. 57.
(23) Dok. MAE 97 d/57 v. 12. 1. 57 und 133 d/57 v. 16. 1. 57.
(24) Das waren die Beihilfebestimmungen für alle Wirtschaftszweige.

2. Ferner können als mit dem Gemeinsamen Markt vereinbar angesehen werden:
a) (betr. Ausgleich für den Verlust von Einnahmen, der sich aus Unterstützungstarifen ergibt).
b) (betr. Beihilfen als Vergütung von Dienstleistungen, die unter dem Begriff des öffentlichen Dienstes fallen.

oder Änderung derjenigen Beihilfen und Subventionen vorschlagen, die nicht den Erfordernissen der Koordinierung der Transporte oder der Vergütung gewisser Dienstleistungen die unter den Begriff des öffentlichen Dienstes fallen, entsprechen. (betr. Vorschläge der Kommission, Billigung des Ministerrates.

Zu streichen!

Art. 54 (betr. Tarifpolitik der Mitgliedstaaten)

Art. 54a, 55, Vorstufen zu den jetzigen Art. 81 und 82.
Art. 55a, Erteilung von Auskünften durch die Mitgliedstaaten an die Kommission.

Fußnote zu Art. 55a
Die Fassung dieses Artikels ist entsprechend den allgemeinen Bestimmungen des Vertrages für die Mitteilung von Informationen an die Europäische Kommission zu überprüfen. Diese Mitteilung von Informationen auf dem Transportsektor müßte den gleichen Regeln unterworfen sein wie diejenigen, die zu diesem Zweck auf den anderen Gebieten des Gemeinsamen Marktes vorgesehen sind.

Am Schluß dieser Entwürfe vom 10., 12. und 16. Januar 1957 erscheint zum ersten Male als Vorschlag von fünf Delegationen mit Ausnahme der niederländischen (25) ein Art. 55 b, der dem heutigen Art. 84 entspricht:

"Die Vorschriften dieses Kapitels gelten für Straßentransporte sowie für Transporte auf dem Schienenweg und auf Binnenschiffahrtswegen.

(25) In Dok. MAE 97/57 befindet sich ein Vermerk, daß dieser Artikel ein gemeinsamer Vorschlag der belgischen, deutschen, französischen, luxemburgischen und italienischen Delegationen sei.

Der Ministerrat kann einstimmig darüber entscheiden, ob und inwieweit geeignete Bestimmungen (26) im Rahmen des Gemeinsamen Marktes für See- und Luftschiffahrt zu erlassen sind."
"Les dispositions du présent chapitre s'appliquent aux transports par chemin de fer, par route et par voie navigable.
Le Conseil des Ministres, statuant à l'unanimité, pourra décider si et dans quelle mesure des dispositions appropriées dans le cadre du marché commun doivent être arrêtées pour la navigation maritime et aerienne (27)."
Die niederländische Delegation hielt diesen Artikel wegen der Bestimmungen des Art. 49 für überflüssig (28).

2. Deutung

An dieser Stelle erscheint es angemessen, die Darstellung der Entwicklung des Verkehrstitels bei den Verhandlungen der Regierungskonferenz zu unterbrechen, um einige Erkenntnisse festzuhalten.

Die Delegationen bemerkten bereits bei den ersten Lesungen des Entwurfs Mar. Com. 17, daß auf dem Transportsektor nicht nur deswegen besondere Bestimmungen erforderlich waren, weil die Integration der Warenmärkte durch Bestimmungen auf dem Gebiet der Beförderungsentgelte und - bedingungen, die sich an Art. 70 EGKSV anlehnen konnten, unterstützt werden mußte, sondern weil die Integration der Transportmärkte selbst zur Debatte stand. Diese Integration der Transportmärkte mußte nämlich zu einer Veränderung der unterschiedlichen nationalen Systeme zur Ordnung des Wettbewerbs im Verkehr führen, die in ausgeprägten Eingriffen der öffentlichen Hand in die Tarifbildung und in Regelungen für den Zugang der Unternehmer zum Markt bestanden (29). Es ist daher verständlich, daß die Delegationen in

(26) In den meisten folgenden Entwürfen steht an dieser Stelle ebenfalls das Wort "Vorschriften".

(27) Dok. MAE 72f/57.

(28) Vermerk in Dok. MAE 97d/57 und 133d/57.

(29) Erläuterungen der BuReg. aaO, S. 124, KOMMISSION, Denkschrift II S. 31 bis 52; WOELKER, Die verkehrspolitischen Regelungen in den Mitgliedsländern der EWG, Archiv für Eisenbahnwesen, 1961, S. 205; BVM, Die Verkehrspolitik in der Bundesrepublik Deutschland 1949 bis 1957, Bielefeld 1957, S.73 (Eisenbahn), S.128 (Straßenverkehr), S. 175 (Binnenschiffahrt), S. 219, 228 (Luftfahrt). vgl. die oben, 3. Kapitel, Fußnoten 36 und 39 zitierten verkehrspolitischen Gesetze und Verordnungen der Mitgliedstaaten. Für die BuRep vgl. insbesondere §§ 1 bis 6 und 8 Allgemeines Eisenbahngesetz, alte Fassung; §§ 14 bis 18 Bundesbahngesetz vom 13. Dezember 1951, BGBl 1 S. 955, alte

der Verwirklichung des Satzes aus dem Spaak-Bericht, daß mit Ablauf der Übergangszeit alle Angehörigen der Mitgliedstaaten das Recht haben müßten, im gesamten Gebiet der Staaten Verkehrsdienste frei zu leisten und anzunehmen, je nach Art ihres verkehrspolitischen Systems und der Struktur ihres Transportgewerbes Gefahren oder aber Vorteile sehen mußten.

So ergaben sich die Meinungsverschiedenheiten weniger bei der Frage der Unterstützung der Integration der Warenmärkte (30) als vielmehr bei der Behandlung des Transportsektors als Gegenstand der Integration (31). Es war gerade unter diesem Gesichtspunkt notwendig, eine gemeinsame Verkehrspolitik zu entwickeln oder dies zumindest zu erörtern. Deshalb lag es nahe, die auf dem Spaak-Bericht beruhende getrennte Behandlung des Verkehrssektors in verschiedenen Titeln des Vertrages aufzugeben und ein einheitliches besonderes Kapitel dafür vorzusehen (32), das möglicherweise eine Grundsatzbestimmung über die Entwicklung und den Inhalt einer gemeinsamen Verkehrspolitik enthalten konnte. Über die Frage, inwieweit eine solche gemeinsame Politik zu entwickeln war und wie deren Inhalt aussehen sollte, gingen die Meinungen der Delegationen allerdings auseinander. Deshalb kann auch nicht angenommen werden, daß mit der Aufnahme aller Artikel über die Transporte in ein besonderes Kapitel dessen ausschließliche Geltung für den Verkehrssektor festgelegt worden sei, wie behauptet wurde (33). Aus den zitierten Stellen der Aufzeichnungen der Regierungskonferenz ergibt sich auch, daß diese Frage zunächst offen blieb.

Über die Klärung der Grundsatzfrage, ob und inwieweit der Transportsektor überhaupt Gegenstand der Integration sein sollte, verging die Zeit, so daß schließlich unter Zeitdruck gearbeitet wurde. Zusätzlich wurde die bereits im Spaak-Bericht bemerkte Tatsache deutlicher, daß die Integration bei den verschiedenen Transportarten unterschiedliche Probleme aufwerfen mußte. Die Verkehrsexperten der Arbeitsgruppe für den Gemeinsamen Markt beschränkten ihre Untersuchungen daher zunächst auf Schiene, Straße und Wasserweg. Dies geschah offen-

Fassung; §§ 8 bis 11 und 20 bis 25 GüKG, alte Fassung; §§ 21 bis 33 BSchVG, alte Fassung. §§ 20 bis 22 LuftVG.

(30) In den Erläuterungen der BuReg, S. 124, zu Art. 74 und 75 EWGV heißt es ausdrücklich, daß man insoweit auf dem nach dem EGKSV Erreichten aufbauen könne.

(31) Ausdruck von EVERLING in WEGSpr, Vorbemerkung 1 vor Art. 74.

(32) Die Erläuterungen der BuReg zu Art. 74 und 75 bemerken, daß auch die Besonderheiten des Verkehrs gegenüber anderen Wirtschaftszweigen (Tarifzwang, Betriebs- und Beförderungspflicht) mit ein Grund für den besonderen Titel gewesen seien.

(33) BVM, Stellungnahme S. 16.

bar aus dem naheliegenden Grund, daß diese die wesentlichen Träger der Beförderungen innerhalb des künftigen Gebietes des Gemeinsamen Marktes sein würden. Die Transporte zur See und in der Luft würden dagegen von den Angehörigen der Mitgliedstaaten weitgehend außerhalb dieses Gebietes ausgeführt werden (34), so daß das im Spaak-Bericht genannte Ziel, daß jeder im gesamten Gebiet der Staaten Verkehrsdienste frei solle leisten können, diese beiden Transportarten weniger stark berührte.

Die Delegationen konnten weiter davon ausgehen, daß - abgesehen von dem Vorbehalt der Küstenschiffahrt für die eigene Flagge in Deutschland (35), Frankreich (36) und Italien (37) (38) - in der Seeschiffahrt zwischen den Mitgliedstaaten Ausländerdiskriminierungen, die der freien Dienstleistung entgegenstanden, und Zufahrtsbeschränkungen durch das "Übereinkommen und Statut über die internationale Rechtsordnung der Seehäfen" vom 9. Dez. 1923 (39) weitgehend beseitigt waren. Dieses Statut bestimmt, daß die Vertragsstaaten den Handelsschiffen jedes Vertragspartners auf der Basis der Gegenseitigkeit Inländerbehandlung beim freien Zugang und der Abfertigung in den Seehäfen beim Laden und Löschen zu gewähren haben (40). Eine ähnliche multilaterale Regelung mit dem Verbot von Ausländerdiskriminierungen bei internationalen kommerziellen Luftbeförderungen bestand auch in den Art. 11, 15 und 44g ChikAbk. Allerdings galt auch hier der Kabotagevorbehalt (41), und die Einräumung der wesentlichen Freiheiten der Luft war bilateralen Übereinkünften vorbehalten (42).

(34) z.B. Trampschiffahrt, dazu THEEL, Die Seefrachtenmärkte, in Bremer Jahrbuch der Weltschiffahrt 1952 /53 S. 164.

(35) vgl. jetzt Gesetz über die Küstenschiffahrt vom 26. Juli 1957, BGBl II, S. 738, davor Gesetz betreffend die Küstenfrachtfahrt vom 22. 5. 1881, RGBl S. 97 nebst Verordnung betreffend die Berechtigung fremder Flaggen zur Ausübung der deutschen Küstenfrachtfahrt vom 29. 12. 1881, RGBl S. 275.

(36) Code des douanes 1948, Art. 257 und 258, Dalloz, S. 490.

(37) Art. 224, Codice della navigazione.

(38) In Belgien und den Niederlanden ist die Küstenschiffahrt frei, vgl. SCHAPS-ABRAHAM, Seerecht, S. 105 und 106.

(39) In Deutschland Gesetz vom 20. Februar 1928, RGBl II, S. 22. Über die Mitgliedstaaten und den Beitritt der Bundesrepublik nach dem Kriege vgl. SCHAPS-ABRAHAM, S. 88.

(40) Dazu, ob insoweit auch aus dem völkerrechtlichen Grundsatz der Freiheit der Meere ein "right of innocent passage of merchant vessels" in den nationalen Eigengewässern folgt, siehe COLOMBOS, The international Law of the Sea, Fourth Edition, London 1961 S. 113; SCHAPS - ABRAHAM, Seerecht, S. 48, meinen es bestehe eine dahingehende Praxis. COLOMBOS bejaht die Frage.

(41) Art. 7 ChikAbk., z.B. § 23 dt LuftVG.

(42) Die auf der Konferenz von Chikago ausgearbeitete Transportvereinba-

All diese Gegebenheiten mögen die Delegationen um die Jahreswende 1956/57 in Brüssel bewogen haben, davon abzusehen, auch für See- und Luftfahrt ähnliche Vertragsbestimmungen auszuarbeiten wie für die drei Binnentransportarten. Insbesondere dürfte dabei der Umstand eine Rolle gespielt haben, daß es galt, zwischen der niederländischen und den fünf übrigen Delegationen einen Kompromiß über die Einbeziehung des Transportsektors in die Integration zu erzielen. Das war am leichtesten dadurch zu erreichen, daß man einzelne Sachgebiete, deren Regelung weniger dringlich, aber trotzdem problematisch erschien, aus der Diskussion ausklammerte.

Auch den Niederländern war offenbar im wesentlichen daran gelegen, den Gemeinsamen Markt auf die Beförderungen im Innern des Staatsgebiets der Gemeinschaft zu erstrecken. Sie hielten den Art. 55 b nämlich deshalb für überflüssig, weil sie selbst vorschlugen, daß der Gemeinsame Markt sich auf die Binnentransporte erstrecken solle. Auch aus diesem Grund lag es nahe, sich darauf zu einigen, daß der Rat später über die Einbeziehung von See- und Lufttransporten in den Integrationsprozeß entscheiden könne.

An diesem Punkt der Verhandlungen schlugen fünf Delegationen den Art. 55 b vor, der dem Ausschuß der Delegationsleiter mit als Basis für einen Kompromiß vorgelegt wurde. Soweit ersichtlich, einigte sich der Ausschuß der Delegationsleiter schon bald nach dem 16. Januar 1957 auf die von den fünf Deligationen vorgeschlagene Fassung des Art. 55 b, denn diese wurde von ihnen übernommen und im Gegensatz zu den übrigen Bestimmungen des Entwurfs vom 10. Januar nicht mehr verändert (43).

Wie hatten sich die fünf Delegationen das Verhältnis von Art.55b zu den übrigen Vertragsvorschriften gedacht? Als Ausgangslage für die Beratungen der Delegationsleiter kann eine generelle Haltung der niederländischen Delegation für die Anwendung auch der Vertragsbestimmungen für alle Wirtschaftszweige auf den Verkehr festgestellt werden, dagegen traten die übrigen Delegationen mehr für die ausschließliche Geltung des Titels ein (44). Das ergibt sich insbesondere aus ihrem Vorschlag für Art. 53 a und ihrer Bemerkung zu Art. 55 a. Art. 55 b war also von den

rung ist von den meisten Teilnehmerstaaten nicht unterzeichnet worden, vgl. LAMERS, Luchtvaartwet, Negende Druck, Zwolle 1960, S. 478.

(43) vgl. Dok. MAE 205d/57 vom 20. 1. 1957, 219d/57 vom 21. 1. 1957, 245d/57 vom 23. 1. 1957, 312d/57 vom 27. 1. 1957, 332d/57 vom 28. 1. 1957, 359d/57 vom 31. 1. 1957.

(44) Die deutsche Delegation erwog Anfang Januar 1957, die Vorschriften über die Transporte mit folgendem Paragraphen beginnen zu lassen: "§ 1. Für den Verkehr gelten ausschließlich die nachstehenden Bestimmungen."

fünf Delegationen für ein Kapitel gedacht, das ausschließlich für die Transporte gelten sollte. Demnach konnte Art. 55 b Abs. 2 eindeutig nicht bedeuten, daß nach dieser Vorschrift für See- und Luftfahrt nur zusätzliche Anpassungsvorschriften bei Anwendung der Vertragsbestimmungen für alle Wirtschaftszweige sollten erlassen werden können. Es bleibt nur übrig, daß der Rat grundsätzlich über die Einbeziehung von See- und Luftfahrt in die Integration entscheiden und dementsprechend vertragsergänzende Vorschriften sollte erlassen können.

Hierfür spricht auch die Tatsache, daß der erste und zunächst beibehaltene Vorschlag für eine dem heutigen Art. 84 Abs. 2 entsprechende Bestimmung nicht die Worte "und nach welchen Verfahren" enthielt. Damit war das Wort Vorschriften bzw. dispositions in Art. 55 b Abs. 1 und in Abs. 2 im gleichen Sinne gebraucht. Die Delegationen meinten also mit "geeignete Vorschriften" zunächst solche Vorschriften. die den Sondervorschriften der Art. 49 bis 54 für Schienen-, Straßen- und Binnenwassertransporte entsprachen. Für den Erlaß der geeigneten Vorschriften konnte es nämlich kein anderes Verfahren geben als das in Art. 55b Abs.2 selbst enthaltene. Diese Sondervorschriften mußten sich aber in jedem Fall in den Rahmen des Gemeinsamen Marktes einpassen.

Der niederländischen Delegation konnte der dem Art. 55 b Abs. 2 von den übrigen Delegationen beigemessene Sinn bei dem Stand der Verhandlungen nicht verborgen bleiben, weil die Verkehrsexperten des Ausschusses für den Gemeinsamen Markt die mit den See- und Luftbeförderungen zusammenhängenden Fragen nicht geprüft hatte. Wenn die niederländische Delegation dennoch dem Art. 55 b zustimmte, so läßt sich vermuten, daß sie die Zurückstellung der See- und Luftbeförderung in Kauf nahm, um ihr Anliegen im Hinblick auf die wichtigeren Binnentransporte auf der Schiene, der Straße und dem Wasserweg mit umso größerem Nachdruck verfolgen zu können. Immerhin waren mit der Formel des Art. 55 b verschiedene Möglichkeiten für eine künftige Einbeziehung der See- und Luftschiffahrt in die Integration offen.

Es fragt sich nun, ob dieser ursprüngliche Sinn des Art. 55 b Abs. 2 während der weiteren Verhandlungen über die Verkehrsvorschriften noch eine Änderung erfuhr. Diese konnte sich insbesondere daraus ergeben, daß Art. 55 b Teil eines Kapitels wurde, das nicht ausschließlich für den Verkehrssektor gelten sollte.

III. Die Arbeiten bis zur abschliessenden Redaktion

1. Zum Verkehrstitel

Der Ausschuß der Delegationsleiter bemühte sich zwischen dem 16. und 31. Januar 1957 mit Nachdruck um einen Abschluß der Verhandlungen über die Verkehrsbestimmungen. Es liegen dafür Entwürfe vom 20., 21., 23., 27., 28. und 31. Januar vor (45). Erst den Außenministern gelang auf ihrer Sitzung am 4. Februar 1957 in Brüssel eine Einigung. Bei all diesen Beratungen wurden zwar die Bestimmungen für die drei Binnenverkehrsarten verändert, nicht aber der Wortlaut des Art. 55b.

Zu der Frage des Verhältnisses des Verkehrstitels zu den übrigen Vertragsbestimmungen ergibt sich aus den Konferenzaufzeichnungen, daß die Delegationen dieses Problem durchaus sahen, daß eine Einigung darüber aber besonders schwierig war, weil sie nämlich die Grundsatzfrage betraf, ob der Verkehr überhaupt Gegenstand der Integration sein sollte oder nicht:

Im Anschluß an die Delegationsleitersitzung vom 20. Januar 1957 arbeitete das Sekretariat den Entwurf einer Fassung der Art. 49 bis 57 aus (46):

"Art. 49

Die Ziele des Gemeinsamen Marktes erstrecken sich auf die Binnentransporte. Sie werden im Rahmen einer gemeinsamen Politik verfolgt, deren Verwirklichung durch die in den nachstehenden Artikeln vorgesehenen besonderen Bestimmungen gewährleistet wird.

Art. 50

1. (Vorstufe zu Art. 75 Abs. 1 a und b.)

2. Im Rahmen der in Art. 49 genannten gemeinsamen Politik erläßt der Ministerrat nach demselben Verfahren unter Zugrundelegung der allgemeinen Grundsätze des Vertrages, insbesondere der in den Art. 3 und 42 bis 48 (47) dieses Vertrages enthaltenen Grundsätze, und unter Berücksichtigung gewisser besonderer Aspekte der Transporte alle zweckdienlichen Bestimmungen."

Am 22. Jan. 1957 wurde aus Art. 49 der letzte Halbsatz gestrichen (48). Art. 50 wurde beibehalten. Art. 51, eine Vorstufe von

(45) vgl. Fußnote 43 auf S.

(46) Dok. 205d/57 vom 20. 1. 1957.

(47) Betrafen Kartelle, Monopole und staatliche Beihilfen, vgl. Dok. MAE 788d/56 vom 10. Dezember 1956.

(48) Dok. MAE 245/57 (Chef. Del. 219) vom 23. 1. 1957.

Art. 76, erhielt folgende Fußnote, die schon im Dok. 205d/57 angeregt war:

"Es müßte noch - gegebenenfalls in den allgemeinen Bestimmungen des Vertrages - die Frage der Auswirkung der Bestimmungen dieses Vertrages auf die auf dem Transportsektor bestehenden internationalen Verträge, Übereinkommen oder Abkommen geregelt werden."

Am 27. Januar 1957 erhielt Art. 50 Abs. 3 eine Fassung, in der der heutige Art. 75 Abs. 3 anklingt.

Am 28. Januar 1957 änderten die Delegationsleiter die Artikel über die Transporte wie folgt ab (49):

"Art. 49

Die Ziele - des Gemeinsamen Marktes - dieses Vertrages - erstrecken sich auf die Transporte. Sie werden im Rahmen einer gemeinsamen Politik verfolgt.

Art. 50

1. Zur Verwirklichung der allgemeinen Ziele des Vertrages und insbesondere der in Art. 49 aufgeführten Ziele ... (betr. Vorstufe zu Art. 75 Abs. 1)

2. ... Diese Bestimmungen müssen, bei der Anpassung der besonderen Regelungen für die Transporte an die Wettbewerbsregeln, den in den Transporten zum Ausdruck kommenden Erfordernissen der öffentlichen Dienste, den Beziehungen zwischen den Transporten und der Aufrechterhaltung ... Rechnung tragen."

In einer Fußnote zu Art. 50 Abs. 2 heißt es:

"Redaktionsvorschlag der französischen Delegation.

Diese Delegation hat ebenfalls vorgeschlagen, in dem Kapitel über die Transporte anzugeben, daß die Bestimmungen des Art. 44 (Beihilfen) nicht auf den Transportsektor Anwendung finden."(Dok. MAE 332/57, Chef. Del. 264).

Am 31. Januar 1957 berieten die Sprecher der deutschen, französischen und niederländischen Delegationen noch einmal. Sie schlugen eine Fassung des Art. 50 Abs. 1 und Abs. 2 vor, die im wesentlichen dem heutigen Art. 75 Abs. 1 und 2 entspricht (50). Dazu heißt es in einer Fußnote:

"Es wurde vorgeschlagen, anstelle des Endes der ehemaligen Ziff. 2 des Art. 50 (siehe Dok. Chef. Del. 264) in das Kapitel über die staatlichen Beihilfen einzufügen, daß die Bestimmungen dieses Kapitels nicht für die Beihilfen gelten, die zur Koordinierung der Transporte oder zur Erstattung gewisser Leistun-

(49) Dok. MAE 332d/57 (Chef. Del. 264) vom 28. Januar 1957.
(50) Dok. MAE 359d/57 (Chef. Del. 274) vom 31. Januar 1957.

gen, die unter den Begriff der öffentlichen Dienste fallen, gewährt werden (51)."

Schließlich einigten sich die Außenminister am 4. Februar 1957 auf einen französischen Text, der im Prinzip dem heutigen entspricht (52). Art. 49 lautet:

"Les objectifs du présent Traité sont poursuivis par les Etats membres dans le cadre d'une politique commune des transports."

Die Außenminister übernahmen den Vorschlag vom 10. Jan. 1957 für Art. 55 b (heute Art. 84) als Art. 55 ter.

Im Protokoll der Außenministerkonferenz (53) heißt es:

"Um jeglichen Zweifel darüber auszuschließen, daß im Rahmen der gemeinsamen Verkehrspolitik sämtlichen Zielen des Vertrages Rechnung zu tragen ist, wurde in diesem Zusammenhang beschlossen, daß das Kapitel über die Transporte in den Titel I des Vertrages über den Zusammenschluß der Märkte aufgenommen wird."

Aus diesem Hinweis im Protokoll geht hervor, daß das damalige Kapitel über die Transporte aus dem Titel II "Die Politik des Gemeinsamen Marktes", in welchem es sich bis dahin befand (54), herausgenommen wurde und eine Stellung im Vertrag erhielt, die seiner heutigen entspricht. Dabei ist lediglich zu berücksichtigen, daß die Redaktionsgruppe die Bezeichnungen Titel und Kapitel noch verändert hat, was aber in der Sache nichts mehr bewirkt hat. -

Der Inhalt des Kompromisses zwischen den Auffassungen der Delegationen über die Frage, inwieweit der Transportsektor Gegenstand der Integration sein solle, den der Ausschuß der Delegationsleiter vorbereitete und den die Außenminister schließlich zustande brachten, muß zwischen der Ausgangshaltung der niederländischen und der deutschen Delegation liegen. Damit dürfte für die Frage des Verhältnisses des Verkehrstitels zu den Vorschriften für alle Wirtschaftszweige eine Zwischenlösung zwischen

- für den Verkehr gelten ausschließlich die nachstehenden Bestimmungen

und

- ist in den folgenden Bestimmungen nichts Gegenteiliges bestimmt, so gelten die für die Errichtung des Gemeinsamen Marktes vorgesehenen Regeln, wobei einige besondere Aspekte dieses Sektors zu berücksichtigen sind.

(51) Dok. MAE 359/57.
(52) Dok. MAE 395f/57 g. D. vom 4. Februar 1957.
(53) Dok. MAE 498/57 vom 12. Februar 1957.
(54) Dok. Chef. Del. 264 und 274 aaO.

gefunden worden sein.

Die Frage, wie diese Zwischenlösung aussieht, würde unvollständig beantwortet werden, wenn man nicht auch die Entstehung von Art. 3a, 61 Abs. 1 und der Bestimmungen über das Niederlassungsrecht dabei berücksichtigte.

2. Einzelfragen

a) Der Buchstabe e ist in Art. 3 erst eingefügt worden, als der Kompromiß der Außenminister vom 4.Februar 1957 bereits zustande gekommen war. In dem Entwurf des Ausschusses der Delegationsleiter für eine Präambel und die Art. 1 bis 6 vom 15.Februar 1957 befindet sich nämlich noch kein Hinweis auf die Einführung einer gemeinsamen Politik auf dem Gebiet des Verkehrs (55).

Aus der Entstehungsgeschichte des Art. 3 e kann also kein zusätzlicher Gedanke zur Auslegung gewonnen werden.

b) Der erste Vertragsentwurf Mar.Com. 17 enthielt ebenso wie der Spaak-Bericht kein besonderes Kapitel über das Niederlassungsrecht. Erst bei der ersten Lesung des Kapitels "Die Dienstleistungen" am 20. Juli 1956 bemerkte die Arbeitsgruppe für den Gemeinsamen Markt, daß die Frage des Niederlassungsrechts sich nicht nur im Zusammenhang mit der Liberalisierung der Dienstleistungen stellt (56). Im Sitzungsprotokoll vom 23. Juli 1956 (57) heißt es:

"Die Arbeitsgruppe war der Ansicht, daß die mit den Transporten und mit der Niederlassung natürlicher und juristischer Personen zusammenhängenden Probleme in verschiedenen Bestimmungen behandelt werden sollten."

Die deutsche Delegation schlug einen Art. 34 a für die Beseitigung der Beschränkungen der Niederlassungsfreiheit vor (58).

In dem Entwurf einer Fassung des Kapitels über die Transporte vom 7. Dezember 1956 (59) wird das Niederlassungsrecht der Transportunternehmer in einem Absatz des Art. 50 geregelt. Dazu heißt es in einer Fußnote:

"Die Frage der Niederlassung der Transportunternehmer in einem anderen Mitgliedstaat könnte nach Ansicht der niederländischen Delegation im Rahmen des Art. 34 a (deutscher Vorschlag) geregelt werden."

(55) Dok. MAE 543/57 (Chef. Del. 333).
(56) Dok. MAE 800/56 vom 12. Dezember 1956, S.8 f.
(57) Dok. MAE 190/56.
(58) Dok. MAE 193/56 vom 20. Juli 1956.
(59) Dok. MAE 723/56.

Auch in den folgenden Entwürfen enthielt Art. 50, die Vorstufe des heutigen Art. 75, einen Absatz über das Niederlassungsrecht der Verkehrsunternehmer (60). In dem Entwurf vom 20. Januar 1957 (61) und allen folgenden Entwürfen ist dieser Absatz des Art. 50 gestrichen.

Zu der gleichen Zeit wurde erstmalig von einer Expertengruppe ein "Entwurf von Artikeln betreffend Niederlassungsfreiheit" vorgelegt (62). Dieser Entwurf wurde von der Arbeitsgruppe für den Gemeinsamen Markt am 17. Januar 1957 geprüft, die einen neuen Entwurf ausarbeitete (63). Das Niederlassungsrecht der Verkehrsunternehmer wird darin nicht besonders erwähnt.

Aus der Tatsache, daß das Niederlassungsrecht der Verkehrsunternehmer zunächst im Rahmen des heutigen Art. 75 geregelt werden sollte, dann aber dort gestrichen wurde, als eine einheitliche Regelung für das Niederlassungsrecht in allen Wirtschaftszweigen entstand, muß geschlossen werden, daß nach dem Willen der Verhandelnden diese einheitliche Regelung auch für die Verkehrsunternehmer gelten sollte.

c) Die Liberalisierung der Dienstleistungen des Transportgewerbes wurde im Entwurf Mar. Com. 17 - wie bereits erwähnt - zunächst in Titel I, Kapitel 2 "Die Dienstleistungen", Art. 33 bis 35 behandelt. Die Delegationen erwogen, den Transportsektor aus diesem Kapitel herauszunehmen und den freien Dienstleistungsverkehr auf diesem Sektor im Rahmen des besonderen Kapitels über die Transporte zu regeln. So ergab sich die Notwendigkeit, in das Kapitel "Die Dienstleistungen" einen entsprechenden Hinweis aufzunehmen. Eine Untergruppe der Arbeitsgruppe für den Gemeinsamen Markt, die eine Begriffsdefinition der Dienstleistungen erarbeitete, schlug daher am 12. Dezember 1956 (64) vor, an diese Begriffsbestimmung folgenden Satz anzufügen:

"Die Bestimmungen dieses Kapitels gelten jedoch nicht für die Dienstleistungen des Transportgewerbes".

Nachdem ein weiterer Redaktionsentwurf der Arbeitsgruppe des Gemeinsamen Marktes für das Kapitel Dienstleistungen vom 17. Januar 1957 (65) noch einmal überarbeitet worden war, billigte der Ausschuß der Delegationsleiter am 26. Januar 1958 eine

(60) Dok. MAE 763/56 vom 19. Dezember 1956, 72/57 vom 10. Januar, 97/57 vom 14. Januar und 133/57 vom 16. Januar.

(61) Dok. MAE 205/57.

(62) Dok. MAE 47/57 vom 8. Januar.

(63) Dok. MAE 157/57 vom 17. Januar 1957.

(64) Dok. MAE 800/56.

(65) Dok. MAE 153/57.

neue Fassung des Kapitels Dienstleistungen (66). Darin heißt es in einer Fußnote:

"Da die Delegationen übereingekommen sind, daß die Bestimmungen dieses Kapitels nicht für die Transporte gelten, beauftragen sie die Redaktionsgruppe festzustellen, an welcher Stelle des Vertrages eine derartige Ausnahme vorzusehen ist."

Die Redaktionsgruppe hat daraufhin den heutigen Art. 61 Abs. 1 in den Vertragstext eingefügt (67).

Es zeigt sich also, daß die Delegationen sich über das Verhältnis der Dienstleistungsregelung für alle Wirtschaftszweige zum Verkehrstitel ebenso Gedanken machten wie beim Niederlassungsrecht. Hier wurde die Frage allerdings entgegengesetzt entschieden. Dementsprechend wurde auch anders als beim Niederlassungsrecht die Behandlung des freien Dienstleistungsverkehrs für die Transporte in Art. 75 Abs. 1 beibehalten.

3. Deutung unter Berücksichtigung der letzten Änderungen und der Regierungserläuterungen

Die Entwicklung des Kapitels über die Transporte zeigt deutlich, daß ein Kompromiß zwischen Ausschluß des Verkehrssektors aus der Integration und voller Einbeziehung unter unbeschränkter Anwendung der Regeln für alle Wirtschaftszweige in der Weise geschlossen wurde, daß die Integration für die Transportwirtschaft zunächst bei Beschränkung auf die 3 Binnenverkehrsarten unter gleichzeitiger Entwicklung einer gemeinsamen Verkehrspolitik erfolgen sollte, deren Inhalt vom Rat zu bestimmen war. Damit war die Frage, inwieweit im Zuge der Integration auf diesem Wirtschaftssektor die nationalen Ordnungs- und Koordinierungssysteme fallen müssen, zunächst offen gehalten. Es war aber aus der gemeinsamen Verkehrspolitik zur Erleichterung des ordnungsgemäßen Arbeitens des gemeinsamen Warenmarktes zusätzlich auch eine gemeinsame Verkehrspolitik zur Entwicklung des gemeinsamen Marktes der Verkehrsdienstleistungen geworden. Das verdeutlichten die Außenminister insbesondere dadurch, daß sie das Kapitel über den Verkehr aus dem heutigen dritten Teil des Vertrages in dessen heutigen zweiten Teil stellten, der die Regeln für die Herstellung der umfassenden Freizügigkeit im Gemeinsamen Markt enthält. Zwar

(66) Dok. MAE 362/57 vom 2. Februar 1957.

(67) Dok. MAE 650/57 vom 25. Februar 1957 und MAE 814/57 vom 11. März 1957.

wählten die Außenminister nicht die Formulierung, daß die Ziele des Gemeinsamen Marktes auf dem Verkehrssektor zu verfolgen seien, sondern sie sprachen von den Zielen des Vertrages. Damit trugen sie aber nur dem Gedanken Rechnung, daß zur Verfolgung der Ziele des Vertrages durch Herstellung des umfassenden Gemeinsamen Marktes nunmehr auch die Entwicklung einer gemeinsamen Verkehrspolitik gehören sollte, die zu Modifizierungen der Regeln für alle Wirtschaftszweige auf diesem Sektor führen konnte.

Entsprechend wurde für das Verhältnis der Vorschriften für den Binnenverkehr zu den Bestimmungen für alle Wirtschaftszweige ein Kompromiß gefunden. Weder sollte das Verkehrskapitel ausschließlich gelten, - sonst hätte es z. B. des Art. 61 Abs. 1 nicht bedurft -, noch sollten alle Vorschriften für alle Wirtschaftszweige unbesehen auf den Transportsektor angewendet werden. Es wurde aber die Anwendung solcher Vorschriften durchaus in Erwägung gezogen, z. B. im Hinblick auf die Verträge mit dritten Staaten und die Beihilfen, und im Falle des Kapitels über das Niederlassungsrecht sogar eindeutig akzeptiert.

Damit wird das mit den Kriterien der grammatischen und systematischen Interpretation gefundene Konkurrenzverhältnis der Addition zwischen Art. 74 und den Vorschriften für alle Wirtschaftszweige durch die genetische Interpretation bestätigt. Es entspricht dem bei den Vertragsverhandlungen abgeschlossenen Kompromiß. Auch das Ineinandergreifen der Art. 77 und 78 mit den Vorschriften für alle Wirtschaftszweige, insbesondere dem Beihilfeverbot des Art. 92, wird durch die Entstehungsgeschichte bekräftigt. Die Vertragsschließenden haben Art. 77 immer im Zusammenhang mit Art. 92 gesehen.

Dies Ergebnis der genetischen Interpretation stimmt damit überein, daß im Zuge der abschließenden Redaktion des Vertrages der Tatbestand des heutigen Art. 74, der von den Aussenministern offenbar ungewollt aus dem ehemaligen Art. 49 des Entwurfs gestrichen worden war, wieder in diesen eingefügt wurde (68).

Mit der Aufgabe des Prinzips der ausschließlichen Geltung des Kapitels für die Transporte und mit dessen neuer Stellung im Vertrag wurde der ursprüngliche Sinn des Art. 55b Abs. 2 mehrdeutig. Zwar besagte die Vorschrift einerseits nach wie vor, daß der Rat über die Einbeziehung der See- und Luftschiffahrt in den Integrationsprozeß und über den Erlaß von dafür geeigneten Vor-

(68) Dok. MAE 814d/57 vom 11. März 1957.

schriften entscheiden würde. Andererseits konnte Art. 55 b Abs. 2 nunmehr aber auch so verstanden werden, als sei die Einbeziehung von Seeschiffahrt und Luftfahrt in das für alle Wirtschaftszweige geltende Integrationsverfahren bereits beschlossen. Entsprechend der vorgesehenen Anwendung von Vorschriften für alle Wirtschaftszweige auf die drei Binnenverkehrsarten konnte eine solche Anwendung auch für Seeschiffahrt und Luftfahrt gewollt sein. Art. 55 b Abs. 2 hätte dementsprechend nur den Zweck haben können, dem Rat eine Befugnis zur Regelung von Belangen der See- und Luftfahrt zu gewähren, die nach anderen Vorschriften nicht geregelt werden konnten. Immerhin, wenn man sich strikt daran hielt, daß mit "geeigneten Vorschriften" solche Vorschriften gemeint waren, die den in Art. 55 b Abs. 1 genannten Vorschriften entsprachen und mit ihnen gleichrangig waren, so war der Vorbehalt der Anwendung der Integrationsregeln für alle Wirtschaftszweige auf See- und Luftfahrt noch zu erkennen.

Die Zweideutigkeit des Art. 55 b änderte sich auch nicht, als die Redaktionsgruppe in einer Sitzung vom 23. Februar 1957 die heutige Artikelfolge des Vertrages einführte und dabei aus Art. 84 Abs. 2 die Worte "im Rahmen des Gemeinsamen Marktes" strich (69). Denn daß die Vorschriften für Seeschiffahrt und Luftfahrt sich in den Rahmen des Gemeinsamen Marktes einpassen mußten, verstand sich von selbst.

Eine bedeutsame Änderung des Art. 84 Abs. 2 nahm der Ausschuß der Delegationsleiter dagegen noch am 6. März 1957 vor, als er in die Vorschrift die Worte "und nach welchen Verfahren" einfügte (70). Jetzt veränderten sie nämlich den Sinn der Worte "geeignete Vorschriften" dahingehend, daß damit ähnlich wie in Art. 75 Abs. 1 und 79 Abs. 3 nur noch Normen gemeint sein konnten, die im Rang unter den Vertragsartikeln standen.

Dafür, was die Delegationsleiter mit dieser Änderung bezweckten, finden sich in den eingesehenen Materialien keine Angaben. Man kann aber vermuten, daß sie den ursprünglichen Sinn der als Art. 55 b Abs. 2 vorgeschlagenen Bestimmung verdeutlichen wollten. Die Entscheidung über das Ob, das Inwieweit und das Verfahren sollte nur zu solchen vertragsergänzenden Normen

(69) Dok. MAE 650d/57 vom 25. Februar 1957.

(70) Dok. MAE 776d/57 (Chef. Del. 405). Der Ausschuß beschloß offenbar zur gleichen Zeit, die deutsche Fassung von Art. 84 Abs. 1 in ihre heutige Form zu bringen und die Überschrift des Titels von "Die Transporte" im Deutschen in "Der Verkehr" zu ändern. Wahrscheinlich hat er dabei die französische Fassung des Art. 84 Abs. 2 auch von "doivent être prises" in "pourront être prises" verändert, was sachlich wohl nicht bedeutsam ist.

führen können, bis zu deren Erlaß die Anwendung anderer Vertragsnormen auf Seeschiffahrt und Luftfahrt ausgeschlossen bleiben mußte. Es ist nämlich kaum denkbar, daß die Delegationsleiter nunmehr die vorbehaltlose Anwendbarkeit der Vertragsnormen für alle Wirtschaftszweige auf Seeschiffahrt und Luftfahrt bestätigen wollten, die nach der Umstellung des Kapitels über die Transporte vom dritten in den zweiten Vertragsteil durch die Außenminister und den Kompromiß der additiven Anwendung nunmehr aus Art. 84 Abs. 2 herausgelesen werden konnte. Denn eine Ermächtigung zur Vertragsergänzung hat keinen Sinn mehr, wenn vor dieser Ergänzung die Vorschriften, die ergänzbar sind, schon angewendet werden. Daß hat die systematische Interpretation deutlich gezeigt. Im übrigen ist auch nicht anzunehmen, daß die Delegationsleiter buchstäblich in letzter Minute - die letzten sachlichen Verhandlungen über den Vertragsinhalt fanden am 8. März 1957 statt - noch eine so bedeutende Änderung der Bestimmung über Seeschiffahrt und Luftfahrt vornehmen wollten, wie die vorbehaltlose Einbeziehung dieser beiden Verkehrsarten in den Integrationsprozeß sie darstellen würde. Diese Änderung hätte den bis dahin für den Verkehrssektor geltenden Kompromiß, den die Außenminister akzeptiert hatten, im Hinblick auf Seeschiffahrt und Luftfahrt in sein Gegenteil verkehrt. -

Soweit die Erläuterungen, die die vertragschließenden Regierungen zum EWGV vor den Parlamenten im Zustimmungsverfahren abgaben, überhaupt auf Fragen der See- und Luftfahrt eingehen (71), bestätigen sie, daß die Anwendung der materiellen Vorschriften des Vertrages für alle Wirtschaftszweige auf Seeschiffahrt und Luftfahrt unter dem Vorbehalt eines Ratsbeschlusses nach Art. 84 Abs. 2 stehen sollte. So hat der belgische Verkehrsminister vor dem Repräsentantenhaus geäußert, daß zwar die Binnenschiffahrt, nicht aber die "Seeschiffahrtspolitik unter die Anwendung des Vertrages" falle (72). Diese Äußerung ist im Zuge der Beratung von Art. 77 EWGV Gegenstand einer Anfrage der Ersten Kammer der niederländischen Generalstaaten an die niederländische Regierung gewesen und von dieser nicht als unzutreffend bezeichnet worden (73). Sehr deutlich ist eine Äußerung vor der französischen Nationalversammlung, Art. 7 EWGV trete

(71) Die Erläuterungen der BuReg schweigen zu Art. 84 Abs. 2.

(72) "La politique de la navigation maritime ne tombe pas sous l'application du Traité ...". Rapport de la Commission spéciale de la Chambre des Représentants, 727, 1956 bis 1957, Nr. 2, S. 57, zitiert bei NERI-SPERL, aaO, S. 193 und 209.

(73) Antwort vom 21. November 1957, Nr. 28a, S. 10. Dokument 4725, zitiert bei NERI-SPERL, aaO, S. 194.

hinter Art. 84 Abs. 2 zurück, der eine spätere Ratsentscheidung darüber vorsehe, welche Regelungen für die Seeschiffahrt zu treffen seien. Der Vertrag ändere also nichts am Prinzip des Flaggenvorbehalts (74).

Diese Stellungnahmen werden noch eindeutiger, wenn man sie denen gegenüberstellt, die die betreffenden Regierungen zur Frage der Anwendbarkeit der Regeln für alle Wirtschaftszweige auf die drei Binnenverkehrsarten gemacht haben. Die niederländische Regierung hat wiederholt darauf hingewiesen, daß diese Regeln, insbesondere auch die Wettbewerbsregeln, neben denen der Art. 74 bis 83 für die drei Binnenverkehrsarten gelten (75). Die belgische und die französische Regierung haben bemerkt, daß Art. 77 mit den Art. 92 und 93 zusammengelesen werden muß (76).

Die drei Regierungen haben also bei der Frage der Anwendung der Regeln für alle Wirtschaftszweige einen deutlichen Unterschied zwischen den drei Binnenverkehrsarten und Seeschiffahrt und Luftfahrt gemacht.

In dem Traité instituant l'union économique Benelux (77) vom 3. Februar 1958 sind ebenfalls nur für die drei Binnenverkehrsarten Regelungen für eine umfassende Integration im Verkehr enthalten, Art. 5, 68 und 69, Kapitel 5, Art. 85 bis 88. Eine Bestimmung für die Seeschiffahrt fehlt. Für die Luftfahrt versprechen sich die Mitgliedstaaten lediglich in Art. 89 untereinander eine liberale Politik bei der Erteilung von Luftverkehrsrechten. Gemäß § 9 Abs. 6 Protocolle d'execution ist eine Zusammenarbeit in technischen Fragen und eine gemeinsame Haltung gegenüber Dritten vorgesehen. Es ist unwahrscheinlich, daß die 6 Mitgliedstaaten der EWG die Integration von See- und Luftfahrt beschlossen haben sollten, wenn nicht einmal die Benelux-Staaten,

(74) "principe du privilège du pavillon", gemeint sind die Kabotagevorbehalte der Art. 257, 258 und 260 code des douanes in der Fassung vom 8. Dezember 1948, Assemblée Nationale, Session ordinaire 1956 bis 1957, Dok. Nr. 5316, S. 6, zitiert bei NERI - SPERL, aaO, S. 209.

(75) Zweite Kammer der Generalstaaten, Sitzungsperiode 1956 bis 1957, Antwort vom 16. September 1957 Nr. 14, Dok. 4725, S. 27 und 28; Antwort vom 21. November 1957, Nr. 28a, Dok. 4725 S. 11, zitiert bei NERI - SPERL, aaO, S. 182, 186 und 187. Die Bundesregierung hat zu dieser Frage bei Art. 74 und 75 nur undeutlich Stellung genommen: "Die Bestimmungen dieses Artikels gelten insoweit ausschließlich, als die gemeinsame Wettbewerbsregel des dritten Teils des Vertrages auf ihn (den Verkehr) keine Anwendung findet.", zum Wert dieser Äußerung vgl. WEYER, aaO, WuW 1961, S. 11.

(76) Belgien: Repräsentantenhaus, Sitzungsperiode 1956/57, Dok. 727, Nr. 2, S. 57 bis 58; Frankreich: Rat der Republik, ordentliche Sitzungsperiode 1956/57, Dok. Nr. 887, S. 7 bis 8, beides zitiert bei NERI - SPERL aaO S. 192.

(77) Beilage Nr. 4 von "Benelux", März 1958, abgedruckt bei KARELLE - KEMMETER, Le Benelux Commenté, Textes officiels, Bruxelles 1961 S. 54 f vgl. auch Art. 233 EWGV.

die auf eine alte Zollunionstradition zurückblicken konnten, solche Beschlüsse gefaßt haben.

IV. Ergebnis

Die Entstehungsgeschichte des Verkehrstitels bestätigt das Ergebnis der grammatischen und systematischen Auslegung.

Der Vertragsbestimmungen über die Transporte sind das Ergebnis eines Kompromisses über die Frage, inwieweit der Transportsektor Gegenstand der Integration sein sollte.

Für die drei Binnenverkehrsarten liegt das Prinzip der additiven Geltung von Art. 74/75 und der Vorschriften für alle Wirtschaftszweige zwischen der einerseits geforderten ausschließlichen Geltung des Verkehrstitels und der andererseits für richtig gehaltenen vorbehaltlosen Anwendung der Vorschriften für alle Wirtschaftszweige auf den Transportsektor.

Für Seeschiffahrt und Luftfahrt war zunächst geplant, die Entscheidung über die Einbeziehung dieser beiden Verkehrsarten in den Integrationsprozeß auf einen späteren Zeitpunkt zu verschieben. Damit war die Behandlung der mit See- und Luftfahrt zusammenhängenden Fragen aus den Vertragsverhandlungen zunächst ausgeklammert. Der Kompromiß, der schließlich für die drei Binnenverkehrsarten gefunden wurde, wirkte sich jedoch auf den Sinn der für Seeschiffahrt und Luftfahrt gewählten Formel aus, weil diese ihren Platz im Verkehrstitel behielt und ihre Formulierung auf die für den Binnenverkehr erlassenen Vorschriften verwies. Der Ausschuß der Delegationsleiter versuchte deshalb kurz vor Abschluß der Verhandlungen über den Vertrag durch die Einfügung der Worte "und nach welchen Verfahren" in den Wortlaut des Art. 84 Abs. 2 den ursprünglichen Sinn des darin enthaltenen Rechtssatzes wieder deutlicher zu machen.-

Allerdings muß man anerkennen, daß die Vertragspartner sich darüber klar waren, daß die Annäherung ihrer Volkswirtschaften trotz des Vorbehalts der Ratsentscheidung über Seeschiffahrt und Luftfahrt bestimmte Belange der Produktionstätigkeit der See- und Luftfahrtunternehmen berühren mußte. Sie werden also mit diesem Entscheidungsvorbehalt einen bestimmten Zweck verfolgt haben. Man kann vermuten, daß sie sich die Entscheidung über Eingriffe in ihre konkreten See- und Luftfahrtinteressen vorbehalten wollten und an in dieser Beziehung neutrale Belange bei der Ausarbeitung des Art. 84 Abs. 2 weniger gedacht haben.

Es sind daher nunmehr im Rahmen der Untersuchung über Grund und Zweck des Art. 84 Abs. 2 die Eigentümlichkeiten der See-

und Luftverkehrsinteressen der Mitgliedstaaten näher zu untersuchen. Diese sind gegenüber der Politik auf dem Binnenverkehrssektor abzugrenzen. Die Ausklammerung der See- und Luftfahrt aus den Vorschriften für die 3 Binnenverkehrsarten während der Vertragsverhandlungen dürfte auf die besonderen tatsächlichen Verhältnisse bei diesen beiden Verkehrsarten zurückzuführen sein.

6. Kapitel

GRUND UND ZWECK DER VERKEHRSBESTIMMUNGEN

(Historisch - teleologische Auslegung)

I. Art. 74 bis 83

1. Besonderheiten des Verkehrs, nationale und gemeinsame Verkehrspolitik

Grund und Zweck der Art. 74 und 83 haben sich bei der Untersuchung ihrer Entstehungsgeschichte bereits teilweise ergeben. Der Wirtschaftssektor der drei Binnenverkehrsarten weist in den Mitgliedstaaten gegenüber anderen Wirtschaftszweigen besondere Aspekte auf, die bei der Wirtschaftsintegration berücksichtigt werden müssen.

Es ist nicht notwendig, die ökonomischen Besonderheiten des Verkehrs im einzelnen daraufhin zu untersuchen, ob sie tatsächlich von den Gegebenheiten anderer Wirtschaftssektoren abweichen (1). Es genügt festzustellen, daß die Existenz solcher Besonderheiten im EWGV selbst anerkannt und ihre Berücksichtigung den Organen der Gemeinschaft zur Pflicht gemacht ist, Art. 75 Abs. 1.

Für die Auslegung des Vertrages ist vor allem von Bedeutung, daß jeder Mitgliedstaat vor seinem Abschluß eine ausgeprägte nationale Verkehrspolitik verfolgte. Diese Politik diente der Berücksichtigung ökonomischer Besonderheiten der Verkehrswirtschaft oder Zielen der allgemeinen Wirtschafts-, Sozial- oder Regionalpolitik oder strategischen Belangen und solchen des nationalen Prestiges (2). Objektiver Ausdruck dieser jeweiligen Verkehrspolitik sind die in jedem Mitgliedstaat in verschiedener Ausprägung vorhandenen Sondervorschriften für die Transportwirtschaft. Sie zeigen, daß die öffentliche Hand in diesen Sektor tiefer eingegriffen hat bzw. zu weitergehenden Eingriffen ermächtigt ist, als ihr dies bei anderen Wirtschaftsbereichen zu-

(1) z. B. die Frage der Wegekosten; Struktur der Verkehrsmärkte: monopolistische Stellung der Eisenbahngesellschaften, Vielzahl kleiner Unternehmen im Straßenverkehr und der Binnenschiffahrt; Frage der Rückfracht; Schwierigkeit, die Produktionskapazität an die Nachfrage anzupassen usw., vgl. KOMMISSION, Denkschrift II S. 14 f.

(2) Erster Gesamtbericht der KOMMISSION, S. 101, 102; Denkschrift II S.31.

steht (3). Ergebnis dieser hoheitlichen Intervention war und ist in jedem Mitgliedstaat eine Einschränkung des Wettbewerbs zwischen den Unternehmen einer Verkehrsart einerseits und zwischen den drei verschiedenen Verkehrsarten andererseits. Diese Regulierung des Wettbewerbs wird heute als Harmonisierung und Koordinierung des Verkehrs bezeichnet (4).

Die öffentliche Hand bedient sich verkehrspolitischer Mittel der verschiedensten Art: (5) Einflußnahme auf das Transportraumangebot (6), auf Beförderungsentgelte und - bedingungen (7), steuerliche und finanzielle Maßnahmen (8), Einflußnahme auf die Investitionen (9) und Förderung von Vereinbarungen zwischen beteiligten Unternehmen (10). Auch technische Maßnahmen (11) können einen verkehrspolitischen Zweck haben.

Diese Mittel werden für jede der drei Binnenverkehrsarten in unterschiedlichem Maße gebraucht. Ausmaß und Intensität ihrer Anwendung sind überdies in den Mitgliedstaaten verschieden (12), je nachdem, ob in der Verkehrspolitik die Tendenz vorherrscht, das Verkehrswesen auf Grund von Erwägungen des allgemeinen Interesses zu ordnen, oder die Tendenz, für den Verkehrssektor ähnliche Bedingungen zu schaffen wie für die übrigen Bereiche der Wirtschaft (13).

Die internationalen grenzüberschreitenden Beförderungen sowie die Zulassung von Ausländern zu Beförderungen innerhalb eines Staates, in welchem sie nicht ansässig sind, werden durch

(3) KOMMISSION, Denkschrift II S. 14, S. 31 ff; MEYER, H. R., Vom Grade der Intervention und der marktwirtschaftlichen Kräfte im Verkehr, Schweiz. Arch. VerkWiss., 1961, Nr. 4, S. 338 f.

(4) KOMMISSION, Denkschrift II S. 33; die Begriffe stammen von KAPTEYN, Bericht im Namen des Verkehrsausschusses der Gemeinsamen Versammlung der EGKS über die Koordinierung des europäischen Verkehrs, 1957.

(5) KOMMISSION, Denkschrift II, S. 35.

(6) z. B. §§ 8 und 9 GüKG; zur Rechtsstellung des Genehmigungsinhabers und zur Verfassungsmäßigkeit der Bedürfnisprüfung und Kontingentierung vgl. insbesondere IPSEN, Das Verbot des Massengütertransports im Straßenverkehr, Rechtsgutachten zum RegEntw. eines Straßenentlastungsgesetzes, Frankfurt 1955, S. 12 u. 20 bis 31.

(7) z. B. §§ 20 bis 25 GüKG, vgl. STABENOW, Die Sicherung des Tarifzwanges, S. 9 bis 28; § 453 HGB, §3 EVO.

(8) z. B. Besteuerung des Werkfernverkehrs, Ausgleich von Sonderlasten.

(9) z. B. Bau der Verkehrswege, dazu ZÜNKLER, Verkehrsinvestionen in gesamtwirtschaftlicher, europäischer Sicht, Zeitschr. für VerkWiss. 1960, S. 1 bis 17.

(10) z. B. § 99 dt GWB.

(11) z. B. Maße und Gewichte der LKWs.

(12) WOELKER, Die verkehrspolitischen Regelungen in den Mitgliedstaaten der EWG, Archiv für Eisenbahnwesen 1961, S. 205.

(13) KOMMISSION, Dritter Gesamtbericht, S. 199 f, (201); Denkschrift II, S. 36 f.; LOCHNER, Niederländische und europäische Verkehrspolitik, Göttingen 1958 S. 12 f.

multilaterale und bilaterale Abkommen geregelt. Zahlreich sind auch die Absprachen zwischen den beteiligten Unternehmen der verschiedenen Länder (14) in diesem Bereich. Die internationale Zusammenarbeit ist dabei um so zögernder, je mehr die Eigenarten einer Verkehrsart die Möglichkeit bieten, daß ausländische Unternehmen dieser Verkehrsart sich mit inländischen um das Transportaufkommen, insbesondere auch für die Kabotage, bewerben. So gibt es zahlreiche internationale Vereinbarungen über die Zusammenarbeit der Eisenbahnen bei internalen Beförderungen (15), weil jede nationale Eisenbahngesellschaft das Streckennetz ihres Staates ausschließlich mit ihren Zugmaschinen und ihrem Personal befährt. In der Binnenschifffahrt wird zwar, beginnend mit dem Wiener Kongress (16), die Freiheit der Schiffahrt auf Flüssen, die Hoheitsgebiete mehrerer Staaten voneinander trennen oder durch mehrere Staatsgebiete fließen, mehr oder weniger anerkannt (17). Aber die Staaten versuchen trotzdem auf verschiedene Weise, ihren eigenen Staatsangehörigen eine Vorzugsstellung einzuräumen (18) und ihnen insbesondere die Kabotage vorzuenthalten (18a).

Im internationalen Straßenverkehr gibt es bisher keinen allgemeinen Freiheitsgrundsatz (19). Die Staaten bemühen sich, für

(14) CARTOU, Der Gemeinsame Markt und das öffentliche Recht, Baden-Baden/Bonn 1960 S. 190.

(15) CIM = Internationales Übereinkommen über den Eisenbahnfrachtverkehr vom 25. Okt. 1952, aaO; CIV = Internationales Übereinkommen über den Eisenbahnpersonen und -gepäckverkehr vom 25. Okt. 1952, abgedr. bei V. TUREGG, Das europäische Verkehrsrecht, Frankfurt 1955, S. 80; vgl. die Übersicht bei EVERLING in WEGSpr Vorbem. 2 vor Art. 74 und KOMMISSION, Denkschr. II S. 49.

(16) Art. 108 bis 117 Wiener Kongreßakte vom 9. Juni 1825, abgedr. bei HAUSTEIN, Die Freiheit im internationalen Verkehr, Darmstadt und Köln 1954, S. 67.

(17) KOMMISSION, Denkschrift II S. 49 und 50, Darstellung im einzelnen bei HAUSTEIN, aaO, S. 66 - 80; siehe vor allem Revidierte Rheinschiffahrtsakte vom 17. Okt. 1868 (Mannheimer Akte) Preuß. Ges. Samml. 1869, S.798, abgedr. bei von TUREGG, aaO, S. 44 f. Internationale Binnenschiffahrt zwischen Italien und den übrigen Mitgliedstaaten der Gemeinschaft kommt nicht in Betracht.

(18) KOMMISSION, Denkschrift II, S. 50; HAUSTEIN, aaO, S. 76.

(18a) So können z. B. nach § 13 Abs. 1 dt BiSchVG nur deutsche Staatsangehörige oder entsprechende Gesellschaften Mitglieder der Schifferbetriebsverbände sein, denen die Verteilung von Fracht- und Schleppgut obliegt. Dadurch werden Ausländer in der Ausübung ihres Gewerbes beeinträchtigt, vgl. STABENOW, Freizügigkeit S. 489. In Frankreich dürfen grundsätzlich nur solche Unternehmen am gewerblichen Binnenschiffsverkehr teilnehmen, deren Schiffe in einem französischen Schiffsregister eingetragen sind. Das Schiff muß mehr als zur Hälfte Eigentum von französischen Staatsangehörigen oder entsprechenden Gesellschaften sein, Art. 78 und 79 Code des voies navigables et de la navigation intérieure vom 13. Okt. 1956, J. O. Nr. 241 vom 15./16. Okt. 1956.

(19) Das Abkommen über die Aufhebung der Beschränkungen in der Freiheit der Straße, beschlossen 1947 vom Binnenverkehrsausschuß der ECE, und das

gewerbliche Beförderungen nur so viele ausländische Kraftfahrzeuge einfahren zu lassen, wie unbedingt notwendig ist, damit ihre eigenen Kraftverkehrsunternehmer zuweilen die Grenze überschreiten können. Dabei geht es ihnen darum, insbesondere den internationalen Wechselverkehr in ihr nationales Koordinierungs - und Harmonisierungssystem einzugliedern, d.h. den Wettbewerb zu beschränken, den ausländische Kraftverkehrsunternehmer insbesondere ihren Eisenbahnen und ihren eigenen Frachtführern bereiten können. Dementsprechend sind Beförderungen durch Ausländer ab Grenze im Inland ähnlich genehmigungspflichtig wie Beförderungen durch Inländer. Die zeitlich begrenzten Dauer- oder Einzelfahrtgenehmigungen werden an Ausländer nur im Rahmen von Höchstzahlen ausgegeben, die von den Verkehrsministerien in bilateralen Verwaltungsabkommen festgelegt werden (20). Rückbeförderungen werden meist gestattet, Beförderungen aus dem fremden Land in ein drittes nicht. Von Kabotage ist überhaupt nicht die Rede (21).

Zur Zeit des Abschlusses des EWGV war also für Beförderungen in und zwischen den Mitgliedstaaten das marktwirtschaftliche Spiel der Kräfte durch staatliche Intervention eingeschränkt. In diesem Sektor konnte sich die "Funktion des Wettbewerbs für die Koordinierung des Wirtschaftsablaufs" (22) nicht voll entfalten. Diese Ausgangslage mußte bei der Schaffung des Gemeinsamen Marktes berücksichtigt werden, die gerade darauf abzielte, den Wettbewerb in der gesamten Wirtschaft der Mitgliedstaaten funktionsfähig zu machen und zu erhalten. Es blieb für die Transportwirtschaft nur die Wahl, sie aus dem Integrationsprozeß soweit wie möglich herauszuhalten oder aber bei der Einbeziehung dieses Sektors in die Integration an die Stelle der einzelnen nationalen verkehrspolitischen Bemühungen eine gemeinsame Verkehrspolitik zu setzen.

In Art. 74 bis 83 EWGV ist die zweite Möglichkeit gewählt worden, wie auch die Entstehungsgeschichte dieser Vorschriften zeigt. Es gilt also, im Zuge des Vollzugs der Integration der

Internationale Abkommen über den Straßenverkehr vom 19. Sept. 1949, B.T. Drucks. Nr. 291/1954, sind bisher nicht in Kraft, vgl. HAUSTEIN aaO, S. 83 f.

(20) vgl. z.B. Vereinbarung zwischen der Bundesrepublik Deutschland und Belgien über die Durchführung des gewerblichen Straßenpersonen und -güterverkehrs vom 1. Dez. 1952 in der ab 1. März 1960 geltenden Fassung (Bundesanzeiger 1960 Nr. 80); siehe auch §§ 14 Abs. 2 und 103 Abs. 3 GüKG und 38 des alten PBefG, auch EVERLICNG in WEGSpr Art. 75 Anm. 3.

(21) Oft wird die Teilnahme am Binnenverkehr von einer Niederlassung oder einem Betriebssitz im Inland abhängig gemacht, vgl. z. B. §§ 14 Abs. 1 und 82 GüKG (§ 14 Abs. 2 GüKG wird nur für grenzüberschreitende Beförderungen angewandt). Zum ganzen auch KOMMISSION, Denkschrift II S. 51.

(22) VON DER GROEBEN vor dem EP, wiedergegeben in E. W. 1961, S. 488

Volkswirtschaften eine gemeinsame Verkehrspolitik zu entwikkeln. Dabei ist zugleich die Angleichung der nationalen verkehrspolitischen Regelungen und die Eingliederung dieses Sektors in den Gemeinsamen Markt anzustreben (23). Dies zu ermöglichen, ist der Zweck der besonderen Vorschriften des EWGV für den Binnenverkehr.

2. Zwei Aspekte der gemeinsamen Verkehrspolitik

Die zu entwickelnde gemeinsame Verkehrspolitik hat im wesentlichen zwei Aspekte. Einmal gilt es, die Errichtung des Gemeinsamen Marktes der Güter und der Dienstleistungen zu unterstützen, da die Aufwendungen für Transportleistungen einen wesentlichen Kostenfaktor der Unternehmen darstellen (24). Handelshemmende und wettbewerbsverfälschende Praktiken auf dem Verkehrsmarkt müssen beseitigt werden, die Kosten beim Grenzübergang sind zu verringern. Diesem Zweck dienen insbesondere die Art. 79 bis 81 (25). Zum anderen gilt es, das Verkehrswesen als selbständigen Wirtschaftszweig auf der Ebene der Gemeinschaft zu integrieren und zugleich eine gemeinsame Ordnung des europäischen Verkehrswesens zu schaffen (26). Der Austausch von Verkehrsdienstleistungen zwischen den Mitgliedstaaten ist unter Errichtung eines europäischen Koordinierungs- und Harmonisierungssystems, das soweit wie möglich an den Grundprinzipien des Gemeinsamen Marktes ausgerichtet ist, zu fördern. Diesem Zweck dienen insbesondere die Art. 75 bis 78 und 61 Abs. 1 EWGV.

3. Folgerungen

Diese Zweckbestimmung der besonderen Verkehrsvorschriften des Vertrages für die drei Binnenverkehrsarten zwingt dazu, das mit den übrigen Interpretationskriterien gefundene Konkurrenzverhältnis der Addition zwischen Art. 74 EWGV und den übrigen Vorschriften für alle Wirtschaftszweige mit seinen bereits aufgezeigten Konsequenzen als richtig anzuerkennen.

(23) STABENOW, Freizügigkeit, S. 486.

(24) EVERLING in WEGSpr, Vorbem. 1 vor Art. 74; KLAER, Verkehr in der EGKS, aaO, 1. Kapitel, § 2, Die Fracht als Standortsfaktor, S. 18 f.

(25) KOMMISSION, Denkschrift I, S. 47 und 76.

(26) EVERLING, WEGSpr, Vorbem. 1 vor Art. 74; KOMMISSION, Denkschrift I, S. 49, 51, 83, 94.

Es kann sich nicht darum handeln, das europäische Verkehrswesen zu integrieren und die Verwirklichung des allgemeinen Gemeinsamen Marktes durch Maßnahmen auf diesem Sektor zu unterstützen, ohne daß auf die bestehenden nationalen verkehrspolitischen Ordnungen Rücksicht genommen wird. Dagegen bedarf es jedoch auch nicht der ausschließlichen Geltung des Verkehrstitels für die drei Binnenverkehrsarten, weil ihren besonderen Aspekten durch die zusätzliche und gleichzeitige Entwicklung der gemeinsamen Verkehrspolitik Genüge getan wird.

II. Art. 84 Abs. 2

1. Die nationale See- und Luftfahrtpolitik der Mitgliedstaaten

Es fragt sich, welche Verhältnisse auf dem Gebiet der Seeschiffahrt und Luftfahrt dazu geführt haben, daß die für Schiene, Straße und Binnenwasserweg gefundene Lösung nicht auf See- und Luftfahrt erstreckt wurde.

Letztlich lassen sich alle Gründe, die eine Sonderbehandlung von Seeschiffahrt und Luftfahrt sowohl gegenüber anderen Wirtschaftszweigen wie gegenüber den anderen Verkehrsarten erklären und rechtfertigen können, auf die Tatsache zurückzuführen, daß diese beiden Verkehrsarten vornehmlich auf internationale, ja interkontinentale Beförderungen ausgerichtet sind (27).

Betrachtet man wieder die nationalen Sonderbestimmungen für Seeschiffahrt und Luftfahrt als objektiven Ausdruck der jeweiligen einzelstaatlichen See- und Luftfahrtpolitik, so zeigt sich, daß diese vornehmlich darauf gerichtet ist, leistungsfähige nationale See- und Luftflotten aufzubauen und ihnen eine stabile Ausgangsposition für die Ausführung internationaler Beförderungen zu sichern (28). Die Mitgliedstaaten der EWG, allenfalls mit Ausnahme von Frankreich und Italien, haben für die See-

(27) PREDÖHL, Verkehrspolitik aaO, S.76 f und 131 f; BVM, Die Verkehrspolitik in der BRD, aaO, S. 193; die interkontinentalen Beförderungen der europäischen Luftfahrtsgesellschaften machten 1959 etwa 2/3 ihrer Beförderungen aus, vgl. Bericht CORNIGLION - MOLINIER S. 8.

(28) Dieses Anliegen kommt neuerdings sehr deutlich in den §§ 18 und 19 des deutschen Außenwirtschaftsgesetzes vom 28. April 1961, BGBl I S. 481, den amtlichen Begründungen, BT Drucks. 1285, und dem Bericht des Außenhandelsausschusses, BT Drucks. 2386, dazu zum Ausdruck; BVM, Die Verkehrspolitik aaO, S.193 und 219; SEEBOHM, Die Aufgaben des Bundes auf dem Gebiet der Luftfahrt, Bielefeld 1956 S. 13.

schiffahrt praktisch keinen Binnenmarkt. Die Ordnung des gewerblichen Binnenverkehrs ist daher insbesondere bei der Seeschiffahrt einiger Mitgliedstaaten eine Frage zweiten Ranges (29). Wichtig ist den Staaten auch die Regelung der sozialen Verhältnisse, insbesondere des seefahrenden Personals, und die Gewährleistung der Sicherheit der Seeschiffahrt und der Luftfahrt (30).

a) Ausbau, Wiederaufbau und Erneuerung der eigenen Seehandelsflotte wurden und werden von den Mitgliedstaaten insbesondere durch Zinsbeihilfen, Bürgschaften, Abwrackprämien, Steuervergünstigungen und Darlehen aus staatlichen Mitteln zu gunsten der Reedereien gefördert (31).

Die Förderung des Ausbaues und der Erneuerung der Luftflotten erfolgt meist indirekt durch die staatlichen Beteiligungen an den nationalen Luftverkehrsgesellschaften und durch die Deckung ihrer Verluste (32). Dieser staatlichen Beteiligung kommt um so größere Bedeutung zu, als es im internationalen Linienverkehr keinen Preis-, dafür aber einen um so stärkeren Leistungswettbewerb gibt (33).

b) Wie bei der Entstehungsgeschichte des Art. 84 bereits erwähnt, wird der freie Zugang von ausländischen Handelsschiffen zu den nationalen Häfen, wenn schon nicht nach dem Völkerrecht, so doch zumindest nach internationalem Brauch allgemein gestattet, sofern er nicht im multilateralen und bilateralen Handels- und

(29) In der BuRep kann der Bundesminister für Verkehr immerhin gemäß § 43 BinnenschiffsVG durch Verordnung bestimmen, daß bei Beförderungen mit Seeschiffen zwischen deutschen Lade- und Löschplätzen über See Entgelte berechnet werden, die den Erfordernissen einer einheitlichen Verkehrspolitik entsprechen. Der Harmonisierung und Koordinierung des innerstaatlichen Luftverkehrs dienen §§ 20 bis 24 LuftVG, Art. 16 Luchtvaartwet, Art. 127 bis 136 frz Code de l'aviation, Dalloz S. 653 f; in Frankreich obliegt insbesondere die Koordinierung der der nationalen Flagge vorbehaltenen Seeschiffahrt dem Conseil Superiéur de la marine marchande, Gesetz vom 28. Februar 1948, Dalloz S. 483.

(30) vgl. z. B. dt Seemannsgesetz vom 26. Juli 1957, BGBl. II S. 713, Internationaler Schiffssicherheitsvertrag, London 1948, Gesetz über den Beitritt der BuRep vom 22. Dezember 1953, BGBl II, S. 603; dt Gesetz über die Bundesanstalt für Flugsicherung vom 23. März 1953, BGBl I, S. 70.

(31) z. B. Deutschland, Gesetz über Darlehen zum Bau und Erwerb von Handelsschiffen vom 27. 9. 1950. BGBl S. 684, mit DVO vom 22. 12. 1950, BGBl 1951 I S. 69 und u. a. vom 11. 2. 1956, BGBl I S. 82; dazu auch BVM, Verkehrspolitik aaO, S. 194 und "Industriekurier" vom 22. Aug. 1961, S. 3. Frankreich, Nachweis bei Dalloz, Repertoire II, S. 377; Italien, vgl. die Angaben bei ZANOBINI, Corso aaO, Band 5, S. 474 und 475.

(32) PEDRÖHL, Verkehrspolitik, S. 146; DORN, Finanzierungsfragen im Luftverkehr, Bielefeld 1958, S. 25; vgl. z. B. auch die Art. 137 und 138 des frz Code de l'aviation über die Airfrance; über die dt Lufthansa AG vgl. BVM, Verkehrspolitik aaO, S. 223. Für andere Formen der Subventionierung vgl. RIESE, Luftrecht, S. 183.

Schiffahrtsverträgen ausdrücklich vereinbart ist. Den Staaten bleibt aber - abgesehen vom Kabotagevorbehalt - die Möglichkeit, ihre eigene Flotte dadurch zu unterstützen, daß sie ihr im Hinblick auf die Erlangung von Ladung eine Vorzugsstellung einräumen (34). Dieser Flaggenprotektionismus wird von den Mitgliedstaaten der EWG, die eine liberale Schiffahrtspolitik betreiben, unter anderen der Bundesrepublik und den Niederlanden, verurteilt, dagegen von Frankreich zum Teil geübt (35).

Für die Luftfahrt ist dagegen das Prinzip der vollen staatlichen Hoheitsgewalt über den Luftraum über dem Staatsgebiet ausdrücklich anerkannt, Art. 1 ChikAbk. (36). Die Lockerung dieses Grundsatzes durch multilaterale Abkommen ist über bescheidene Ansätze nicht hinausgekommen (37). Die Staaten räumen sich also in zweiseitigen Abkommen Verkehrsrechte für die Luftfahrt ein, in denen die dritte, vierte und fünfte Freiheit der Luft teilweise ihren Niederschlag finden (38). Insbesondere die Errichtung von bestimmten Fluglinien wird in diesen Abkommen festgelegt. Dabei werden die Konkurrenzmöglichkeiten zwischen den nationalen Gesellschaften der Vertragschließenden, die die gleichen Linien befliegen, durch Regelungen über die Kapazitäten und die Tarife eingeschränkt (39). Ganz allgemein werden Absprachen zwischen den beteiligten Unternehmen gefördert. Bei der Aushandlung solcher Abkommen sind die Interessen der einzelnen

(33) Bericht CORNIGLION - MOLINIER, S. 1, 5 und 6.

(34) z. B. sog. fifty-fifty-Klauseln in Handelsverträgen, Durchführung sämtlicher Ein- und Ausfuhren staatlicher und halbstaatlicher Stellen mit Schiffen der eigenen Flagge, Auflagen bei der Erteilung von Importlizenzen usw., vgl. im einzelnen LAUN, Diskriminierung der Seeschiffahrt und Liberalisierung, Zeitschr. für VerkWiss 1961 S. 1 bis 16; OEEC, Maritime Transport, 1954, S. 61 f.

(35) LAUN, aaO, S. 3, frz Gesetz Nr. 59/498 vom 4. April 1959.

(36) Zur sog. Lufthoheitstheorie und der Praxis der Staaten RIESE, Luftrecht, S. 74 f.

(37) Für den Gelegenheitsverkehr Art. 5 ChikAbk und das Mehrseitige Abkommen über gewerbliche Rechte im nichtplanmäßigen Luftverkehr in Europa vom 30. 4. 1956, dt Gesetz vom 9. 7. 1959, BGBl II, S. 821. Für den Linienverkehr Transitvereinbarung; zu den verschiedenen Bemühungen der ICAO, vgl. MEYER, Alex, Der internationale Luftlinienverkehr..., Zeitschr. für LR, 1954 S. 223 (229). Zu den Schwierigkeiten, die aus dem unscharf gefaßten Kabotagebegriff des Art. 7 ChikAbk erwachsen, GOEDHUIS, Der "Kabotage" Begriff im Luftverkehr, Interavia 1952, S. 41 und S. 97.

(38) vgl. die Übersicht über die von der BuRep abgeschlossenen zweiseitigen Abkommen bei SCHLEICHER - REYMANN - ABRAHAM, Recht der Luftfahrt, S. 96 bis 231.

(39) vgl. z. B. Art. 13 bis 19 des Abkommens zwischen der BuRepD und der frz. Republik über den Luftverkehr vom 4. Okt. 1955, dt Gesetz vom 4. Dez. 1956, BGBl. II, S. 1077. vgl. auch Bericht CORNIGLION - MOLINIER, S. 5. Zu den Absprachen zwischen den Luftfahrtsunternehmen KRÜGER, ECKART, Integrationsbestrebungen im europäischen Luftverkehr, E. W. 1959 S. 453.

Staaten je nach der Größe ihrer Inlandsmärkte und dem Potential ihrer Gesellschaften verschieden. So muß insbesondere die Bundesrepublik ihren Inlandsmarkt für die sich entwickelnde Lufthansa schützen, die Niederlande und Belgien sind an der Erhaltung und Erweiterung ihrer internationalen Linien interessiert, da das Potential der KLM und der Sabena den Bedarf des Inlandsmarktes bei weitem überschreitet (40).

c) Ein besonderer Aspekt von Seeschiffahrt und Luftfahrt im Hinblick auf die europäische Wirtschaftsintegration ergibt sich weiter aus der umfangreichen Teilnahme von Unternehmen aus Drittländern an den Beförderungen zwischen den Mitgliedstaaten sowie den internationalen Beförderungen und der Art der Preisbildung dafür. Während die Frachten der Trampschiffahrt sich nach Angebot und Nachfrage richten, werden Preise und Konditionen des Linienverkehrs zwischen den beteiligten Unternehmen aller Staaten abgesprochen (41). Solche internationalen Kartellabsprachen zwischen Linienverkehrsunternehmen werden auch von den Mitgliedstaaten gefördert, die an sich private Wettbewerbsregelungen einzuschränken suchen. Wettbewerbsabsprachen, die grenzüberschreitende oder im Ausland stattfindende Beförderungen zum Gegenstand haben, also vor allem die Seeschiffahrtskonferenzen (42) und die IATA (43), werden von hinreichend strengen nationalen Kartellgesetzen ausdrücklich freigestellt, damit die Teilnahme der nationalen Unternehmen an ihnen nicht behindert wird (44).

d) Eine Besonderheit stellt schließlich auch die Staatszugehörigkeit von Schiffen und Flugzeugen dar (45), die durch Eintra-

(40) Bericht CORNIGLION - MOLINIER, S. 19 und 20.

(41) FISSER, Trampschiffahrt, Bremen 1957, S. 5 ff; THEEL, Die Seefrachtenmärkte aaO, S. 164. Ähnliche Probleme bestehen für die Binnenschiffahrt auf dem Rhein. Zum Problem der Frachtdisparitäten zwischen den freien internationalen Rheinschiffahrtsfrachten und den reglementierten Binnenfrachten im Rahmen der EGKS vgl. das zwischen den Mitgliedstaaten geschlossene Abkommen betr. Frachten und Beförderungsbedingungen im Verkehr mit Kohle und Stahl auf dem Rhein vom 9. Juli 1957, Einzelheiten bei KLAER, aaO, S.235.

(42) Dazu MARX, International Shipping Cartels, Princeton 1953, S. 137 ff. THEEL, Seefrachtenmärkte aaO, S. 164; ZENTRALVERBAND DER DEUTSCHEN SEEHAFENBETRIEBE, Frachtschiffahrtskonferenzen, Hamburg 1959, 2. Aufl.

(43) HILDRED, International Air Transport Association, in Transport and Communications Review, 1952 S. 11.

(44) BuRep. § 99 Abs. 2 Ziff. 1 GWB; Niederlande, Gesetz über den wirtschaftlichen Wettbewerb (Wet economische mededinging), vom 28. Juni 1956, StB Nr. 401, in der Fassung des Gesetzes vom 16. Juli 1958, StB Nr. 412 und Durchführungsverordnungen zu Art. 4 Abs. 1 vom 13. Nov. 1958, Nr. 33, 331, und vom 3. Juni 1960, Nr. 3908, Staatscourant vom 17. Juni 1960, abgedr. in WuW 1961 S. 44.

(45) vgl. dazu NN, Seeschiffanrt - ein gemeinsamer Markt, Transport-

gungen im Register und Erwerb des Flaggenrechts bzw. des Rechts zur Führung von Nationalitätskennzeichen erlangt wird. Schiff und Flugzeug werden damit zum schwimmenden bzw. fliegenden Gebietsteil ihres Heimatlandes, ein Umstand, der für ihre völkerrechtliche Stellung, für die Zivil- und Strafrechtspflege und vor allem für ihre wirtschaftsrechtliche Verfassung von Bedeutung ist (46). Auch die Besetzung der Schiffe, die sozialen Verhältnisse an Bord und die Hoheitsbefugnisse des Kapitäns richten sich nach dem Recht der Flagge (47).

Im Hinblick auf die Wirtschaftsintegration ist dabei vor allem bedeutungsvoll, daß das Flaggenrecht oder die Eintragung in die Register und damit die Staatszugehörigkeit von Schiffen und Flugzeugen gewöhnlich davon abhängt, daß sie ganz oder zum überwiegenden Teil im Eigentum der betreffenden Staatsangehörigen oder der diesen gleichgestellten Gesellschaften stehen. Außerdem müssen diese oft ihren Wohnsitz oder Sitz im Inland haben. Zuweilen wird auch gefordert, daß der Kapitän und Teile der Besatzung Staatsangehörige des Flaggenstaates sind (48).

2. Folgerungen

All diese besonderen Aspekte der Seeschiffahrt und der Luftfahrt zeigen zur Genüge, daß die Mitgliedstaaten bei Abschluß des

dienst 1961, S. 1429 mit den dort zitierten Äußerungen des Generaldirektors für Schiffahrt im niederländischen Verkehrsministerium.

(46) Freilich dürfen seerechtliche Begriffe nicht unbesehen in das Luftrecht übernommen werden: zur Problematik der sogenannten "Nationalität" der Flugzeuge vor allem RIESE, Luftrecht, S. 202 f.

(47) SCHAPS - ABRAHAM, Seerecht, S. 319 f.

(48) SEESCHIFFE

BELGIEN: 1/2 nationales Eigentum oder Wohnsitz bzw. Sitz im Innland, Kapitän und Leitender Offizier müssen Belgier sein, Loi sur les lettres de mer vom 20. 9. 1903 und Bekanntmachung Nr. 690 v. 9. 11. 1920.

BUNDESREPUBLIK: §§ 1-3 Flaggenrechtsgesetz vom 8. 2. 1951 BGBl I S. 79, §§ 10, 11, 60 SchiffsRegO, volles nationales Eigentum und grundsätzlich Wohnsitz bzw. Sitz im Innland.

FRANKREICH: 1/2 nationales Eigentum, Gesellsch. Sitz in der frz. Union, Art. 216, 219 Code des douanes.

NIEDERLANDE: 2/3 nationales Eigentum, Gesellsch. Sitz im Innland, Kapitän Niederländer, Wetbook van Koophandel II Art. 309 f, Zeebrievenwet vom 10. 6. 1926 StB S. 178.

FLUGZEUGE

BUNDESREPUBLIK: §§ 2 und 3 LuftVG.

FRANKREICH: Art. 3 bis 16 Code de l'aviation.

ITALIEN: Art. 751, 752 Codice della navigazione.

LUXEMBURG: Art. 2 bis 21 Règlement grand-ducal du 27. juillet 1961 concernabt les transports aériens usw. aaO.

NIEDERLANDE: Art. 4 bis 7 Luchtvaartwet mit Durchführungsverordnung.

EWGV mehr noch als bei den drei Binnenverkehrsarten ein Interesse daran haben mußten, ihre weltweit ausgerichtete nationale Seeschiffahrts- und Luftfahrtpolitik nicht übereilt vertraglich zu binden oder zugunsten von Kompetenzen der Gemeinschaft aufzugeben. Die Bundesrepublik z.B. mußte fürchten, daß ihre liberale Seeschiffahrtspolitik mit protektionistischen Vorhaben anderer Länder vermischt und der Aufbau ihrer eigenen Luftfahrt zugunsten bestehender Potentiale der anderen Staaten vernachlässigt würde. Frankreich mußte insbesondere um die Aufgabe seiner Flaggenvorbehalte und Begünstigungen für die Seeschiffahrt bangen. Alle Länder mußten die Beeinträchtigung der Wettbewerbsstellung ihrer See- und Luftflotten auf dem See- und Luftverkehrsweltmarkt befürchten und das Risiko scheuen, einen Umbruch in den internationalen Verflechtungen und Abhängigkeiten der Seeschiffahrt und der Luftfahrt heraufzubeschwören.

Da die Ordnung des Binnenmarktes für Seeschiffahrt und Luftfahrt in allen Mitgliedstaaten eine untergeordnete Rolle spielte, leuchtet ein, daß die Vertragschließenden die See- und Luftbeförderungen nicht von vornherein den Regeln der Art. 74 bis 83 unterwarfen. Einer Unterstützung der Errichtung des allgemeinen Gemeinsamen Marktes für Waren und Dienstleistungen durch Maßnahmen im Sinne der Art. 79 und 80 EWGV auf dem See- und Lufttransportsektor bedurfte es nicht, da die Eigenart seiner Organisation sich für Frachtendiskriminierungen und Unterstützungstarife kaum eignet. Außerdem hätte die Einbeziehung von Seeschiffahrt und Luftfahrt in die Art. 74 und 75 EWGV bereits eine Entscheidung über die Behandlung dieser beiden Verkehrsarten als Gegenstand der Integration und damit die Möglichkeit bedeutet, daß die Gemeinschaft auf die See- und Luftfahrtpolitik einwirken kann.

Der Zweck des Art. 84 Abs. 2 EWGV muß demnach im Zusammenhang mit der Entstehungsgeschichte dieser Bestimmung darin gesehen werden, daß die Mitgliedstaaten sich die Lösung der Fragen vorbehalten wollten, die sich für ihre See- und Luftverkehrspolitik bei einer Einbeziehung der Seeschiffahrt und der Luftfahrt in die Wirtschaftsintegration ergeben würden. Der Gemeinschaft sollte eine Aktivität in den Belangen der nationalen See- und Luftverkehrspolitik so lange nicht gewährt werden, bis die Entscheidung über die Behandlung der See- und Luftfahrt getroffen sein würde. Zugleich sollte aber zur eventl. Regelung der Behandlung dieser beiden Verkehrsarten als Gegenstand der Integration keine schwerfällige Änderung des Vertrages nach Art. 236 EWGV notwendig sein.

III. Art. 84 Abs. 2 als Ermessensnorm

Die Zweckbestimmung des Art. 84 Abs. 2 spricht dafür, daß mit der Wendung "kann entscheiden" dem Rat ein Entschließungsermessen (49) eingeräumt ist. Es soll seinem ungebundenen Entschluß überlassen sein, ob er überhaupt einmal eine Vertragsergänzung in Form einer Ermächtigung zum Erlaß von geeigneten Vorschriften für Seeschiffahrt und Luftfahrt als Gegenstand der Integration beschließen will.

Bei dieser Auslegung stecken die Worte "ob, inwieweit und nach welchen Verfahren" den Rahmen für das Auswahlermessen (50) des Rates ab. Wenn der Rat sich überhaupt zu einem Beschluß entschließt, dann kann er auch noch wählen, daß geeignete Vorschriften erlassen werden müssen, daß dies nicht notwendig ist, weil er die Bestimmungen für alle Wirtschaftszweige im Hinblick auf Seeschiffahrt und Luftfahrt direkt modifizieren wird, daß die Vorschriften in einem bestimmten Umfang zu erlassen sind und nach diesem oder jenem Verfahren.

IV. Die Wirkung des Subsidiaritätsverhältnisses zwischen Art. 84 Abs. 2 und den Vorschriften für alle Wirtschaftszweige

Der Zweck des Art. 84 Abs. 2 bestätigt im Prinzip das mit den anderen Mitteln der Auslegung gefundene Konkurrenzverhältnis der Subsidiarität zwischen dieser Bestimmung und den Vorschriften für alle Wirtschaftszweige, schränkt es aber zugleich ein. Art. 84 Abs. 2 schiebt zwar die Geltung solcher Vorschriften auf, deren Anwendung die Produktion von See- und Luftverkehrsleistungen beeinträchtigen würde, dies kann nach dem Zweck der Vorschrift aber nur insoweit gewollt sein, als essentielle Belange der nationalen See- und Luftverkehrspolitik davon betroffen sind.

Die Mitgliedstaaten haben selbst zum Ausdruck gebracht, daß der Vorbehalt des Art. 84 Abs. 2 insoweit nicht gelten soll, als die See- und Luftfahrtunternehmen in ihrer Produktionstätigkeit im wesentlichen nicht anders als die übrigen Wirtschaftszweige von der Errichtung des Gemeinsamen Marktes berührt werden. Dieser Einfluß der Wirtschaftsintegration auf Seeschiffahrt und Luftfahrt kann entweder verkehrspolitisch unbedeutend sein, oder aber die see- und luftfahrtpolitischen Belange müssen

(49) und (50) zum Begriff WOLFF, Verwaltungsrecht aaO, S. 137.

hinter höherwertigen Belangen der allgemeinen Wirtschaftspolitik zurücktreten. Das zeigt sich einmal in der Einbeziehung von See- und Luftfahrtgerät in die Regelung für den freien Warenverkehr, Art. 19 und 20, Listen A, F und G, zum anderen in der Aufnahme der Zahlungen für See- und Luftbeförderungsleistungen in die Liste der unsichtbaren Transaktionen zu Art. 106 Abs. 3. Der Transfer dieser Zahlungen wurde also auch einer Stillhalteverpflichtung unterworfen, wie dies für den Transfer von Zahlungen für Leistungen anderer Wirtschaftstätigkeiten ebenfalls vorgesehen ist, damit keine Verschlechterung gegenüber dem bereits im Rahmen der OEEC erreichten Liberalisierungsstand eintritt (51). Die Mitgliedstaaten haben also selbst die Frage des Zahlungstransfers für Leistungen der Seeschiffahrt und der Luftfahrt für nicht so sehr bedeutend für ihre nationale Politik auf diesen Gebieten gehalten, daß dieser Transfer nicht Bedingungen im Rahmen des Gemeinsamen Marktes unterworfen werden könnte. -

Darüber hinaus ergibt sich aus dem Zweck des Art. 84 Abs. 2 aber auch, daß andere Vorschriften für alle Wirtschaftszweige auf die Produktionstätigkeit der Reeder und Luftfahrtunternehmen insoweit angewendet werden können, als davon verkehrspolitische Belange nicht berührt werden:

1. Freizügigkeit der Arbeitskräfte

Das Subsidiaritätsverhältnis zwischen Art. 84 Abs. 2 und Art. 48 gilt insoweit nicht, als es sich nicht um fahrendes oder fliegendes Personal handelt. Die Frage der Besetzung der Schiffe oder Luftfahrzeuge mit Offizieren oder Piloten der Staatsangehörigkeit der Flagge und mit Inhabern entsprechender nationaler Patente kann wegen der Aufrechterhaltung der Ordnung auf dem Fahrzeug und der Einhaltung der Sicherheitsbestimmungen als see- und luftfahrtpolitische Frage angesehen werden, die es noch zu regeln gilt (52). Demgegenüber ist es verkehrspolitisch irre-

(51) EVERLING in WEGSpr, Art. 106 Anm. 5; dazu, daß der Zahlungstransfer für den Luftverkehr gegenwärtig keine Beschränkungen unterliegt, auch Bericht CORNIGLION-MOLINIER, S. 12. Der Rat der OEEC hat wiederholt Richtlinien für die Liberalisierung des Zahlungstransfers für Dienstleistungen der See- und Luftfahrt beschlossen, die auch Eingang in den Liberalisierungscode gefunden haben, vgl. Aufstellung der Beschlüsse des Rates der OEEC in der Beilage zum Bundesanzeiger Nr. 78 vom 24. 4. 1959, auch NEUPERT, Die Fortentwicklung der Schiffahrtsvereinbarungen der Bundesrepublik Deutschland mit anderen Staaten, Hansa 1957, S. 2021, und OEEC, Maritime Transport, aaO, S. 51 f.

(52) Die Befähigungszeugnisse für Seeschiffer, Seesteuerleute und Seemaschinisten, mit denen deutsche Seeschiffe zu besetzen sind, werden gemäß § 20

levant, welche Staatsangehörigkeit z.B. das kaufmännische Personal einer Reederei oder eines Luftfahrtunternehmens hat. Ebenso kann eine Bevorzugung des Arbeitsmarktes des Mitgliedstaaten, die bei der Ausarbeitung der Verordnung Nr. 15 des Rates der EWG "über die ersten Maßnahmen zur Herstellung der Freizügigkeit der Arbeitnehmer innerhalb der Gemeinschaft" so umstritten war (53), für das fahrende Personal zu verkehrspolitisch untragbaren Folgen führen, nicht aber für andere Arbeitskräfte der Unternehmen.

2. Niederlassungsfreiheit

Zur Herstellung der Niederlassungsfreiheit der Reeder und der Luftfahrtunternehmen zur Durchführung von Seereisen und Flügen nach den Bestimmungen des Aufnahmelandes für seine eigenen Staatsangehörigen, Art. 52 Abs. 2 EWGV, ist eine Lockerung der Vorschriften über die Staatszugehörigkeit der Fahrzeuge notwenig. Auch würde insoweit die Anwendung von Art. 57 Abs. 2 EWGV das verkehrspolitische Gefüge der Mitgliedstaaten ändern. In diesem Umfang werden die Art. 52 bis 58 durch Art. 84 Abs. 2 also verdrängt. Zwar mag das volle Niederlassungsrecht, das über die Errichtung von Agenturen hinausgeht, für die großen Fluggesellschaften und Reedereien wenig praktische Bedeutung haben. Man muß aber auch an die zahlreichen kleineren Unternehmen denken, die durchaus ein Interesse daran haben können, z.B. Küstenschiffahrt oder Taxiflüge von einer Zweigniederlassung aus nach den Vorschriften des Aufnahmelandes zu betreiben.

Der Anwendung der Vorschriften über das Niederlassungsrecht für See- und Luftfahrtunternehmen im Hinblick auf die Errichtung von Agenturen steht nichts entgegen. Außerdem gibt es Fälle, in denen z.B. ein Luftfahrtunternehmen neben den Beförderungen das Hotelgewerbe betreibt, oder in denen die Seeschiffahrt nur als Werkverkehr ausgeübt wird. Dann gilt das Nieder-

Schiffsbesetzungsordnung vom 29. Juni 1931, RGBl II, S. 517, zuletzt geändert am 8. Jan. 1960, BGBl. II, S. 147, grundsätzlich nur deutschen Staatsangehörigen ausgestellt. Für die Regelung in Frankreich vgl. Loi du 22.10.1940 portant définition de la profession de marin et d'agent du service général à bord des batiments, Art. 1: L'exercice à bord des navires français de commerce... d'une fonction salariée relative à la conduite ou à la marche du batiment, est ...réservée aux marins français...

(53) vgl. jetzt Art. 43 der Verordnung Nr. 15 vom 16. Aug. 1961, ABl 1961 S. 1073.

lassungsrecht für das betreffende Unternehmen insoweit, als es keine See- oder Luftfahrttätigkeit ausübt.

3. Freier Dienstleistungsverkehr

Im Hinblick auf den freien Dienstleistungsverkehr für Beförderungen zur See- und in der Luft ist durch Art. 61 Abs. 1 Vorsorge getroffen. Die Aktualisierung dieses Grundsatzes in der Seeschiffahrt und der Luftfahrt birgt wegen des Kabotagevorbehaltes und der Einräumung von Verkehrsrechten in der Tat Schwierigkeiten und ist daher einer besonderen Lösung im Rahmen des Art. 84 Abs. 2 vorbehalten worden. Soweit Reeder und Luftfahrtunternehmen jedoch Dienstleistungen erbringen, die mit dem Befahren des See- und Luftraumes nichts zu tun haben - z. B. gelegentliche Vermittlung des An- und Verkaufs von Material, Fahrzeugen oder Gerät - unterliegen diese Tätigkeiten den Bestimmungen der Art. 59 bis 66.

4. Freier Kapitalverkehr

Die Vorschriften über den Kapitalverkehr haben keine verkehrspolitische Bedeutung. Auch die Reedereien und die Luftfahrtunternehmen können sich also des vergrößerten Kapitalmarktes der Gemeinschaft bedienen.

5. Grundsätze

Die in den Art. 1 bis 3 und 5 und 6 enthaltenen Grundsätze finden ihre Ausgestaltung durch die Vorschriften des zweiten und dritten Vertragsteils. Soweit sie für die see- und luftverkehrspolitischen Belange relevant werden könnten, gelten sie daher wie diese neben Art. 84 Abs. 2 nur subsidiär. Die Verfolgung der Ziele des Art. 2 EWGV auf dem Gebiet der See- und Luftfahrtpolitik ist daher aufgeschoben. Auch können nach Art. 7 auf diesem Gebiet keine Maßnahmen ergriffen werden, die auch nach den Freizügigkeitsbestimmungen des Vertrages bisher ausgeschlossen sind.

6. Wettbewerbsregeln

Das Kartellverbot, Art. 85, das Verbot der mißbräuchlichen Ausnutzung einer beherrschenden Stellung auf dem Gemeinsamen Markt, Art. 86, und das Verbot staatlicher Beihilfen, Art. 92 EWGV, also die wesentlichen Verbote der Wettbewerbsregeln des Vertrages (54), erfassen Wettbewerbsbeschränkungen der Unternehmen und staatliche Beihilfen unabhängig davon, auf welchen Gegenstand diese sich beziehen. Das Verbot von Wettbewerbsregelungen zwischen See- und Luftfahrtunternehmen, die Beförderungsleistungen zum Gegenstand haben, wäre verkehrspolitisch bedeutungsvoll und muß daher als aufgeschoben angesehen werden. Das gleiche gilt für das Verbot staatlicher Beihilfen, die zum Zweck der Förderung der Durchführung von See- und Lufttransporten an Reeder und Luftfahrtunternehmen gegeben werden. Demgegenüber sind solche Wettbewerbsbeschränkungen durch See- und Luftverkehrsunternehmen, die nicht den Transport, sondern andere Belange zum Gegenstand haben - zum Beispiel den Ein- und Verkauf von Betriebsmaterialien, die nicht unmittelbar mit den Beförderungsleistungen zusammenhängen - verkehrspolitisch irrelevant und den Wettbewerbsregeln schon jetzt unterworfen (55). Staatliche Beihilfen an Reeder und Luftfahrtunternehmen, die verkehrspolitisch bedeutungslos sind, dürfte es kaum geben.

Nach dem Grundsatz, daß die Verbote der Art. 85 und 86 EWGV insoweit durch Art. 84 Abs. 2 verdrängt werden, als ihre Anwendung die noch bestehende nationale See- und Luftfahrtpolitik der einzelnen Mitgliedstaaten wesentlich beeinträchtigt würde, ist auch die Frage der Anwendbarkeit der "Ersten Durchführungsverordnung zu den Art. 85 und 86 des Vertrages" (Verordnung Nr. 17 (56)) auf Wettbewerbsbeschränkungen durch See- und Luftfahrtunternehmen zu lösen. Demnach unterliegen solche Vereinbarungen, Beschlüsse und aufeinander abgestimmte Verhaltens-

(54) Die Frage, ob Dumping-Maßnahmen im Dienstleistungsverkehr möglich sind und ob sie unter den Dumping-Begriff des Art. 91 EWGV fallen, soll hier nicht geprüft werden. Unter Dumping wird in den Mitgliedstaaten gewöhnlich nur die Ausfuhr von W a r e n zu einem niedrigeren Preis als dem Innlandspreis zum Zweck der Schädigung der Industrie im Verbrauchsland verstanden, vgl. EVERLING in WEGSpr, Vorbem. 1 vor Art. 91; WOCKENFOTH, Antidumpinggesetzgebung in der EWG, Außenwirtschaftsdienst des BB, 1959 S. 77; vgl. auch Art. VI Abs. 1 GATT, BGBl 1951, II S. 173.

(55) Dahingehende Kartellverträge, -beschlüsse und -empfehlungen von Verkehrsunternehmen sind auch vom Deutschen GWB nicht freigestellt, vgl. §§ 99 GWB und WESCHE in Müller - Henneberg - Schwarz, Komm. zum GWB, § 99 Anm. 5.

(56) ABl. 1962, S. 204.

weisen der in Art. 85 Abs. 1 EWGV bezeichneten Art und solche mißbräuchlichen Ausnutzungen einer marktbeherrschenden Stellung im Sinne des Art. 86 EWGV nicht den Regeln der Verordnung Nr. 17, die sich auf das Erbringen von Beförderungsleistungen durch Reeder und Luftfahrtunternehmen beziehen. Dagegen ist die Verordnung Nr. 17 auf solche Wettbewerbsbeschränkungen dieser Unternehmen anzuwenden, die verkehrspolitisch belanglose Gegenstände betreffen.

Es gehört nicht zu den Aufgaben dieser Arbeit, zu prüfen, inwieweit einzelne Seeschiffahrtskonferenzen oder zum Beispiel die geplante Air-Union zwischen der Sabena, der Lufthansa, der Alitalia und der Air-France (57) überhaupt die Tatbestandsmerkmale insbesondere des Art. 85 Abs. 1 erfüllen würden, so daß sie den Regeln der Verordnung Nr. 17 unterliegen könnten. Denn es geht hier nur um die Frage, ob diese Vorschriften angewendet werden dürfen, wenn ihre Voraussetzungen erfüllt sind. Immerhin: die Erfüllung der Tatbestandsmerkmale des Art. 85 Abs. 1 EWGV durch den geplanten Air-Unions-Vertrag, der bisher nicht veröffentlicht wurde, ist von Sand (58) mit Recht bejaht worden. Auch ist die Festsetzung der Preise und Konditionen für den europäischen Luftverkehr im Rahmen der IATA (59) geeignet, den Wirtschaftsaustausch zwischen den Mitgliedstaader EWG zu beeinträchtigen. Sie bezweckt außersem eine Beschränkung des Wettbewerbs auch zwischen den europäischen Fluggesellschaften. Nicht anders steht es zumindest mit solchen Seeschiffahrtskonferenzen, die die Preise für Beförderungen innerhalb des Gemeinsamen Marktes festsetzen (60), die Verlader durch Mengen- und Treuerabatte an sich binden (61) und Konferenzaußenseiter aus den Mitgliedstaaten gemeinsam bekämpfen. Aber auch das Frachtratensystem der Seeschiffahrtskonferenzen - zum Beispiel Rangezuschläge - für Beförderungen zwischen den Ländern der Gemeinschaft und Übersee kann den Handel zwischen den Mitgliedstaaten beeinträchtigen (62). In diesen und ähnlichen Fällen zeigt das Zurücktreten der Art. 85 und 86 des

(57) KRÜGER, ECKART, aaO, E.W. 1959, S. 453.

(58) SAND, Die Air-Union und das Wettbewerbsrecht des Gemeinsamen Marktes, Zeitschr. für LuftR 1960, S. 111 (117).

(59) KRÜGER, ECKART, aaO, E.W. 1959, S. 453.

(60) In ZENTRALVERBAND DER DEUTSCHEN SEEHAFENBETRIEBE, Konferenzen aaO, ist eine solche Konferenz allerdings nicht verzeichnet.

(61) vgl. z.B. das in ZENTRALVERBAND, aaO, S. 31, abgedr. Rabatt- und Kontraktformular der Canadian Continental Westbound Freight Conference, dazu NITTSCHER, Seeschiffahrtskonferenzen und Abladerschaft, I, Wirtschaftsdienst 1960, S. 17.

(62) NITTSCHER, Seeschiffahrtskonferenzen und Abladerschaft II, Wirtschaftsdienst 1961, S. 457.

Vertrages und der Vorschriften der Verordnung Nr. 17 schon jetzt seine praktischen Konsequenzen. Die Wirksamkeit dieser Wettbewerbsbeschränkungen ist weder von einer Entscheidung der nationalen Kartellbehörden, noch von einer solchen der Kommission nach Maßgabe der Verordnung Nr. 17, noch von einer rechtzeitigen Anmeldung nach Art. 5 der Verordnung Nr. 17 abhängig (63).

Soweit in der Genehmigung einer Fluglinie und der damit verbundenen Verpflichtungen, "den Betrieb ordnungsmäßig einzurichten, aufzunehmen und während der Dauer der Genehmigung aufrechtzuerhalten" (64) das Betrauen mit einer Dienstleistung im allgemeinen wirtschaftlichen Interesse gesehen werden kann, ist die Geltung von Art. 90 Abs. 2 und Abs. 3 aufgeschoben.

Die in Art. 92 Abs. 3c EWGV genannten Beihilfen für den Schiffbau als Produktionstätigkeit sind Beihilfen zugunsten von Werften, deren Tätigkeit gewöhnlich nicht unter den Begriff Seeschifffahrt fällt. Art. 84 Abs. 2 und Art. 92 überschneiden sich insoweit nicht.

7. Steuerliche Vorschriften

Die steuerlichen Vorschriften der Art. 95 bis 98 betreffen den freien Warenverkehr, dessen Herstellung - wie bereits erwähnt - die Produktion von See- und Luftbeförderungsleistungen verkehrspolitisch nur unbedeutend berührt. Die Anwendung der Art. 95 bis 98 wird also durch Art. 84 Abs. 2 nicht beschränkt. Ob die Harmonisierung der Systeme der indirekten Steuern nach Art. 99 sich ebenfalls nur auf den Warenverkehr bezieht (65), ist nach dem Wortlaut der Vorschrift zweifelhaft. Soweit die Harmonisierung dieser Steuern Bedeutung im Hinblick auf die See- und Luftverkehrspolitik der Mitgliedstaaten hat, wird Art. 99 durch Art. 84 Abs. 2 verdrängt.

8. Angleichung der Rechtsvorschriften

Die Anwendung der Art. 100 bis 102 EWGV kann sich speziell auf solche Rechts- und Verwaltungsvorschriften beziehen, deren Angleichung und damit Änderung von erheblicher seeschiffahrts-

(63) vgl. zum Eintritt der Nichtigkeitsfolge des Art.85 Abs.2 EWGV Gerichtshof der EG, Urteil vom 6. April 1962 in der Rechtssache 13/61.

(64) So § 21 Abs. 2 des dt LuftVG.

(65) Das meint SPRUNG in WEGSpr, Art. 99, vor Anm. 1 und in Anm. 7.

und luftfahrtpolitischer Bedeutung ist. Das gilt insbesondere für solche Vorschriften, derentwegen die Produktion von Beförderungsleistungen mittels Schiffen und Flugzeugen in den Mitgliedstaaten nur zu so unterschiedlichen Kosten möglich ist, daß Wettbewerbsverzerrungen entstehen (66). Die Anwendung von Art. 100 bis 102 ist insoweit durch Art. 84 Abs. 2 eingeschränkt.

Die Angleichung der gewerberechtlichen Vorschriften, die vor allem für die Aktualisierung des Prinzips des freien Dienstleistungsverkehrs notwendig ist, ist in dem nach Art. 84 Abs. 2 zu fassenden Beschluß vorzusehen. Die Art. 100 bis 102 gelten insoweit nur subsidiär (67).

9. Konjunkturpolitik

Da konjunkturpolitische Maßnahmen ihrer Natur nach meist auf die Verhinderung oder Einschränkung von Konjunkturschwankungen der gesamten Volkswirtschaft eines oder mehrerer Mitgliedstaaten gerichtet sind - zum Beispiel Veränderung der Diskontsätze durch die Zentralbanken - (68), werden sie in den meisten Fällen auch die Lage der Seeschiffahrt und der Luftfahrt und ihre Wettbewerbsstellung gegenüber Unternehmen aus Drittländern beeinflussen. Ein anschauliches Beispiel ist die Aufwertung der D-Mark am 4. März und des Guldens am 6. März 1961, die zur Entspannung der Konjunktur beitragen sollten (69). Dieße Maßnahmen haben den Reedern dieser beiden Länder erhebliche Einnahmeverluste gebracht, da ihre Dienstleistungen vornehmlich in ausländischer Währung bezahlt werden. Es kann aber nicht der Zweck des Art. 84 Abs. 2 sein, die Anwendung von Art. 103 EWGV so lange weitgehend zu blockieren, bis der in Art. 84 Abs. 2 vorgesehene Beschluß des Rates gefaßt ist. Hier treten die Belange der See- und Luftverkehrspolitik hinter denen der allgemeinen Wirtschaftspolitik zurück. Dies ist auch deswegen unbedenklich, weil Art. 103 Abs. 2 ebenfalls einstimmige Beschlüsse des Rates vorsieht.

Maßnahmen, die ausschließlich auf Seeschiffahrt oder Luftfahrt einwirken, kann der Rat nach Art. 103 nicht treffen. Das ergibt sich aus dem Verweis auf die anderen Verfahrensvorschriften in Art. 103 Abs. 2 (70).

(66) Dazu EVERLING in WEGSpr, Vorbem. 1 vor Art. 100.
(67) Dazu im einzelnen EVERLING, in WEGSpr, Art. 100 Anm. 2.
(68) EVERLING in EWGSpr, Art. 103, Vorbem. und Anm. 1 und 3.
(69) vgl. vierter Gesamtbericht der KOMMISSION, Ziff. 89.
(70) EVERLING in WEGSpr, Art. 103 Anm. 5.

10. Zahlungsbilanz

Daß die Mitgliedstaaten bereit waren, die Sonderbelange ihrer See- und Luftverkehrspolitik auch hinter die bedeutsameren Belange der Zusammenarbeit auf dem Gebiet der Währungspolitik des Zahlungsverkehrs und der Wechselkurse zurückzustellen, haben sie mit der Regelung des Art. 106 Abs. 3 und der dazugehörigen Liste gezeigt. Die Anwendung der Art. 104 bis 109 EWGV wird also durch Art. 84 Abs. 2 ebenfalls nicht beeinträchtigt.

11. Handelspolitik

Etwas anderes gilt für die Vorschriften über die Politik auf dem Gebiet des Außenhandels, Art. 110 bis 116. Es gehört zu den traditionellen Belangen der Außenhandelspolitik schiffahrtstreibender Staaten, die Schiffahrtsbeziehungen mit anderen Ländern zu fördern und in Freundschafts-, Handels- und Schiffahrtsverträgen die Rechtsgrundlagen für die Ausübung der Seefahrt zu schaffen (71). Staaten, die für den freien Wettbewerb in der internationalen Seeschiffahrt eintreten, versuchen den Flaggenprotektionismus durch die Vereinbarung der Inländerbehandlung und die Aufnahme von Nichtdiskriminierungsklauseln in diese Verträge auszuschalten (72), andere benutzen sie, um ihren Flotten insbesondere durch die Vereinbarung der fifty-fifty-Klausel ein bestimmtes Güteraufkommen zu sichern (73). Da der Bereich der Schiffahrtspolitik von den übrigen Bereichen der Außenhandelspolitik trennbar ist, wie der Aufbau der Handelsverträge zeigt, und da diese Verträge Instrument der Seeverkehrspolitik sind, muß angenommen werden, daß die Vertragschließenden den Vorbehalt der Ratsentscheidung nach Art. 84 Abs. 2 auf die Anwendung der Art. 110 bis 116 erstrecken wollten. Das bedeutet, daß wesentliche Belange der nationalen Seeverkehrspolitik nicht der Koordinierung der Handelspolitik während der Übergangszeit und ihrer Gestaltung nach einheitlichen Grundsätzen nach dem Ablauf der Übergangszeit unterliegen.

(71) z. B. Freundschafts-, Handels- und Schiffahrtsvertrag vom 29. Okt. 1954 zwischen der Bundesrepublik Deutschland und den Vereinigten Staaten von Amerika, dt. Gesetz vom 7. Mai 1956, BGBl II. S. 487. Andere Schiffahrtsvereinbarungen der Bundesrepublik siehe Übersicht bei SCHAPS - ABRAHAM, Seerecht, S. 113, auch NEUPERT, aaO, Hansa 1957, S. 2021.

(72) NEUPERT, aaO, Hansa 1957, S. 2021; RÖHREKE, Die Behandlung des Seeverkehrs in Handelsverträgen, Hansa 1957, S. 1940.

(73) LAUN, Diskriminierung aaO, Zeitschr. für VerkWiss. 1961 S. 5.

Die in Art. 3 der Entscheidung des Ministerrats zur Vereinheitlichung der Laufzeit von Handelsabkommen mit dritten Ländern vom 9. Oktober 1961 (74) vorgesehene Überprüfung der Handels- und Schiffahrtverträge dürfte mit dem von den Vertragschließengewollten Zweck des Art. 84 Abs. 2 vereinbar sein. Die Überprüfung dieser Verträge bedeutet nicht, daß ihr Schiffahrtsteil geändert werden muß.

Die Regelung der Luftverkehrsbeziehungen zu anderen Staaten ist bisher im wesentlichen den Sonderverträgen vorbehalten gewesen, die die Staaten über diesen Gegenstand geschlossen haben. Allerdings wurden in die Handels- und Schiffahrtsverträge zuweilen auch Sonderregeln für die Niederlassung zur Ausübung der Luftfahrt im Binnenverkehr aufgenommen (75). Die Art. 110 bis 116 lassen die Luftverkehrspolitik vorläufig ebenso unberührt. wie die Seeverkehrspolitik.

Der Inhalt der See- und Luftfahrtpolitik gegenüber dritten Staaten ist überdies eng an die Herstellung des freien Dienstleistungsverkehrs auf diesen Sektoren innerhalb des Gebiets der Mitgliedstaaten geknüpft (76). Wird es zum Beispiel möglich sein bei Aufhebung des Flaggenvorbehaltes der einzelnen Mitgliedstaaten für die Küstenschiffahrt und des Kabotagevorbehaltes für die Luftfahrt europäische Kabotagevorbehalte einzuführen und damit Schiffe und Flugzeuge aus Drittländern von Beförderungen auszuschließen, an denen sie bisher teilgenommen haben? Diese Sachlage zeigt, daß die Vorschriften über die Handelspolitik für Seeschiffahrt und Luftfahrt nicht gelten können, ehe nicht nach Art. 84 Abs. 2 unter anderem ein Beschluß zur Schaffung der Rechtsgrundlage für die Herstellung des freien Dienstleistungsverkehrs in der See- und Luftfahrt gefaßt worden ist.

12. Sozialpolitik

Die Sozialvorschriften der Art. 117 bis 122 sind so elastisch gehalten, daß ihre Anwendung kaum wesentliche Belange der See- und Luftverkehrspolitik berühren wird. Die Untersuchungen und Stellungnahmen der Kommission nach Art. 118 verpflichtet die Mitgliedstaaten nicht; der Grundsatz des gleichen Entgelts für Männer und Frauen dürfte die Reeder und Luftfahrtunternehmen in ihrer Wettbewerbslage gegenüber dritten Ländern kaum beeinflussen.

(74) ABl S. 1274.
(75) vergl. Art. VII Abs. 2 des Vertrages BuRep.-USA aaO.
(76) KOMMISSION, Memorandum, Anl. 2 S. 10.

Die Übernahme von Kosten durch den Sozialfonds, die die öffentliche Hand zur Förderung der Beschäftigungsmöglichkeit von Arbeitskräften zu tragen hat, könnte allenfalls bei der Umstellung eines See- oder Luftfahrtunternehmens praktisch werden. Verkehrspolitische Auswirkungen sind davon nicht zu erwarten.

13. Investitionsbank

Die Europäische Investitionsbank soll Darlehen und Bürgschaften zur Finanzierung von Vorhaben in allen Wirtschaftszweigen gewähren. Art. 84 Abs. 2 schließt solche Finanzierungen in der Seeschiffahrt und der Luftschiffahrt nicht aus, da dies die nationale See- und Luftverkehrspolitik nicht beeinträchtigt.

14. Assoziierung der überseeischen Länder und Hoheitsgebiete

Soweit die Vorschriften über die Assoziierung der überseeischen Länder und Hoheitsgebiete und das Durchführungsabkommen nach Art. 136 Abs. 1 EWGV Regeln über den Warenverkehr (77), die Investitionen (78), das Niederlassungsrecht (79) und die Freizügigkeit der Arbeitskräfte (80) enthalten, gilt der Vorbehalt des Art. 84 Abs. 2 ebenso, wie er für die Regelung dieser Sachgebiete im zweiten und dritten Teil des Vertrages gilt. Die Frage des Niederlassungsrechts der Verkehrsunternehmen in den überseeischen Gebieten ist durch die Richtlinien des Rates vom 23. November 1959 (81) ohnehin ausgeklammert worden. Die Neuordnung der Assoziierung gemäß Art. 136 Abs. 2 EWGV darf sich dagegen nicht auf Fragen der See- und Luftfahrtpolitik der Mitgliedstaaten erstrecken.

15. Allgemeine und Schlußbestimmungen

Die Art. 220 (besondere Ausländerbenachteiligungen) und 221 (Kapitalbeteiligung von Ausländern) gelten insbesondere gegen-

(77) Art. 132 Ziff. 1 und 2, 133 und 134 EWGV, Art. 9 bis 15 Übergangsabkommen. (ÜAbk.)

(78) Art. 132 Ziff. 3 und 4 EWGV, Art. 1 bis 7 ÜAbk.

(79) Art. 132 Ziff. 5, Art. 136 Abs. 1 EWGV mit Art. 8 ÜAbk.

(80) Art. 135 EWGV.

(81) Richtlinien zur Festlegung der Einzelheiten der schrittweisen Anwendung des Niederlassungsrechts in den überseeischen Ländern und Gebieten und der

über den Vorschriften des zweiten Teiles des Vertrages nur subsidiär (82). In Belangen der See- und Luftfahrtpolitik geht ihnen also Art. 84 Abs. 2 vor. Bei Art. 221 gilt dies für die Frage der Beteiligung von Ausländern am Kapital der Reedereien und Luftfahrtgesellschaften, weil dies für das Flaggenrecht bzw. die Eintragung in die Luftfahrzeugrolle bedeutsam ist. (83)

Aus dem Wortlaut des Art. 223 Abs. 1 (Staatssicherheit) ergibt sich bereits, daß Art. 84 Abs. 2 hinter der Regelung über die wesentlichen Sicherheitsinteressen der Staaten zurücktritt. Ebenso gehen ihm die Art. 224 und 225 vor. Auch der Anwendung der Schutzklausel des Art. 226 stehen verkehrspolitische Gesichtspunkte nicht entgegen.

Die Festlegung des räumlichen Geltungsbereichs des Vertrages in Art. 227 Abs. 1 bezieht sich auch auf Seeschiffahrt und Luftfahrt.

Art. 84 Abs. 2 gilt gemäß Art. 227 Abs. 2 für Algerien und die französischen überseeischen Departements als "besondere Bestimmung" insoweit, als er Sonderregeln für Seeschiffahrt und Luftfahrt gegenüber den "allgemeinen Bestimmungen" über den freien Dienstleistungsverkehr und die Wettbewerbsordnung enthält.

Art. 234 gilt auch für Belange der Seeschiffahrt und der Luftfahrt. Solange der Rat keinen Beschluß nach Art. 84 Abs. 2 gefaßt hat, kann eine Unvereinbarkeit zwischen dem EWGV und früheren Übereinkünften mit dritten Staaten für Gegenstände der See- und Luftfahrtpolitik allenfalls bei den höherwertigen Fragen der allgemeinen Wirtschaftspolitik auftreten (Konjunkturpolitik, Zahlungsbilanz). Dann muß Art. 234 auch zur Anwendung kommen. Bei verkehrspolitisch irrelevanten Faktoren für die Produktionstätigkeit der Reeder und Luftfahrtunternehmen gilt Art. 234 ohnehin.

Bei der Assoziierung Griechenlands gemäß Art. 238 EWGV wurde der Vorbehalt der Ratsentscheidung nach Art. 84 Abs. 2 zu Recht nur im Inhalt des Abkommens respektiert. Gemäß Art. 50 des Abkommens zur Gründung einer Assoziation zwischen der EWG und Griechenland wird der Assoziationsrat beschliessen, "Ob, in welchem Umfang und nach welchem Verfahren Bestimmungen für die griechische Seeschiffahrt und Luftfahrt erlassen werden können", wenn der Rat der Gemeinschaft auf Grund von Art. 84 Abs. 2 EWGV eine Entscheidung erläßt. Art. 84

frz. überseeischen Departements, ABl 1960 Nr. 7 S. 147, dazu Kommentar der KOMMISSION, Brüssel, Sept. 1960, S. 8.

(82) WOHLFAHRT in WEGSpr, Art. 220 Anm. 1, Art. 221 Anm. 3.

(83) vgl. oben Fußnote (48).

Abs. 2 verdrängt Art. 238 nicht. In einem Assoziationsabkommen können Bestimmungen über die Seeschiffahrt und die Luftfahrt enthalten sein. Lediglich der Inhalt solcher Bestimmungen darf Art. 84 Abs. 2 nicht widersprechen.

Für die übrigen Vorschriften des sechsten Vertragsteils bedarf das Prinzip des Vorbehalts der Ratsentscheidung in see- und luftverkehrspolitischen Gegenständen keiner besonderen Erläuterung.

V. Zusammenfassung der historischen Auslegung

Bereits die historische Auslegung der im EWGV für die Seeschiffahrt und die Luftfahrt enthaltenen Regelung hat ergeben, daß keine der zu Beginn geschilderten, einander wiedersprechenden Auffassungen den Sinn der Vorschriften erschöpft:

1. a) Art. 84 Abs. 2 EWGV soll die Zusammenführung der verschiedenen nationalen See- und Luftverkehrspolitiken der Mitgliedstaaten im Rahmen der Gemeinschaft ermöglichen. Die Entscheidung über die Notwendigkeit dieser Zusammenführung war bei den Vertragsverhandlungen aufgeschoben worden. Art. 84 Abs. 2 gibt daher dem Rat die Befugnis, nach seinem Entschliessungs- und Auswahlermessen im Wege der Vertragsergänzung für die Produktion von Beförderungsleistungen mittels Seeschiffen und Luftfahrzeugen ähnliche Sondervorschriften zu erlassen, wie sie für die drei Binnenverkehrsarten insbesondere in Art. 74 und 75 EWGV schon bestehen. Art. 84 Abs. 2 beläßt damit die Kompetenz für die Seeschiffahrts- und Luftfahrtpolitik zunächst den Mitgliedstaaten.

b) Dieser gesetzgeberische Gedanke (84) findet im Wortlaut des Art. 84 Abs. 2 insoweit seinen Ausdruck, als zur Bestimmung "ob, inwieweit und nach welchen Verfahren geeignete Vorschriften ... zu erlassen sind" Ermächtigungsnormen gesetzt werden können, in denen Inhalt, Umfang und Zweck der Ermächtigung hinreichend bestimmt und Verfahren festgelegt werden. Die Stellung der Vorschrift im zweiten Teil, Titel IV des Vertrages verweist damit insbesondere auf solche Bestimmungen des Titels, in denen entsprechende Ermächtigungen, die die drei Binnenverkehrtsarten betreffen, bereits vorhanden sind. Art. 84 Abs. 2 verweist damit vor allem auf die Art. 74 und 75, die zu den Vorschriften für alle Wirtschaftszweige im Konkurrenzverhältnis der Addition stehen.

(84) Ausdruck von BENDER, Methode, aaO, JZ 57, S. 599.

2. a) Andere Vorschriften des EWGV, unter deren Tatbestand Faktoren für die Produktionstätigkeit der Reeder und der Luftfahrtunternehmen subsumiert werden können, dürfen insoweit und so lange nur subsidiär angewendet werden, als dadurch der Zweck des Art. 84 Abs. 2 nicht wesentlich beeinträchtigt wird.

b) Daß dieser Zweck durch die Anwendung der Vorschriften über den freien Warenverkehr auf See- und Luftfahrtgerät nicht wesentlich beeinträchtigt wird, haben die Mitgliedstaaten durch Aufnahme dieser Warengruppen in die Regelung der Art. 19 und 20 EWGV zum Ausdruck gebracht.

c) Übergeordnete Interessen der Zusammenarbeit der Mitgliedstaaten auf einzelnen Gebieten der Wirtschaftspolitik können die volle Anwendung der betreffenden Vertragsnormen entgegen der Regelung von Art. 84 Abs. 2 gebieten.

d) Die sofortige Anwendung sämtlicher Vertragsvorschriften für alle Wirtschaftszweige auf Belange der See- und Luftverkehrspolitik mit der Möglichkeit des Erlasses von Anpassungen nach Art. 84 Abs. 2 greift dem in dieser Bestimmung in Aussicht genommenen Ratsbeschluß vor. -

Damit schält sich ein Sinngehalt der Regelung für Seeschiffahrt und Luftfahrt heraus, der zwischen den Auffassungen der beiden bestehenden extremen Ansichten liegt. Ob dieser Sinn im Wege der aktualen Auslegung zu modifizieren ist, ist nunmehr zu prüfen.

7. Kapitel

GESICHTSPUNKTE DER AKTUALEN METHODE

Die zweite Stufe der Auslegung gilt der Aktualisierung der im Vertrag enthaltenen Gebote in der Gegenwart. Im Hinblick auf die Produktionstätigkeit der Reeder und Luftfahrtunternehmen kommt eine primäre Gesetzesergänzung (Lückenschließung) nicht in Betracht. Dagegen ist zu prüfen, ob ursprüngliche Denk- oder Anschauungsfehler der Vertragschließenden, deren Auswirkungen sich heute zeigen, zu berücksichtigen sind.

I. Inhalt und Ausmaß der Ermächtigung in Art. 84 Abs. 2

Das Ergebnis der Erforschung der Ordnungsvorstellungen der Vertragspartner ist vor allem im Hinblick auf Inhalt und Ausmaß der in Art. 84 Abs. 2 EWGV enthaltenen Ermächtigung unbefriedigend.

1. Entschließungsermessen

Zunächst ist zu prüfen, ob dem Rat ein Entschließungsermessen zustehen kann.

Art. 84 Abs. 2 ist aus einer verwickelten Verhandlungssituation entstanden, in der es galt, die unterschiedlichen verkehrspolitischen Interessen der Partner und das gesetzte Vorhaben der Integration ihrer Volkswirtschaften in der Kürze der zur Lösung der Fragen zur Verfügung stehenden Zeit in Kompromißformeln zu pressen. Dabei dürfte vor allem die Vorstellung, man könne den Verkehrssektor oder zumindest einige seiner Zweige aus dem Integrationsprozeß auf unbegrenzte Zeit weitgehend heraushalten (1), mit für die Fassung des Art. 84 Abs. 2 ursächlich geworden sein. Diese Vorstellung war jedoch fehlerhaft:

Im Bereich der Wirtschaft beeinflussen sich sämtliche Vorgänge wechselseitig derart, daß es unmöglich ist, einzelne Branchen eines Sektors länger als für eine kurze Zwischenperiode von dem Prozeß der Einigung der Volkswirtschaften mehrerer Staaten freizustellen. Die Vertragssystematik hat gezeigt, daß die Vertragschließenden dies im Hinblick auf alle Wirtschaftszweige grundsätzlich beachtet haben. Lediglich für Seeschiff-

(1) vgl. Dok. MAE 334d/56 vom 26. Sept. 1956, oben S. 81

fahrt und Luftfahrt hielten sie eine Ausklammerung für möglich und begnügten sich zunächst mit einer Ermächtigung des Rates, irgendwann einmal zu entscheiden, ob Normen für diese beiden Verkehrsarten erlassen werden können oder müssen. Allerdings hat die historische Interpretation ergeben, daß die Vertragspartner mit dieser Ermächtigung die Produktionstätigkeit der See- und Luftfahrtunternehmen, die im Gebiet des Gemeinsamen Marktes ansässig sind, nicht vollständig aus der Wirtschaftsintegration ausklammern wollten. Es ging ihnen vor allem um die Frage, ob eventuell eine Angleichung ihrer See- und Luftfahrtpolitiken nötig ist und wie diese möglich sein würde. Aber damit ergibt sich die Schwierigkeit, solche Faktoren, deren Veränderung während des Integrationsprozesses diese Politiken nicht wesentlich berührt, von solchen zu trennen, bei denen dies der Fall sein würde. Mit Recht läßt sich fragen, wo da die Grenze liegt (2). Letztlich kann auch die Art des Einkaufs von Büromöbeln auf dem Gemeinsamen Markt durch die Fluggesellschaften eine luftfahrtpolitische Frage sein. Diese Abgrenzungsschwierigkeit kann nicht so lange bestehen bleiben, wie es dem Rat beliebt, keinen Beschluß nach Art. 84 Abs. 2 zu fassen.

Die Gebotsvorstellung der Vertragschließenden, daß dem Rat mit der Formulierung "kann entscheiden" nicht nur eine Zuständigkeit, sondern auch ein Entschließungsermessen zustehen soll, bedarf darüberhinaus der Berichtigung im Sinne des Zwecks des Vertrages. Dessen oberster Zweck ist nicht der Schutz einzelstaatlicher See- und Luftfahrtinteressen, sondern die Einigung der Märkte der Mitgliedstaaten, die Annäherung ihrer Volkswirtschaften und die Erarbeitung der Grundsätze und Einzelheiten einer gemeinsamen Politik auf diesem Gebiet (3). Die Ausklammerung der See- und Luftverkehrspolitik aus dem Vorhaben für längere Zeit, als unbedingt notwendig ist, um die Berücksichtigung der besonderen Verhältnisse in diesen Sektoren zu gewährleisten, widerspricht jenem obersten Zweck.

Aus diesen Gründen muß der Rat als verpflichtet angesehen werden, von der ihm in Art. 84 Abs. 2 übertragenen Ermächtigung in einem den Umständen angemessenen Zeitraum nach Inkrafttreten des Vertrages Gebrauch zu machen, sich also zu einem Entscheid zu entschließen.

Es kann dahingestellt bleiben, ob dies Ergebnis eine Einengung des Spielraums für das Entschließungsermessen auf nur diese eine mögliche Entscheidung ist, oder ob es verdeutlicht, daß die Kannvorschrift in Wahrheit eine Mußvorschrift darstellt (4). Beides trägt das Ergebnis.

(2) so STABENOW, Triest, S. 24, zu der dort von ihm geschilderten Mittelmeinung.

(3) Präambel, Art. 2 und 3 EWGV.

(4) Eine solche Deutung einer Kannvorschrift hat das BVerwG z. B. im Ur-

Es soll auch nicht behauptet werden, daß in allen Fällen, in denen sich im Vertrag die Wendung "kann entscheiden, entschließen, bestimmen usw." vorkommt (5), eine Mußvorschrift anzunehmen ist. Darüber, ob das betreffende Organ der Gemeinschaft verpflichtet ist, von der ihm erteilten Ermächtigung Gebrauch zu machen, sagt das Wort "kann" allein lediglich nichts aus. Diese Frage muß in jedem konkreten Fall durch Auslegung beantwortet werden (6).

2. Grenzen des Auswahlermessens

Die Verpflichtung des Rates, von der ihm eingeräumten Ermächtigung überhaupt Gebrauch zu machen, genügt aber wegen der wenig glücklichen Wortfassung des Art. 84 Abs.2 noch nicht, die Ermessensfreiheit des Rates in den dem Vertrag angemessenen Grenzen zu halten. Es bedarf noch der Klarstellung, inwieweit der Rat von seinem Auswahlermessen, das ihm nach dem Wortlaut der Vorschrift in dreierlei Weise zusteht, Gebrauch machen darf:

a) Der Rat ist zunächst verpflichtet zu entscheiden, ob geeignete Vorschriften im Rang unter den Vertragsnormen erlassen werden müssen. Dies muß dahin verstanden werden, daß er zu entscheiden hat, ob besondere Vorschriften in den Formen des Art. 189 zu erlassen sind. Von diesem Ermessen darf der Rat nur in der Weise Gebrauch machen, daß die Annäherung der See- und Luftfahrtpolitik der Mitgliedstaaten im Rahmen der Gemeinschaft überhaupt gewährleistet ist. Das ergibt sich teilweise aus dem von den Vertragspartnern gewollten Zweck des Art. 84 Abs.2, wird aber aus den vorgehenden Erläuterungen zum Entschließungsermessen ebenfalls deutlich. Der Rat darf also auf keinen Fall festlegen, daß die See- und Luftverkehrspolitik der Mitgliedstaaten ein für allemal nicht zusammenzuführen sei und deshalb geeignete Sondervorschriften auch nicht erlassen werden müssen.

Demgegenüber könnte der Rat sehr wohl z. B. die Annäherung der See- und Luftverkehrspolitik gegenüber Drittländern und internationalen Organisationen den Regeln über die Handelspolitik, Art.110 bis 116 EWGV, unterwerfen, so daß es insoweit bei den

teil des V. Senats vom 31. 1. 1956, BVerwGE 3, S. 121, und im Beschluß vom 12. Mai 1959, NJW 1959, S. 1382, gegeben. SCHEERBARTH, Ist im Verwaltungsrecht die Hermeneutik auf Abwegen? DVBl 1960 S. 185 (186 bis 188) kritisiert die Entscheidungen als "Umdeutung einer Kannvorschrift in eine Mußvorschrift". Seine Überlegungen zur Methode der Auslegung sind jedoch in dieser Arbeit, Dogmatische Grundlagen, III, widerlegt.

(5) vgl. für die Fälle der Ermächtigung zur Vertragsänderung oder -ergänzung z. B. Art. 14 Abs. 7, 33 Abs. 8, 126a, 126b, 200 Abs. 3, 223 Abs. 3.

(6) BVerwGE 3. S. 121.

dort vorgesehenen Maßnahmen sein Bewenden haben könnte. Der Rat könnte auch einzelne Vorschriften für alle Wirtschaftszweige direkt durch unvollkommene Rechtssätze einschränken oder ausgestalten (entsprechend Art. 77 und 78). Auch insoweit wären besondere Vorschriften im Rang unter den Vertragsnormen nicht notwendig.

b) Soweit der Rat im Hinblick auf einzelne Sachfragen den Erlaß von geeigneten Sondervorschriften für notwendig hält, muß er entscheiden, inwieweit dazu die Ermächtigung erteilt werden muß. Der Ermessensrahmen ergibt sich hier aus dem Gedanken, der auch der gemeinsamen Verkehrspolitik nach Art. 74 Grenzen setzt: der Rat darf wegen der besonderen Verhältnisse in der Seeschiffahrt und der Luftfahrt Abweichungen von den für alle Wirtschaftszweige geltenden Vertragsnormen nur insoweit zulassen, als deren Wesensgehalt nicht angetastet wird.

Diese Frage wird insbesondere bei der Herstellung des freien Dienstleistungsverkehrs auf dem Gebiet der Beförderungen zur See und in der Luft eine Rolle spielen. Der Rat wird sich hier davon leiten lassen müssen, daß in Art. 3e die Einführung einer gemeinsamen Verkehrspolitik auch für die Seeschiffahrt und die Luftfahrt in Aussicht gestellt ist und daß daneben Art. 61 Abs. 1 den Abbau der Ausländerbeschränkungen im freien Dienstleistungsverkehr auch im See- und Luftfahrtsektor fordert. Daher dürften insoweit die Art. 74 und 75 Abs. 1 a und b dem Rat das rechte Beispiel für die Verknüpfung von gemeinsamer Verkehrspolitik und Vertragsgrundsätzen geben.

Auch im übrigen bietet sich an, eine Vorschrift, die die Einführung einer gemeinsamen See- und Luftverkehrspolitik anordnet, zu erlassen, und diese mit den für alle Wirtschaftszweige geltenden Vertragsbestimmungen additiv anzuwenden.

c) Eine besondere Verfahrensregelung muß in die nach Art. 84 Abs. 2 zu erlassende Ermächtigung vor allem dann aufgenommen werden, wenn für Seeschiffahrt oder für Luftfahrt Vorschriften erlassen werden müssen, für die sonst keine Grundlage im Vertrag enthalten ist. Das gilt vor allem für die Verwirklichung des freien Dienstleistungsverkehrs in See- und Luftfahrt.

Der Rat darf nur solche Verfahren vorsehen, die an im Vertrag enthaltenen Verfahrensregelungen orientiert sind. Auch würde er sein Ermessen mißbrauchen, wenn er der Kommission kein Vorschlagsrecht einräumen und in wichtigen Fällen die Anhörung des Europäischen Parlamentes oder des Wirtschafts- und Sozialausschusses nicht vorsehen würde. Schließlich widerspricht es dem Gesamtzusammenhang des Vertrages, wenn der Rat sich selber in weniger wichtigen Fragen ausschließlich zu einstimmigen Entscheidungen auch für die Zeit nach Ablauf der Übergangszeit ermächtigt.

II. Beteiligung der Kommission; Rechtsweg

Soweit die vorstehende aktuale Interpretation des Art. 84 Abs. 2 Überlegungen enthält, die sich nach rein historischer Auslegung nicht halten lassen, stellen sie eine zulässige Berichtigung der Gebotsvorstellungen der Vertragspartner dar. Diese Berichtigung ist zulässig, weil sie sich nur auf eine fehlerhafte Anschauung der Interessenlage bei Vertragsschluß erstreckt, die grundsätzlichen Gebotsvorstellungen der Vertragspartner aber aufrechterhält.

Es mag nun bedauerlich und unzweckmäßig erscheinen, daß der Kommission in Art. 84 Abs. 2 anders als in sonstigen Fällen der Befugnis des Rats zur Vertragsergänzung (7) kein Vorschlagsrecht eingeräumt wurde, das es ihr gestatten würde, die Tätigkeit des Rates in Gang zu bringen. Bloße Zweckmäßigkeitserwägungen können jedoch zu keiner Vertragsberichtigung im Wege der aktualen Interpretation führen, da sonst "der notwendige Gehorsam des Interpretationssubjektes gegenüber dem Wertungswillen des Gesetzgebers" (8) durchbrochen würde. Dies ist ein allen Mitgliedstaaten gemeinsames rechtsstaatlichen Prinzip(9).

Damit ist jedoch nicht ausgeschlossen, daß Rat und Kommission zur Anwendung des Art. 84 Abs. 2 im Rahmen ihrer allgemeinen Aufgaben gemäß Art. 152 und 155 EWGV zusammenarbeiten. Der Rat könnte die Kommission nach Art. 152 EWGV auffordern, seinen Beschluß nach Art. 84 Abs. 2 vorzubereiten.

Unterläßt es der Rat, in einer angemessenen Frist nach Inkrafttreten des Vertrages gemäß Art. 84 Abs. 2 tätig zu werden, so könnte ein an einem solchen Ratsbeschluß interessierter Mitgliedstaat oder die Kommission eine Untätigkeitsklage nach Art. 175 EWGV gegen den Rat erheben. Eine Überschreitung des Auswahlermessens durch den Rat kann nach Art. 173 EWGV vor dem Gerichtshof angegriffen werden. Auch Beschlüsse zur Vertragsergänzung sind ein "Handeln" des Rates im Sinne von Art. 173 (10). Folglich muß auch das Unterlassen eines solchen Handelns im Klagewege gerügt werden können, abgesehen davon, daß in Art. 175 EWGV der untechnische Ausdruck "Beschluß" gewählt wurde.

(7) z.B. Art. 14 Abs. 7, 33 Abs. 8, 38 Abs. 3, 223 Abs. 3.

(8) Formulierungen von BENDER, Zur Methode, JZ 1957 S. 600.

(9) Auch das Einstimmigkeitserfordernis in Art. 84 Abs. 2 ist als unzweckmäßig und als "gordischer Knoten" für den Auslegungsstreit bezeichnet und seine Änderung angeregt worden, NN, Seehäfen und Seeschiffahrt im Rahmen der Triester Hochschulwochen, Int. Transp. Z. 1961 S. 3235. Abgesehen davon, daß man über die Zweckmäßigkeit der Einstimmigkeit in Art. 84 Abs. 2 streiten kann - der Verkehrsausschuß des EP hält sie für berechtigt, Bericht CORNIG= LION - MOLINIER, S. 10 f. -, kommt ihre Änderung im Wege der Vertragsauslegung selbstverständlich nicht in Frage.

(10) DAIG, Die Gerichtsbarkeit, aaO, ArchÖR 1958 S. 132 (166).

III. Konkurrenzverhältnis zu den Vorschriften für alle Wirtschaftszweige

Das Konkurrenzverhältnis zwischen Art. 84 Abs. 2 und den Vorschriften des Vertrages für alle Wirtschaftszweige erfährt im Wege der aktualen Interpretation keine Berichtigung, da ein Anschauungsfehler insoweit nicht erkennbar ist. Die materiellen Bestimmungen für alle Wirtschaftszweige gelten also gegenüber Art. 84 Abs. 2 nur subsidiär. Auf die Einzeldarstellung im Rahmen der historischen Interpretation (Grund und Zweck der Verkehrsbestimmungen, IV, 1 bis 15) wird verwiesen.

Allerdings ergibt sich insofern eine Abweichung, als die partielle Nichtanwendbarkeit der Vorschriften für alle Wirtschaftszweige auf Seeschiffahrt und Luftfahrt mit Gewißheit nur eine vorübergehende sein darf. Sobald der Rat nach Art. 84 Abs. 2 einen Beschluß gefaßt hat, kommt es auf das Konkurrenzverhältnis der dann neu erlassenen Ermächtigungsnormen zu den Vorschriften außerhalb des Verkehrstitels an.

8. Kapitel

AUSLEGUNGSERGEBNIS UND FOLGERUNGEN

I. Zusammenfassung des Ergebnisses

Die Fragen nach dem Sinn der in Art. 84 Abs. 2 EWGV für Seeschiffahrt und Luftfahrt enthaltenen Regelung und nach der Anwendbarkeit von anderen Vorschriften des Vertrages auf diese beiden Verkehrsarten sind wie folgt zu beantworten:

1. Der Tatbestand des Art. 84 Abs. 2 erfaßt die Produktion von Beförderungsleistungen mittels Seeschiffen und Flugzeugen sowie alle Faktoren, von denen sie abhängt.

Jeweils einzelne Belange dieser Produktionstätigkeiten fallen zugleich unter die Tatbestände der materiellen Vertragsvorschriften, die für alle Wirtschaftszweige die Freizügigkeit der Produktionsfaktoren, die Errichtung eines Systems, das den Wettbewerb innerhalb des Gemeinsamen Marktes vor Verfälschungen schützt, und die Annäherung der Wirtschaftspolitik der Mitgliedstaaten anordnen.

2. Art. 3e stellt die Einführung einer gemeinsamen See- und Luftverkehrspolitik zwar in Aussicht, ordnet sie aber nicht selbst rechtsverbindlich an.

Aus Art. 19 und 20 ergibt sich, daß die Vorschriften über den freien Warenverkehr auf See- und Luftfahrtgerät anzuwenden sind.

Art. 61 Abs. 1 verweist für den Abbau der Beschränkungen des freien Dienstleistungsverkehrs auf dem Gebiet der Beförderungen zur See und in der Luft auf Art. 84 Abs. 2.

Art. 106 Abs. 3 enthält eine Stillhalteverpflichtung der Mitgliedstaaten im Hinblick auf den Liberalisierungsstand des Transfers von Zahlungen, die die Seeschiffahrt und die Luftfahrt betreffen.

3. Die Rechtsfolgeanordnung des Art. 84 Abs. 2 verpflichtet den Rat, in einer den Umständen angemessenen Frist nach Vertragsschluß im Wege der Vertragsergänzung für die Zusammenführung der See- und Luftverkehrspolitik der Mitgliedstaaten zu einer gemeinsamen Politik im Rahmen der Gemeinschaft zu sorgen. Zu diesem Zweck kann der Rat nach seinem Auswahlermessen

- die Anwendung von im Vertrag enthaltenen Vorschriften auf Belange der See- und Luftfahrtpolitik anordnen,
- für Seeschiffahrt und Luftfahrt die Rechtsfolgen der materiellen Vorschriften für alle Wirtschaftszweige bis zur Grenze ihres Wesensgehaltes ausgestalten,
- sich selbst zum Erlaß von geeigneten Sondervorschriften im

Rang unter den Vertragsnormen ermächtigen. Inhalt und Ausmaß dieser Ermächtigung müssen ihre Grenzen ebenfalls am Wesensgehalt der Grundsätze des Vertrages finden. Die Ermächtigung muß Verfahrensregelungen enthalten, die an den im Vertrag vorgesehenen Verfahren orientiert sind.

Aus dem Vergleich des Art. 84 Abs. 2 mit den Vorschriften für die drei Binnenverkehrsarten im Verkehrstitel bietet sich an, daß der Rat nach Art. 84 Abs. 2 eine Bestimmung erläßt, die die Einführung einer gemeinsamen See- und Luftverkehrspolitik anordnet und die mit den materiellen Vertragsnormen für alle Wirtschaftszweige im Konkurrenzverhältnis der Addition steht.

4. Bis zum Tätigwerden des Rates nach Art.84 Abs.2 dürfen andere materiellen Vorschriften des Vertrages, unter deren Tatbestand Faktoren für die Produktionstätigkeit der Reeder und Luftfahrtunternehmen subsumiert werden können, nur insoweit subsidiär angewendet werden, als dadurch der Vorbehalt des Ratsbeschlusses nach Art. 84 Abs.2 nicht umgangen wird. Demnach dürfen die Rechtsfolgeanordnungen der Vertragsvorschriften für alle Wirtschaftszweige im Hinblick auf Seeschiffahrt und Luftfahrt nur insoweit vollzogen werden, als dadurch die vorläufig noch bestehende nationale Zuständigkeit für die See- und Luftverkehrspolitik nicht wesentlich beeinträchtigt wird.

5. Dies gilt nicht, soweit übergeordnete Gesichtspunkte der Zusammenarbeit der Mitgliedstaaten auf den Gebieten der Konjunkturpolitik, der Währungspolitik, des Zahlungsverkehrs, der Wechselkurse und der Erhaltung des Bestands der Gemeinschaft die Anwendung der Art. 103, 104 bis 109 und 224 EWGV ungeachtet der Regelung des Art. 84 Abs. 2 gebieten.

II. Maßnahmen für Seeschiffahrt und Luftfahrt

1. Sachverhalte, die nach Art. 84 Abs. 2 zu regeln sind

Es ist nicht Aufgabe dieser Untersuchung, die Arbeit der Organe der Gemeinschaft auf dem Gebiet der Seeschiffahrt und Luftfahrt vorwegzunehmen. Gleichwohl sei es gestattet, einige Sachfragen, deren Regelung im Rahmen des Beschlusses nach Art. 84 Abs. 2 sich im Zuge der Auslegung des Vertrages als notwendig erwiesen hat, hier als Beispiele anzuführen:

a) Freier Dienstleistungsverkehr für Beförderungen zur See und in der Luft.
- Abbau des Flaggenvorbehalts in der Küstenschiffahrt.
- Beseitigung von staatlichen Maßnahmen, die die freie Flaggenwahl der Befrachter und Ablader gegenüber Schiffen aus den Mitgliedstaaten beeinträchtigen.

- Zulassung von Luftfahrtunternehmen zu Beförderungen innerhalb eines Mitgliedstaates, in dem sie nicht ansässig sind.
- Ausweitung der gewerblichen Luftverkehrsrechte für internationale Beförderungen aus oder nach dem Hoheitsgebiet eines Mitgliedstaates im Linienverkehr.
- Das gleiche für den Gelegenheitsverkehr auf der Grundlage des im Rahmen der ECAC abgeschlossenen "Mehrseitigen Abkommens über gewerbliche Rechte im nichtplanmäßigen Luftverkehr in Europa vom 30. April 1956".
- Berücksichtigung der Belange des sogenannten Nahluftverkehrs bei den beiden vorstehend genannten Fragen (1).
- Beteiligung der Organe der Gemeinschaft an den Maßnahmen auf dem Gebiet der Beförderungsentgelte und -bedingungen im Luftverkehr.

b) Niederlassungsrecht.
- Abbau der Ausländerdiskriminierungen in den Vorschriften über das Flaggenrecht für Seeschiffe und Register für Luftfahrzeuge.
- Fragen der Anwendung des Art. 57.

c) Freizügigkeit der Arbeitskräfte, Sozialpolitik.
- Beseitigung der restlichen Ausländerdiskriminierungen in den Schiffsbesetzungsordnungen.
- Berücksichtigung der besonderen sozialen Belange des fahrenden und fliegenden Personals.

d) Wettbewerbsregeln.
- Teilnahme der Unternehmen im Gebiet der Mitgliedstaaten an internationalen Kartellabsprachen, Befreiung der Kartelle, an denen auch Unternehmen aus Drittländern beteiligt sind, vom Verbot des Art. 85.
- Fragen des Zusammenschlusses der nationalen europäischen Fluggesellschaften (2).
- Vereinheitlichung der Beihilferegelungen der Mitgliedstaaten für Seeschiffahrt und Luftfahrt.

e) Art. 99; Angleichung der Rechtsvorschriften.
- Allgemeine Harmonisierung der Kosten für die See- und Luftfahrtunternehmen, Fragen der Schiffssicherheit und der Sicherheitsbedingungen für Luftfahrzeuge, Fragen der Flugsicherung.

f) Außenhandelspolitik und Art. 229.
- Koordinierung der See- und Luftverkehrspolitik gegenüber Drittländern und Internationalen Organisationen.

(1) RÖSSGER, Grundsätzliche Betrachtungen über die Entwicklung des Nahluftverkehrs, Int. Arch. Verkw. 1961 S. 74; KIENBAUM, Müssen wir im Verkehr ersticken? Entwicklung des Nahluftverkehrs eine Notwendigkeit, in Arch. Verkw. 1961, S. 83; DIETRICH, Gedanken zum Nahluftverkehr, Bundesbahn 1961, S. 590.

(2) Bericht Corniglion-Molinier, S. 3, 4 und 19.

- Fragen des Flaggenprotektionismus in der Weltschiffahrt.
- Fragen eines europäischen Kabotagevorbehalts für die Küstenschiffahrt zwischen den Ländern der Gemeinschaft und den Luftverkehr im Gemeinsamen Markt.
- Gemeinsame Einräumung von Luftverkehrsrechten an dritte Staaten.
- Fragen eines europäischen Flaggenrechts und einer europäischen Luftfahrzeugrolle.

g) Sonderfragen.
- Stillhalteverpflichtung entsprechend Art. 76.
- Ausdehnung der Entscheidung über die vorherige Prüfung und Beratung von Rechts- und Verwaltungsvorschriften der Mitgliedstaaten auf dem Gebiet des Verkehrs (3) auf Seeschiffahrt und Luftfahrt.
- Schaffung einer allgemeinen Norm über die Berücksichtigung der Wettbewerbslage der Reeder und Luftfahrtunternehmen der Mitgliedstaaten gegenüber solchen aus Drittländern bei interkontinentalen Beförderungen.

2. Sachverhalte, die nicht dem Vorbehalt der Ratsentscheidung unterliegen

Die Frage, inwieweit die Vorschriften für alle Wirtschaftszweige schon jetzt subsidiär auf Seeschiffahrt und Luftfahrt angewendet werden können und welche Maßnahmen beispielsweise auf Grund dieser Vorschriften schon jetzt getroffen werden können, wurde bereits erörtert (Grund und Zweck der Verkehrsbestimmungen, IV 1 bis 15). Auf jene Ausführungen wird verwiesen.

III. See- und Flughäfen

1. Tatbestand des Art. 84 Abs. 2 und Gewerbetätigkeit der Flughafenunternehmen und der Seehafenverkehrswirtschaft

Nachdem das Ergebnis für die Anwendung des Vertrages auf Seeschiffahrt und Luftfahrt, verstanden als Hauptgewerbe, gefunden ist, muß die noch offene Frage wieder aufgegriffen werden, ob auch das Nebengewerbe dem Tatbestand des Art. 84 Abs. 2 zu subsumieren ist. Im Rahmen der historischen Wortinterpretation ergab sich zwar, daß diese Frage sehr wahrscheinlich verneint werden muß. Es blieb aber noch offen, ob dies auch

(3) vgl. Vorschlag der Kommission an den Rat vom 12. Juli 1961 (VII/Kom (61) 116 endg.) Die Entscheidung ist vom Rat inzwischen erlassen worden, "Die Welt" vom 30. Nov. 1961.

mit dem für das Hauptgewerbe mit allen Auslegungsgesichtspunkten gefundenen Ergebnis zu vereinbaren sein würde. Aus diesem Ergebnis läßt sich nun für die Frage der Zuordnung der Gewerbetätigkeit der Flughäfen zum Begriff der Luftfahrt und bestimmter Branchen der sog. Seehafenverkehrswirtschaft zum Begriff der Seeschiffahrt im Sinne von Art. 84 Abs. 2 EWGV folgendes ableiten:

Die einzelnen Belange der Gewerbetätigkeiten der Flughafenunternehmen und der Unternehmen, die den Güterumschlag und die damit verbundenen Leistungen in den Seehäfen, die Vermittlung dieser Leistungen, die Vermittlung der Befrachtung von See- und Luftfahrzeugen und die Abfertigung von Seeschiffen besorgen, fallen ebenso wie die Faktoren für das Hauptgewerbe unter die Tatbestände der materiellen Vorschriften des Vertrages, die für alle Wirtschaftszweige die Freizügigkeit der Produktionsfaktoren, die Errichtung des Wettbewerbsschutzsystems und die Annäherung der Wirtschaftspolitik der Mitgliedstaaten anordnen.

Ob diese Nebengewerbe und damit alle für ihre Ausübung maßgeblichen Faktoren außerdem den Tatbeständen der besonderen Vertragsbestimmungen für die Beförderungsleistungsproduktion unterliegen, hängt wegen des Zwecks dieser Bestimmungen davon ab, inwieweit die Nebengewerbezweige ebenso wie die Hauptgewerbezweige bei Abschluß des Vertrages Gegenstand einer nationalen Politik waren, die für das Hauptgewerbe die Einführung einer gemeinsamen Verkehrspolitik bei der Wirtschaftsintegration erfordert. Die Frage, ob die Tatbestände der Verkehrsbestimmungen des Vertrages nur das Hauptgewerbe oder auch das Nebengewerbe erfassen, geht den ganzen Transportsektor an. Daher ist zunächst nicht entscheidend, ob einzelne Nebengewerbe in den Seehäfen und die Tätigkeit der Flughäfen mehr an den Binnenverkehr oder mehr an Seeschiffahrt und Luftfahrt angelehnt sind.

Es kommt in gewissem Umfang vor, daß verkehrspolitische Vorschriften der Mitgliedstaaten auch Bestimmungen für das Nebengewerbe enthalten. Die Eingriffe der Wirtschaftsverwaltung in das Verkehrsnebengewerbe sind aber erheblich weniger streng als die in das Hauptgewerbe. Zum anderen wird mit diesen Vorschriften meist ein bestimmter Zweck verfolgt: in das Nebengewerbe wird nicht im Interesse seiner eigenen Ordnung und Förderung eingegriffen, sondern weil die für das Hauptgewerbe getroffenen Maßnahmen unterstützt und vervollständigt werden sollen. Ein einprägsames Beispiel dafür ist die französische Regelung für die sog. "Commissionaires de transport". In Art. 42 des Dekrets vom 14. November 1949 zur Koordinierung und Harmonisierung des Eisenbahn- und Kraftverkehrs (4) sind unter der

(4) relatif à la coordination et à l'harmonisation des transports ferroviaires

Überschrift "Verschiedene Vorschriften" Ermächtigungen zum Erlaß von Vorschriften für die "Commissionaires de transport" enthalten. Die verschiedenen Branchen des Speditionswesens erhielten auf Grund dieser Ermächtigung zunächst in der Verordnung vom 19. Dezember 1952 (5) einige öffentlich-rechtliche Ordnungsvorschriften, die inzwischen durch die Verordnung vom 30. Juni 1961 (6) ersetzt sind. Darin heißt es:

"Art. 1er Est réputée commissionaire de transport toute personne ... qui fait exécuter, soust sa responsabilité et son propre nom, un transport de marchandises pour le compte d'un commettant ..."

Es werden dann die verschiedenen Tätigkeiten der einzelnen Branchen der Spediteure definiert, Art. 1 Abs. 2, die Erlaubnispflicht festgelegt, Art. 2, nicht nur für die Spediteure, sondern auch für die Frachtenmakler, Art. 3 und 4. Auch wird das Führen von Büchern zur Pflicht gemacht, Art. 8 Abs. 2 und 3, und die Hinterlegung einer Kaution gefordert, Art. 9. Der Zweck der ganzen Angelegenheit ergibt sich einmal aus Art. 8 Abs. 1:

"Le titulaire d'une licence visée aux articles 2 et 4 ... doit s'assurer, avant toute remise de marchandises à un transporteur routier, que celui-ci est bien autorisé à effectuer le transport en cause."

und aus Art. 9 Abs. 4:

"Le cautionnement constitue ... la garantie des obligations imposées par la réglementation relative à la coordination et à l'harmonisation des transports."

Hier liegt also praktisch ein Reflex der Ordnung für das Kraftfahrgewerbe vor, die ihrerseits ihren Zweck in der Koordinierung hat (7).

Auch die im GüKG unter der Überschrift "Pflichten der am Beförderungsvertrag Beteiligten" enthaltenen Vorschriften, die nicht den Fuhrunternehmer treffen, §§ 26 bis 32, und die Vorschriften für den Abfertigungsspediteur, §§ 33 bis 36, dienen weitgehend dem Zweck, die Möglichkeiten für die Überwachung der Einhaltung der für das Hauptgewerbe getroffenen Regelung zu vergrößern: Buchführungspflicht, Verantwortlichkeit für die Richtigkeit der Angaben in den Beförderungspapieren, Zuverlässigkeit des Spediteurs, Festsetzung seines Entgelts, weil die Entgelte des Hauptgewerbes ebenfalls hoheitlich festgesetzt sind.

Der Unterstützung der für das Hauptgewerbe verfolgten Politik im Bereich des Nebengewerbes dienen ebenfalls die verkehrspo-

et routiers, J.O. vom 15. 11. 1949, zuletzt geändert durch Verordnung vom 30. Juli 1961, J.O. vom 1. 7. 1961.

(5) Nr. 52-1408, J.O. vom 31. Dez. 1952.

(6) Nr. 61-679, relatif aux professions auxiliaires de transport, J.O. vom 1. Juli 1961.

(7) RODIÈRE, Droit de Transport, aaO, Bd. 3 S. 159.

litischen Vorschriften für die Flug- und Seehäfen. Fast alle Luftverkehrsgesetze der Mitgliedstaaten der EWG enthalten umfassende Bestimmungen über die Genehmigung der Anlage und des Betriebes von Flughäfen (8). Diese Bestimmungen sollen unter anderem die Sicherheit der Luftfahrt gewährleisten. Art.15 Chik Abk legt die Nichtdiskriminierung ausländischer Flugzeuge bei der Benutzung inländischer Flughäfen fest. Die gleichen Bestimmungen des Internationalen Seehafenstatuts für die Seehäfen gehören ebenfalls hierher. Die Verknüpfung der "Vorsorge für die Erhaltung der Leistungsfähigkeit der Seehäfen" mit der Seeschifffahrtspolitik zeigt auch § 1 des deutschen Gesetzes über die Aufgaben des Bundes auf dem Gebiet der Seeschiffahrt (9). Der Förderung der Ordnung des Hauptgewerbes dienen auch die Freistellungen gewisser Absprachen des Verkehrsgewerbes vom Kartellverbot in § 99 GWB (10). Auch die Beteiligung der öffentlichen Hand an den Investitionen in den großen See- und Flughäfen (11) mag u. a. der Förderung des Hauptgewerbes dienen.

Wenn im Rahmen der einzelstaatlichen Verkehrspolitik das Nebengewerbe bestimmten Maßnahmen zur Vervollständigung der für das Hauptgewerbe getroffenen Regelung unterworfen werden kann, so muß dies auch im Rahmen der gemeinsamen Verkehrspolitik nach dem EWGV möglich sein. Dies ist aber lediglich ein Aspekt des Vollzugs der Rechtsfolgeanordnung des Art. 74 bzw. des Art. 84 Abs. 2. Denn das Nebengewerbe wird im Interesse der Ordnung der Belange des Hauptgewerbes in die verkehrspolitischen Maßnahmen einbezogen. Dies kann in der gemeinsamen Verkehrspolitik nicht anders sein als in der einzelstaatlichen (12).

Würde man dagegen das Nebengewerbe auch dem Tatbestand des Art. 74 bzw. des Art. 84 Abs. 2 subsumieren, so würde das bedeuten, daß als Rechtsfolge im Eigeninteresse des Nebengewerbes eine selbständige Speditionspolitik, Maklerpolitik, Flughafenpolitik, Kaibetriebspolitik usw. zu konzipieren wären, in deren Rahmen die Ziele des Vertrages verfolgt wer-

(8) Bundesrepublik: §§ 6-19 LuftVG; Frankreich: Art. 59 bis 112 Code de l'aviation; Niederlande: Art. 18 bis 56 Luchtvaartwet und andere mehr.

(9) Vom 22. Nov. 1950, BGBl S. 767.

(10) In diesen Vorteil kommt z. B. die Arbeitsgemeinschaft Deutscher Verkehrsflughäfen.

(11) Für die umfangreiche französische Seehafengesetzgebung vgl. Dekret vom 27. März 1956, J. O. vom 30. März, portant codification des dispositions sur les ports maritimes, dazu Dalloz, Repertoire, Band 2 S. 579 f. Zur Verwaltung des Hamburger Hafens mit Vergleichen zur Hafenverwaltung in anderen Staaten IPSEN, Hamburgs Verfassung und Verwaltung, Hamburg 1956, S. 418 ff. (440 f).

(12) Die Kommission und der Rat haben daher völlig zu Recht in Art. 13 der Verordnung Nr. 11 vom 27. Juni 1960 zu Art. 79 EWGV, ABl 1960 S. 1121, zur Durchführung des Art. 79 Abs. 1 die Spediteure lediglich bestimmten Auskunftspflichten unterworfen.

den müßten. Dies hätte mit Verkehrspolitik, also mit einer Koordinierung und Harmonisierung des Transporthauptgewerbes, nichts mehr zu tun. Daß es einer Harmonisierung und Koordinierung des Nebengewerbes in seinem Eigeninteresse bedürfe, ist eine abwegige Vorstellung, die in nationalen Rechtsnormen keinerlei Stütze findet.

Daß eine selbständige gemeinsame Politik nach Art. 84 Abs. 2 im Hinblick auf die Dienstleistungen der Flughäfen und der Seehafenverkehrswirtschaft von den Verfassern des Vertrages nicht gewollt sein kann, zeigt auch folgende Überlegung:

Eine besondere Problematik der Einbeziehung der Beförderungen zur See und in der Luft in die Wirtschaftsintegration liegt - wie gezeigt - bei der Beseitigung der Beschränkungen des freien Dienstleistungsverkehrs auf diesem Sektor. Die Dienstleistungen der Transportunternehmer zeichnen sich dadurch aus, daß während des Produktionsvorgangs Raum überwunden wird. Soll dies innerhalb der Gemeinschaft frei möglich sein, so müssen die Grenzen innerhalb des Gebietes des Gemeinsamen Marktes, letztlich aber auch seine Außengrenzen, frei überschritten werden können, sei es, damit der Leistungserbringer überhaupt erst einmal zum Leistungsempfänger kommt (13), sei es, damit der Transportunternehmer die Beförderung für den Leistungsempfänger auch nach anderen Mitgliedstaaten oder nach Drittländern ausführen kann. Bei der Auslegung des Art. 84 Abs.2 aus Grund und Zweck hat sich gezeigt, welche Beschränkungen einem solchen freien Dienstleistungsverkehr, insbesondere auf dem Gebiet der Beförderungen durch die Luft, noch entgegenstehen. Ganz anders ist die Lage für die Flughäfen und die meisten Verkehrsnebengewerbe in den Seehäfen, weil diese an den Betrieb ortsfester Anlagen gebunden sind oder sonst ortsgebunden tätig werden. Das Erbringen der Leistungen der Flughäfen und der Hafenumschlagsbetriebe ist niemals mit einer Grenzüberschreitung verbunden. Der Leistungsempfänger kommt in Form von Flugzeug oder Schiff zum Leistungserbringer. Die Beschränkungen für das freie Erbringen der Leistung bestehen allenfalls in währungstechnischen Einschränkungen des Transfers der Beträge zur Bezahlung der empfangenen Leistung (14), Art. 106 Abs.2 EWGV. Solche Beschränkungen kommen heute praktisch nicht mehr vor. Das Problem des freien Dienstleistungsverkehrs stellt sich also für das Verkehrsnebengewerbe praktisch überhaupt nicht. Es bedurfte also bei Vertragsschluß auch keiner besonderen Berücksichtigung.

(13) Im Sinne der Terminologie der Erläuterungen der Kommission zum Allgemeinen Programm für die Liberalisierung des Dienstleistungsverkehrs, Dok. III /Kom /60 /92 endg. vom 28. Juli 1960, S. 7 und 8.

(14) Erläuterungen der Kommission aaO S. 8 und 43 ff.

Ähnlich steht es mit den Fragen des Niederlassungsrechts oder der Freizügigkeit der Arbeitskräfte auf dem Gebiet des Nebengewerbes zur See- und Luftfahrt.

Aus diesen Gründen muß im Zusammenhang mit den Ergebnissen der Wortinterpretation davon ausgegangen werden, daß die Gewerbetätigkeit der Flughäfen und des Verkehrsnebengewerbes in den Seehäfen nicht unter den Tatbestand des Art. 84 Abs. 2 EWGV fallen.

2. Zur Möglichkeit einer gemeinsamen Seehafenpolitik nach dem EWG-Vertrag

Dieses Ergebnis mag denjenigen unbefriedigt lassen, der gehofft hat, daß über Art. 84 Abs. 2 die Grundsätze des EWGV den Erfordernissen der Wettbewerbslage der Seehäfen der Mitgliedgliedstaaten gegenüber Häfen der Drittländer angepaßt werden und daß über diese Vorschrift auch eine Angleichung der Wettbewerbsbedingungen für die Seehäfen innerhalb des Gemeinsamen Marktes erreicht werden könnte (15). Er mag einwenden, daß von den Mitgliedstaaten und auch von ihren Gliedverbänden die Erhaltung und Erweiterung der Wettbewerbsfähigkeit der eigenen Häfen gegenüber ausländischen angestrebt werde (16), zugleich aber auch zwischen einzelnen inländischen Häfen eine wenn auch begrenzte Harmonisierung des Wettbewerbs stattfinde (17). Daher sei es angemessen, von einer Seehafenpolitik zu sprechen, die eine Sonderbehandlung der Häfen nach dem EWGV rechtfertige.

Es mag sein, daß die Wirtschaftsintegration auch eine Vereinheitlichung der bisher einzelstaatlichen Seehafenpolitik erfordert. Es dürfte allerdings schwierig sein, Elemente einer solchen Seehafenpolitik darzustellen, für die nicht schon in den Vor-

(15) zu dieser Problematik ausführlich JOLMES, Gedanken zur Stellung der deutschen Seehäfen in der EWG, aaO, S. 2 ff. Siehe dort auch die Tabellen über die Verlagerung des Schwerpunktes des Umschlags in den Nordseehäfen nach Rotterdam; dazu auch MUEHLRADT, Die Seehäfen in der EWG, Göttingen 1959, Teil I und II, SEIDENFUSS, Die Deutschen Nordseehäfen und der Gemeinsame Markt, in Jahrb. des Schiffahrtwesens 1960 S.81; HOPPE, Die nordeuropäischen Seehäfen und der Gemeinsame Markt, E. W. 1959, S. 451.

(16) vgl. z. B. § 65 Hamburger Hafengesetz vom 21. 12. 1954, GVBl 169: "Die Entgelte (für die Hafenschiffahrt) sind so festzusetzen, daß die Leistungsfähigkeit der Hafenschiffahrt und die Wettbewerbsfähigkeit des Hafens gewahrt werden."; BERENKOPF u. a., Gutachten über die Entwicklung des Hafens Hamburg vom 19. Juli 1958, Bielefeld 1959, S. 6.

(17) in der Bundesrepublik z. B. zwischen den Unterweserhäfen durch das sog. Unterweserverkehrsabkommen zwischen Bremen und Niedersachsen, mit dem u. a. eine Angleichung der Frachten der Bundesbahn angestrebt wurde, vgl. BERENKOPF u. a. Gutachten aaO S. 25; BRAND, Die Verkehrswirtschaft der Unterweser, Hamburg 1955, S. 13.

schriften des Vertrages über die Konjunktur-, Währungs-, Handels- und Steuerpolitik, vor allem aber in den Bestimmungen über die Binnenverkehrs- und Seeschiffahrtspolitik und den Wettbewerbsschutz eine Handhabe geboten wäre (18). Gleichwohl mag ein Bedürfnis für eine zusätzliche Vorschrift über die Einführung einer gemeinsamen selbständigen Seehafenpolitik, verbunden mit Anpassungen einiger der Vorschriften für alle Wirtschaftszweige, bestehen.

Mit der Feststellung, daß die Gewerbetätigkeit des Verkehrsnebengewerbes in den Seehäfen nicht unter den Tatbestand des Art. 84 Abs. 2 EWGV subsumiert werden kann, braucht zu dieser Fragestellung nicht das letzte Wort gesagt zu sein. Es wird lediglich klargestellt, daß Art. 84 Abs. 2 nicht die Rechtsgrundlage für die Einführung einer solchen möglicherweise notwendigen gemeinsamen Seehafenpolitik bietet.

Fraglich ist allerdings, ob die von Jolmes (19) vertretene Ansicht haltbar ist, Art. 84 Abs.2 EWGV sei zumindest auf den eng umgrenzten Bereich der Seehafenverkehrswirtschaft analog anzuwenden, weil vor allem die Anwendung der Wettbewerbsregeln des Vertrages auf diesen Sektor die Wettbewerbslage der Seehäfen gegenüber Häfen aus Drittländern beeinträchtigen müsse.

Die analoge Anwendung einer Rechtsnorm auf einen Sachverhalt kommt nur in Betracht, wenn eine Lücke im System der Normen besteht (20). Die Partner des EWGV müßten also die besondere Interessenlage im Bereich der Seehäfen nicht beachtet haben. Jolmes (21) zitiert aus der Entstehungsgeschichte des Vertrages ein Protokoll vom 11.Oktober 1955 (22), aus dem hervorgeht, daß die Behandlung der Seehäfen auf der Brüsseler Vorkonferenz zurückgestellt wurde, und zwar unter anderem mit der Begründung, daß "die mit den Häfen zusammenhängenden Fragen nicht in allen Ländern unter die Zuständigkeit der Verkehrsminister" fielen (23). Auf der späteren Regierungskonferenz wurde

(18) In dem neuen Entwurf eines Berichts über Fragen der gemeinsamen Verkehrspolitik im Rahmen der EWG von KAPTEYN, EP, Verkehrsausschuß, Dok. APE, 6085 /I Rev., ist im ersten Teil, S. 49 ff der Seehafenverkehrspolitik ein Abschnitt gewidmet. Daraus geht deutlich hervor, wie sehr die Situation der Seehäfen von der jeweiligen Binnenverkehrspolitik (Zufahrtswege, Eisenbahn-, Kfz- und Binnenschiffsfrachten), der Seeschiffahrtspolitik und der allgemeinen Wirtschaftspolitik abhängig ist. Die Lage der Seehäfen ist immer nur ein Aspekt dieser verschiedenen Politiken.

(19) Stellung der deutschen Seehäfen aaO, insbesondere S. 26 und 27.

(20) ENGISCH, Einführung, S. 134 f.

(21) JOLMES, Stellung der Seehäfen, S. 23.

(22) Dok. MAE /CIG 449d /55.

(23) Dies Argument bezieht sich offensichtlich auf die Lage in der Bundesrepublik, in der den Ländern die Kompetenzen für die Seehäfen zustehen, vgl. IPSEN, Hamburgs Verfassung und Verwaltung aaO, S. 423 f. Die Frage, ob die Gemeinschaft die bei den Ländern liegenden Kompetenzen für die Seehäfen auf Grund des EWGV ausüben darf, weil der Bund ihr diese Ausübung überlassen

über die Seehäfen aber im Zusammenhang mit den Seehafenausnahmetarifen der Eisenbahnen gesprochen (24).

Auch angesichts der zahlreichen Schutz- und Ausnahmeklauseln des Vertrages, die insbesondere eine Freistellung einzelner Wirtschaftszweige von den Verboten der Art. 85, 86 und 92 ermöglichen, vgl. Art. 87 Abs. 2c, 90 Abs. 2, 93 Abs. 3d und 94, ist zu bezweifeln, daß die Seehafenfragen von den Vertragspartnern übersehen wurden. Gerade für solche Fragen, deren zukünftige Behandlung im Rahmen des Gemeinsamen Marktes bei Vertragsschluß noch nicht voll abzusehen war, sind diese Ausnahmeklauseln aufgenommen worden.

Weiter müßte geprüft werden, ob die Vertragslücke, die möglicherweise aus dem Fehlen einer Norm über die additive Einführung einer gemeinsamen Seehafenpolitik entsteht, nicht durch Anwendung des Art. 235 EWGV geschlossen werden muß. Nur wenn Art.235 in diesem Fall nicht anzuwenden ist, rückt die analoge Anwendung des Art. 84 Abs.2 in den Bereich des Möglichen. Dabei wäre aber noch zu berücksichtigen, ob die analoge Anwendung von Art.74 nicht zweckentsprechender sein würde. Für Beförderungen mittels Eisenbahnen, Kraftfahrzeugen und Binnenschiffen im Bereich eines Seehafens dürften die Art. 74 bis 83 ohnehin gelten (25).

Dies alles sind jedoch Fragen, deren Untersuchung im einzelnen nicht mehr in den Rahmen der Arbeit über die Anwendung des EWG-Vertrages auf Seeschiffahrt und Luftfahrt gehört, nachdem gezeigt wurde, daß diese Begriffe in Art. 84 Abs.2 des Vertrages nur das Hauptgewerbe erfassen.

habe, ist aus Art. 30, 32, 59 Abs. 2 GG zu beantworten. Danach steht dem Bund sowohl die Abschlußkompetenz als auch die Transformationskompetenz für Verträge mit anderen Staaten zu, welche die politischen Beziehungen des Bundes regeln, selbst wenn sie sich auf die Gegenstände der ausschließlichen Landesgesetzgebung beziehen, vgl. MAUNZ, Deutsches Staatsrecht, 10. Aufl. 1961, München und Berlin, S. 274; BÖNING, Abschlußkompetenz und Transformationskompetenz, Teil I DÖV 1957, S. 817, Teil II DÖV 1958, S. 447; HECKT, Die Transformationen von Verträgen des Bundes über Gegenstände der ausschließlichen Landesgesetzgebung, DÖV 1958, S. 445. Der EWGV ist ein Vertrag, der die politischen Beziehungen des Bundes regelt, zu diesem Begriff Urteil des BVerfG vom 29. 7. 1952, BVerfGE 1, 372 (380).

(24) Dok. MAE 553d/56 vom 16. Nov. 1956.

(25) Die vorstehenden Überlegungen würden entsprechend für die Frage nach einer selbständigen gemeinsamen Flughafenpolitik gelten, falls sich ein Wettbewerb zwischen den Flughäfen innerhalb des Gemeinsamen Marktes untereinander und mit solchen Drittländern überhaupt feststellen lassen sollte. Dies zu untersuchen, bleibt den Wirtschaftswissenschaften vorbehalten.

ZUSAMMENFASSUNG

1. Die Streitfrage, inwieweit neben Art. 84 Abs. 2 andere Bestimmungen des Vertrages zur Gründung der Europäischen Wirtschaftsgemeinschaft auf Seeschiffahrt und Luftfahrt angewendet werden können und dürfen, ist dadurch zu lösen, daß das Konkurrenzverhältnis zwischen den vollständigen Rechtssätzen des Verkehrstitels und den für alle Wirtschaftszweige geltenden materiellen Vorschriften über den Gemeinsamen Markt qualifiziert wird.

2. Zu diesem Zweck ist der Vertrag wie jedes Normensystem grundsätzlich nach der Methode der mehrstufigen Rechtsfindung auszulegen.

3. Art. 84 Abs. 2 EWGV ist ein vollständiger, von Art. 74 unabhängiger Rechtssatz. Sein Konkurrenzverhältnis zu den Vorschriften des Vertrages für alle Wirtschaftszweige kann daher von anderer Qualität sein als das Konkurrenzverhältnis zwischen der Grundsatznorm für die drei Binnenverkehrsarten, Art. 74/75, und jenen Vorschriften.

4. In Art. 74 ist für Schiene, Straße und Binnenwasserweg die Einführung einer gemeinsamen Verkehrspolitik bereits in der Weise vorgeschrieben, daß Art. 74/75 zu den Vorschriften für alle Wirtschaftszweige additiv hinzutreten (gesteigerte Kumulation).

5. Art. 84 Abs. 2 soll dagegen die Zusammenführung der verschiedenen nationalen See- und Luftverkehrspolitiken erst ermöglichen. Dem Rat ist daher die Befugnis gegeben, im Wege der Vertragsergänzung für Seeschiffahrt und Luftfahrt den Art. 74 bis 81 entsprechende Verpflichtungen der Mitgliedstaaten und Ermächtigungen der Gemeinschaftsorgane zum Erlaß von "geeigneten Vorschriften" im Rang unter den Vertragsnormen zu setzen.

6. Dem Rat steht nach Art. 84 Abs.2 kein Entschließungsermessen, jedoch ein dreifaches Auswahlermessen zu.

7. Bis zum Tätigwerden des Rates nach Art. 84 Abs. 2 dürfen andere materielle Vorschriften des Vertrages, unter deren Tatbestand Faktoren für die Produktion von Beförderungsleistungen mittels Seeschiffen und Luftfahrzeugen subsumiert werden können, nur insoweit subsidiär angewendet werden, als dadurch die

vorläufig noch bestehende nationale Zuständigkeit für die See- und Luftverkehrspolitik nicht wesentlich beeinträchtigt wird (1).

8. Das Nebengewerbe der Flughafenunternehmen und der Seehafenverkehrswirtschaft fällt nicht unter den Tatbestand des Art. 84 Abs. 2.

9. Im Zuge der Verwirklichung der Rechtsfolgeanordnungen der Art. 74/75 und des Art. 84 Abs. 2 können jedoch die für das Beförderungshauptgewerbe getroffenen Maßnahmen durch Eingriffe in das Nebengewerbe unterstützt und vervollständigt werden.

(1) Für die Einzelheiten der Ziffern 5, 6 und 7 vgl. oben 8. Kapitel I.

LITERATURVERZEICHNIS

ABELN - DEKKER - VAN DIERENDONCK und andere, Europese Economische Gemeenschap, Europese Gemeenschap voor Atoomenergie en Europese Gemeenschap voor Kolen en Staal, Deventer 1961 (?), zitiert: A. D. D., Euromarkt

ANGÉ, Nouveau petit Larousse illustré, Dictionnaire encyclopédique, 86 e Etition, Paris 1956.

ANSCHÜTZ - THOMA, Handbuch des deutschen Staatsrechts, 2 Bände, Tübingen 1932.

BALLREICH, Die Europäische Atomgemeinschaft, Zeitschr. ausl. ÖRVR Band 19, 1958, S. 24.

BARTHOLOMEYCZIK, Die Kunst der Gesetzesauslegung, 2. Aufl., Frankfurt 1960.

BECKER, Gegenopfer und Opferwehrung, Strukturen des Schuldrechts auf der Grundlage des anglo-amerikanischen "check - and - balance" Systems, Berlin und Frankfurt 1958.

BELGISCHER REEDERVERBAND, Stellungnahme zur Frage der Anwendbarkeit der Bestimmungen des EWG - Vertrages auf die Seeschiffahrt, Antwerpen 1961.

BELLON, Les transports maritimes et la CEE, Rev. MC, 1959, S. 284.

BENDER, Zur Methode der Rechtsfindung bei der Auslegung und Fortbildung gesetzten Rechts, JZ 1957, S. 593, zitiert: Bender, zur Methode.

BERBER, Lehrbuch des Völkerrechts, 1. Band, Allgemeines Friedensrecht, München und Berlin 1960.

BERKENKOPF und andere, Gutachten über die Entwicklung des Hafens Hamburg, vom 19. Juli 1958, Schriftenreihe des Wissenschaftlichen Beirats beim BVM, Heft 7, Bielefeld 1959.

BETTI, Zur Grundlegung einer allgemeinen Auslegungslehre, Festschrift für Rabel, Band II (1954), S. 79.

ders.: Ergänzende Rechtsfortbildung als Aufgabe der richterlichen Gesetzesauslegung, Festschrift für Leo Raape, Hamburg 1948, S. 379.

ders.: Interpretazione della legge e degli atti giuridici, Milano 1949.

ders.: Teoria Generale della Interpretazione, 2 Bände, Milano 1955.

BIDINGER, Personenbeförderungsrecht, Kommentar zum Personenbeförderungsgesetz, Berlin 1961.

BINDING, Handbuch des Strafrechts, Band I, Leipzig 1885.

BINDSCHEDLER, Rechtsfragen der europäischen Einigung, Ein Beitrag zur Lehre von den Staatenverbindungen, Basel 1954.

BISSING, Verkehrspolitik, Berlin 1956.

BOEHMER, Grundlagen der bürgerlichen Rechtsordnung, 2.Buch, 1. Abteilung, Dogmengeschichtliche Grundlagen des bürgerlichen Rechts, Tübingen 1951.
BÖNING, Abschlußkompetenz und Transformationskompetenz, DÖV 1957, S. 817 und DÖV 1958, S. 447.
BORGHT, Das Verkehrswesen, 3. Aufl. Leipzig 1925.
BRAND, Die Verkehrswirtschaft der Unterweser, Schriftenreihe des Seeverkehrsbeirates, Heft 7, Hamburg 1955.
BUNDESREPUBLIK DEUTSCHLAND, AUSWÄRTIGES AMT, Europa, Dokumente zur Frage der Europäischen Einigung, Bonn 1953
BUNDESREPUBLIK DEUTSCHLAND, BUNDESREGIERUNG, Erläuterungen zu den Verträgen zur Gründung der EWG und EAG, Deutscher Bundestag, 2. Wahlperiode 1953, Drucks.3440 Anl. C.
BUNDESREPUBLIK DEUTSCHLAND, BUNDESVERKEHRSMINISTERIUM, Stellungnahme zu dem Memorandum der Kommission der EWG vom 12. November 1960 über "Die Anwendbarkeit der Wettbewerbsregeln des Vertrages zur Gründung der EWG auf das Verkehrswesen und die Auslegung und Anwendung des Vertrages, soweit dieser die Seeschiffahrt und die Luftfahrt betrifft", nebst Anlage betreffend Seehafenverkehrswirtschaft, Bonn, Februar 1960, zitiert: BVM-Stellungnahme (mit Erlaubnis des BVM; die Stellungnahme ist nicht veröffentlicht).
dass.: Das Verhältnis der Wettbewerbsregeln des EWG-Vertrages zu den Verkehrsbestimmungen, Bonn, April 1960, zitiert: BVM Gutachten, (nicht veröffentlicht, mit Erlaubnis des BVM).
dass.: Die Verkehrspolitik in der Bundesrepublik Deutschland 1949 bis 1957, Schriftenreihe des Bundesministers für Verkehr, Band 15, Bielefeld 1957
CAPPONI, Der Seeverkehr im Rahmen der EWG, Universität Triest, 1961.
CARTOU, Le Marche Commun et la technique du Droit Public, Rev. DP, 1958, S. 186 f.
Der Gemeinsame Markt und des öffentliche Recht, Baden-Baden, Bonn 1960.
CASTBERG, La methodologie du droit international public, Rec. des Cours 1933, Band 1, S. 315 f.
CATALANO, La Communità Economica Europea e l' Euratom, Secondo edizione, Milano 1959.
COING, Die juristischen Auslegungsmethoden und die Lehren der allgemeinen Hermeneutik, Köln und Opladen 1959.
COLOMBOS, The international Law of the Sea, Fourth Edition, London 1961.
CORNIGLION-MOLINIER, Bericht im Namen des Verkehrsausschusses über die Probleme des Luftverkehrs im Rahmen der EWG, Europäisches Parlament, Sitzungsdokumente 1961/62

Nr. 107, Straßburg 18. Dez. 1961, zitiert: Bericht Corniglion-Molinier.
DAHM, Völkerrecht Band 1, Kiel 1958.
DAIG, Die Gerichtsbarkeit in der EWG und der EAG, Arch. ÖR 1958, S. 132.
DIETRICH, Gedanken zum Nahluftverkehr, Die Bundesbahn 1961, S. 590.
DORN, Finanzierungsfragen im Luftverkehr, Schriftenreihe des Luftfahrtbeirats beim Bundesminister für Verkehr, Heft 4, Bielefeld 1958.
EHRLICH, L'interprétation des traités, Rec. des Cours 1928, Band 4, S. 5 f.
ENGISCH, Einführung in das juristische Denken, 2. Aufl., Stuttgart 1959, zitiert: Engisch, Einführung.
ders.: Die Einheit der Rechtsordnung, Heidelberg 1935.
ENNECCERUS-NIPPERDEY, Allgemeiner Teil des bürgerlichen Rechts, 15. Aufl., Tübingen 1959.
ERDMENGER, Seeschiffahrt und Luftfahrt im EWG-Vertrag, Juristische Aspekte, Mitteilungen der Handelskammer Hamburg, 1960, S. 170.
ESSER, Die Interpretation im Recht, Studium Generale, 1954, S. 372
EUROPÄISCHES PARLAMENT, VERKEHRSAUSSCHUSS, Terminologische Liste, Dok. APE, 4919, Straßburg 1961.
EUROPÄISCHE WIRTSCHAFTSGEMEINSCHAFT, KOMMISSION, 1. Gesamtbericht über die Tätigkeit der Gemeinschaft, 1. Januar 1958 bis 17. September 1958, vom 19. September 1958.
dies.: 2. Gesamtbericht über die Tätigkeit der Gemeinschaft, 18. September 1958 bis 20. März 1959, vom 31. März 1959.
dies.: 3. Gesamtbericht über die Tätigkeit der Gemeinschaft, 21. März 1959 bis 15. Mai 1960, vom Mai 1960.
dies.: 4. Gesamtbericht über die Tätigkeit der Gemeinschaft, 16. Mai 1960 bis 30. April 1961, vom Mai 1961
dies.: Die Anwendbarkeit der Wettbewerbsregeln des Vertrages zur Gründung der EWG auf das Verkehrswesen - und - Die Auslegung und Anwendung des Vertrages, soweit dieser die Seeschiffahrt und die Luftfahrt betrifft, Memorandum der Kommission an den Rat vom 12. November 1960, zitiert: Kommission, Memorandum, abgedruckt als Anlage zu Europäisches Parlament, Sitzungsdokumente 1961 bis 62, Dok. Nr. 4 vom 1. März 1961, (Bericht Thorn).
dies.: Denkschrift über die Grundausrichtung der gemeinsamen Verkehrspolitik, 2 Bände, Brüssel, 10. April 1961.
dies.: Kommentar zu den vom Rat der EWG am 23. November 1959 erlassenen... Richtlinien zur Anwendung des Niederlassungsrechts in den überseeischen Ländern und Gebieten..., Brüssel, September 1960.

EVERLING, Die ersten Rechtssetzungsakte der Organe der Europäischen Gemeinschaften, BB, 1959, S. 52.
EYSINGA, Supranational, Festschrift für Wehberg, 1956, S. 130.
FINCH, Les sources modernes du droit international, Rec. des Cours, Band 53 (1935), S. 535.
FISSER, Trampschiffahrt, Entwicklung - Bedeutung - Marktelemente, Bremen 1957.
FITZMAURICE, De l'interprétation des traités, Annuaire de l'Institut de droit international, 1956, S. 317.
ders.: The Law and Procedure of the International Court of Justice 1951-4: Treaty Interpretation and other Treaty points, BYIL Band 33, 1958, S. 203.
FORSTHOFF, Lehrbuch des Verwaltungsrechts, 1. Band Allgemeiner Teil, 8. Aufl., München und Berlin 1961.
FRANZÖSISCHE REPUBLIK, VERKEHRSMINISTERIUM, Note über die auf den Verkehr anwendbaren Bestimmungen des Romvertrages, Paris, Januar 1961 (nicht veröffentlicht).
dass.: Note de la Délégation Française sur la place des transports dans le traité instituant la CEE, Paris Juli 1961 (nicht veröffentlicht). zitiert: Note Frz. Del.
GAETA-PESCATORE, Codice delle leggi sulla navigazione marittima - interna - e aerea, Milano 1952, mit Zusätzen vom 27. November 1954 und 25. Oktober 1957.
GAUDET, The Legal Framework of the Community, in Legal Problems of the European Economic Community and the European Free Trade Association, International and Comparative Law Quarterly, Supplementary Publication Nr. 1 1961, London.
GENY, Methode d'interprétation et sources en droit privé positif, 2 Bände, 2. Aufl., Paris 1919.
GIACOMETTI, Allgemeine Lehren des rechtsstaatlichen Verwaltungsrechts, 1. Band, Zürich 1960.
GOEDHUIS, Der "Kabotage"-Begriff im Luftverkehr, Interavia Band VII, 1952, S. 41 und S. 97.
VON DER GROEBEN - VON BOECKH, Kommentar zum EWG-Vertrag, 2 Bände, Handbuch für Europäische Wirtschaft, Baden-Baden, Bonn, Frankfurt 1958, zitiert: Groeben-Boeckh.
VON DER GROEBEN, Rede vor dem Europäischen Parlament aus Anlaß der Debatte über die Verordnung zur Durchführung der Art. 85 und 86 EWGV am 19. Oktober 1961, wiedergegeben in E.W. 1961. S. 486.
GÜNTHER, Die Regelung des Wettbewerbs im Vertrag zur Gründung der EWG, WuW 1957, S. 275.
GUGGENHEIM, Lehrbuch des Völkerrechts, Basel 1948.
HAUSTEIN, Die Freiheit im internationalen Verkehr, Darmstadt und Köln 1954.
HAUSTEIN-PSCHIRRER, Internationales Eisenbahnrecht, Quellensammlung, 2 Bände, Frankfurt 1956.

HECK, Gesetzesauslegung und Interessenjurisprudenz, Tübingen 1914.
HECKT, Die Transformation von Verträgen des Bundes über Gegenstände der ausschließlichen Landesgesetzgebung, DÖV 1958, S. 445.
HERAUD, Observations sur la nature juridique de la CEE, Revue Générale de Droit International Public 1958, S. 25.
VON DER HEYDE, Schumanplan und Völkerrecht, Festschrift für Rudolf Laun 1953, S. 111.
HILDRED, International Air Transport Association, Transport and Communication Review 1952, S. 11.
HOPPE, Die nordeuropäischen Seehäfen und der Gemeinsame Markt, E. W. 1959, S. 451.
HUBER, Wirtschaftsverwaltungsrecht, 2. Aufl., 1. Band, Tübingen 1953, 2. Band, Tübingen 1954.
IMBRUGLIA, Trasporti marittimi e CEE, Rassegna economica, S. 513.
INSTITUT DE DROIT INTERNATIONAL, Résolutions adoptées par l'Institut à la Session de Grenade, 11-20 avril 1956, Annuaire 1956, S. 358.
IPSEN, Das Verbot des Massengütertransports im Straßenverkehr, Rechtsgutachten zum Regierungsentwurf eines Straßenentlastungsgesetzes, Frankfurt 1955.
ders.: Hamburgs Verfassung und Verwaltung, Von Weimar bis Bonn, Hamburg 1956.
ders.: Öffentliche Subventionierung Privater, Berlin. Köln 1956.
JAENICKE, Der übernationale Charakter der EWG, Zeitschr. ausl. ÖRVR Band 19, 1958, S. 153.
JELLINEK, WALTER, Gesetz, Gesetzesanwendung und Zweckmäßigkeitserwägung, Tübingen 1913.
JERUSALEM, Recht der Montanunion, Berlin und Frankfurt 1954.
JESCH, Gesetz und Verwaltung, Tübingen 1961.
JESCHEK, Methoden der Strafrechtswissenschaft, Studium Generale 1959, S. 107.
JOLMES, Gedanken zur Stellung der deutschen Seehäfen in der EWG, Sonderdruck aus Beiträge zur Verkehrstheorie und Verkehrspolitik, Festgabe für Berkenkopf, Düsseldorf 1961, zitiert: Jolmes, Seehäfen
KAPTEYN, Bericht im Namen des Verkehrsausschusses der Gemeinsamen Versammlung der EGKS über die Koordinierung des europäischen Verkehrs, Straßburg 1957.
KARELLE-KEMMETER, Le Benelux Commenté, Textes Officiels, Brüssel 1961.
KELLER, Die Kritik, Korrektur und Interpretation des Gesetzeswortlautes, Winterthur 1960.
KIENBAUM, Müssen wir im Verkehr ersticken? Entwicklung

des Nahluftverkehrs eine Notwendigkeit, Int. Arch. Verkw. 1961, S. 83.
KLAER, Der Verkehr im Gemeinsamen Markt für Kohle und Stahl, Baden-Baden 1961.
KOENEN, Verklarend Handwoordenboek der nederlandsche Taal, negende druk, Groningen 1911.
KÖNIGREICH DER NIEDERLANDE, REGIERUNG, Memorandum über die gemeinsame Verkehrspolitik in der EWG, Ministerium für Verkehr und Waterstaat, Den Haag 1961, Zusammenfassung in Europäische Dokumentation, Monatliche Hefte, Juli 1961, S. 26.
KOLATH, Der Verkehr in der EWG und seine Auswirkungen auf die deutsche Verkehrspolitik, Int. Arch. Verkw. 1961, S. 148.
KRAUS, Betrachtungen über die rechtliche Struktur der EGKS, Festgabe für Smend, 1952, S. 189.
KRÜGER, E., Sind See- und Luftverkehr von der Integration auszuschließen? Internationale Hochschulwochen über die Integration des EWG-Verkehrswesens, E. W. 1961, S. 452.
KRÜGER, ECKART, Integrationsbestrebungen im europäischen Luftverkehr, E. W. 1959, S. 453.
KRÜGER, HERBERT, Über die Herkunft der Gewalt der Staaten und der sog. supranationalen Organisationen, DÖV 1959, S. 721.
ders.: Verfassungsauslegung aus dem Willen des Verfassungsgebers, DVBl 1961, S. 685.
KUHLES, Flughäfen und Raumordnung, DVBl 1961, S. 808.
LAGRANGE, L'ordre juridique de la CECA vu à travers la jurisprudence de sa cour de justice, Rev. DP Band 74 1958, S. 841.
LAMERS, Luchtvaartwet met aantekeningen, besluiten ter uitvoering en alphabetisch register, Negende Druk, Zwolle 1960.
LARENZ, Methodenlehre der Rechtswissenschaft, Berlin-Göttingen-Heidelberg 1960.
LAUN, Diskriminierung der Seeschiffahrt und Liberalisierung, Zeitschr. für Verkehrswissenschaft 1961, S. 1.
LAUTERPACHT, Règles Générales du droit de la paix, Rec. des Cours Band 62 (1937) IV S. 311.
LEHMANN, Allgemeiner Teil des BGB, 12. Aufl. Berlin 1960.
LERCHE, Stil, Methode, Ansicht, Polemische Bemerkungen zum Methodenproblem, DVBl 1961, S. 690.
LOCHNER, Niederländische und europäische Verkehrspolitik, Vorträge aus dem Institut für Verkehrswissenschaft an der Universität Münster, Heft 16, Göttingen 1958.
MARX, International Shipping Cartels, A Study of Industrial Self-Regulation by Shipping Conferences, Princeton 1953.
MASON, The European Coal and Steel Community, Experiment in Supranationalism, The Hague 1955.
MATHIJSEN, Le droit de la CECA, Une étude de sources, La

Haye 1958.
MAUNZ, Deutsches Staatsrecht, 10. Aufl. Berlin und München 1961.
MEYER, ALEX, Der internationale Luftlinienverkehr und der internationale entgeltliche Gelegenheitsverkehr nach dem geltenden Recht und de lege ferenda unter besonderer Berücksichtigung einer Koordinierung des europäischen Luftverkehrs, Zeitschrift für Luftrecht 1954, S. 223.
MEYER, H. R., Vom Grade der Intervention und der marktwirtschaftlichen Kräfte im Verkehr, Schweiz. Arch. VerkWiss. 1960, S. 338.
MOSLER, Das Völkerrecht in der Praxis der deutschen Gerichte, 1957.
ders.: Die Wendung zum supranationalen Gedanken im Schumanplan, Recht, Staat und Wirtschaft 1952, S. 245.
ders.: Die Anwendung der Grundsatzartikel des Vertrages über die EGKS, Zeitschr. ausl. ÖRVR Band 17 S. 407.
MUEHLRADT, Die Seehäfen in der EWG, Vorträge am Institut für Verkehrswissenschaften an der Universität Münster, Göttingen 1959.
MÜLLER-HERMANN, Der Verkehr im Gemeinsamen Markt, in Osterkamp / Kühne, Handbuch der öffentlichen Wirtschaft, Band 1, Stuttgart 1960, S. 768.
ders.: Berichtsentwurf über die Harmonisierung des Verkehrs innerhalb der EWG, Europäisches Parlament, Verkehrsausschuß, Dok. APE 5780 Mai 1961, Straßburg.
MUCH, Die Amtshaftung im Recht der EGKS, Frankfurt 1952.
MÜNCH, Organe der Europäischen Gemeinschaften, Festschrift für Schätzel, Düsseldorf 1960, S. 339.
ders.: Die Abgrenzung des Rechtsbereiches der supranationalen Gemeinschaft gegenüber dem innerstaatlichen Recht, Berichte dt. Ges. VR 1957, S. 73.
McNAIR, The functions and differing legal character of treaties, BYIL 1930, S. 100.
NERI, Sull' interpretazione dei trattati nel diritto internazionale, Milano 1958.
NERI-SPERL, Traité instituant la CEE, Travaux préparatoires, Déclarations interprétatives des six Gouvernements, Documents parlementaires, Cour de Justice des Communautés Européennes, Luxemburg 1960.
NEUPERT, Die Fortentwicklung der Schiffahrtsvereinbarungen der Bundesrepublik Deutschland mit anderen Staaten, Hansa 1957, S. 2021.
NITTSCHER, Schiffahrtskonferenzen und Abladerschaft, 1. Teil Wirtschaftsdienst 1960, Heft 2, 2. Teil Wirtschaftsdienst 1961, Heft 10, S. 457.
NN: Seeschiffahrt - ein gemeinsamer Markt, Transportdienst

1961, S. 1429.
NN: Zur Verkehrskonzeption der EWG, Wirtschaftsdienst 1961, S. 429.
NN: Seehäfen und Seeschiffahrt im Rahmen der Triester Hochschulwochen, Int. Transp. Z. 1961, S. 3065 und 3235.
NN: Seeschiffahrt contra EWG, Verkehr 1961, S. 122.
NN: Die Seehäfen in der EWG, Hafenkurier vom 1. Sept. 1960.
NN: Dans quelle mesure le traité de Rome s' applique-t-il dès maintenant à la navigation maritime et aerienne? J. M. M. 1961, S. 474.
NN: Le maintien du monopole de pavillon ne conditionne plus la prospérité du port de Marseille, qui vise à devenir le grand port méditerranéen du Marché Commun, J. M. M. 1961, S. 679.
NORDSEE-HANDELSKAMMERN, Amsterdam, Antwerpen, Bremen, Hamburg, Rotterdam: Die Position der Seehafenverkehrswirtschaft in der EWG, Resolutionen vom 11. März 1960 und 26. September 1960.
OEEC-MARITIME TRANSPORT COMMITTEE, Maritime Transport, September 1954.
OPHÜLS, La relance Européenne, Annuaire Européen, Vol. IV, Den Haag 1958, S. 3 f.
ders.: Juristische Grundgedanken des Schumanplanes, NJW 1951, S. 289.
DE PAGE, De l' interprétation des lois, 2 Bände, Brüssel-Paris 1925.
PALANDT, Bürgerliches Gesetzbuch, bearbeitet von Danckelmann, Gramm u. a., 21. Aufl., München und Berlin 1961.
PALAZZI, Novissimo dizionario della lingua italiana, secondo edizione, Milano 1960.
PIRATH, Die Grundlagen der Verkehrswirtschaft, 2. Aufl., Berlin-Göttingen-Heidelberg 1949.
PREDÖHL, Verkehrspolitik, Göttingen 1958.
QUARITSCH, Das parlamentslose Parlamentsgesetz, 2. Aufl. Hamburg 1961.
RADBRUCH, Rechtsphilosophie, 5. Aufl. Stuttgart 1956.
REGIERUNGSAUSSCHUSS EINGESETZT VON DER KONFERENZ VON MESSINA, Bericht der Delegationsleiter des von der Konferenz von Messina eingesetzten Regierungsausschusses an die Außenminister (Spaak-Bericht), Dok.MAE 12od/56 korr. Brüssel 1956.
REGLADE, De la nature juridique des traités internationaux et du sens de la distinction des traités - lois et des traités - contrats, Rev. DP 1924, S. 505.
REUTER, La Commuanauté Européenne de Charbon et Acier, Paris 1953.
ders.: Aspects de la CEE, Rev. MC 1958, S. 6, 162, 310.
RIESE, Luftrecht, Das internationale Recht der zivilen Luft-

fahrt unter besonderer Berücksichtigung des schweizerischen Rechts, Stuttgart 1949.
RODE - VERSCHOOR, Het Verdrag betreffende de EEG en het luchtvervoer, Nederlands Juristenblad 1961 S. 407, zusammengefaßt in Europäische Dokumentation, Juli 1961, S. 65.
RODIERE, Droit des Transports, 3 Bände, Paris 1953, 1955, 1960.
RÖHREKE, Die Behandlung des Seeverkehrs in Handelsverträgen, Hansa 1957, S. 1940.
RÖSSGER, Grundsätzliche Betrachtungen über die Entwicklung des Nahluftverkehrs, Int. Arch. VerkW. 1961, S. 74.
ROUSSEAU, Droit international public approfondi, Paris 1958.
RUNGE, Unterliegen die Verkehrsunternehmen dem Kartellverbot des EWGV, E. W. 1961, S. 94.
SAND, Die Airunion und das Wettbewerbsrecht des Gemeinsamen Marktes, Z. LuftR 1960 S. 111.
ders.: Marché Commun et libéralisation du transport aérien, Revue générale de l'air 1960, S. 87.
SANDIFORD, Diritto marittimo, Milano 1960.
SAUER, Grundlehre des Völkerrechts, 3. Auflage, Köln-Berlin 1955.
VON SAVIGNY, System des heutigen Römischen Rechts, Band 1, Berlin 1840.
Juristische Methodenlehre, Nach der Ausarbeitung des Jacob Grimm, Stuttgart 1951.
SCHAPS-ABRAHAM, Das deutsche Seerecht, Kommentar und Materialsammlung, Band 1, 3. Aufl., Berlin 1959.
SCHAUS, Fragen der Auslegung und Anwendung des Vertrages zur Gründung der EWG auf dem Gebiet des Verkehrs, Vortrag vor dem Großen Verkehrsausschuß bei dem Deutschen Industrie- und Handelstag am 27. Oktober 1960 in Bremen, Bonn, 1960, zitiert: Schaus, Bremen.
SCHAUS, Die Rolle und Bedeutung der Transporte für das Leben der Gemeinschaft: insbesondere Luft-, Seetransporte und Oelleitungen, Universität Triest, Sept. 1961, zitiert: Schaus, Triest.
SCHEERBARTH, Ist im Verwaltungsrecht die Hermeneutik auf Abwegen, DVBl 1960, S. 185.
SCHLEICHER - REYMANN - ABRAHAM, Recht der Luftfahrt, 3. Aufl., Köln, Berlin 1960.
SCHLOCHAUER, Zur Frage der Rechtsnatur der EGKS, Festschrift für Wehberg, Frankfurt 1956, S. 361.
SCHÜLE, Methoden der Völkerrechtswissenschaft, Archiv des Völkerrechts, 8. Band (1959/60), S. 129.
SCHULTE-MEERMANN, Der Verkehr im EWG-Vertrag, E. W. 1959, S. 424.
SCHWAIGHOFER, Verkehrsmittel und Verkehrswege, in Elster,

Weber, Wieser, Handwörterbuch der Staatswissenschaften, 4. Aufl., Jena 1928, 8. Band, S. 562.
SCHWARZENBERGER, A Manual of international law, 2 Bände, 4. Aufl., London/New York 1960.
SEEBOHM, Die Tätigkeit der EWG auf dem Gebiete des Verkehrs, Int. Arch. Verkw. 1961, S. 1.
ders.: Aktuelle Fragen des Verkehrs innerhalb der EWG, Zeitschrift für Verkehrswissenschaft 1961, S. 73.
ders.: Die Aufgaben des Bundes auf dem Gebiet der Luftfahrt, Schriftenreihe des Luftfahrtbeirats beim Bundesminister für Verkehr, Heft 1, Bielefeld 1956.
SEIDENFUSS, Verkehrsmärkte, Marktform, Marktbeziehung, Marktverhalten. Basel-Tübingen 1959.
ders.: Die Deutschen Nordseehäfen und der Gemeinsame Markt, Jahrbuch des Schiffahrtswesens, Ütersen 1960, S. 81.
SERINO, Introduzione all' economia dei trasporti, Seconda edizione, Napoli 1959.
SIEBERT, Die Methode der Gesetzesauslegung, Heidelberg 1958, zitiert: Siebert, Methode.
STABENOW, Die Sicherung des Tarifzwangs für den Güterfernverkehr mit Kraftfahrzeugen, Schriftenreihe der Arbeitsgemeinschaft für den Güterfernverkehr, Heft 8, Bielefeld 1959.
ders.: Die Verkehrswirtschaft im System des Vertrages zur Gründung der EWG, Transportdienst 1960, S. 11.
ders.: Die Freizügigkeit im Verkehrswesen in der EWG, Sonderdruck des Europa-Archivs, Folge 17, 1961, S. 485, zitiert: Stabenow, Freizügigkeit.
ders.: Die Rechtslage der Seeschiffahrt und der Luftfahrt nach dem Vertrag zur Gründung der EWG, Vorlesung am 6. Sept. 1961 vor dem "Zweiten Hochschulkursus über die Organisation des Verkehrswesens im Rahmen der wirtschaftlichen Integration Europas" der Universität Triest, (Ende 1961 lag nur das Manuskript vor, der Vortrag erscheint jedoch im Druck) zitiert: Stabenow, Triest.
STAUDINGER, Kommentar zum BGB, 1. Band, Allgemeiner Teil (Brändl, Coing), Berlin 1957.
STEINDORFF, Schumanplan und Europäischer Bundesstaat, Europa-Archiv 1951, S. 3955.
STERN, Interpretation - eine existentielle Aufgabe der Jurisprudenz, NJW 1958, S. 695.
STRUPP - SCHLOCHAUER, Wörterbuch des Völkerrechts, 2. Aufl., 1. Band, Berlin 1960, 2. Band, Berlin 1961.
THEEL, Seeschiffahrt, in HDSW Band 9, 1956, S. 189.
ders.: Die Seefrachtenmärkte, Bremer Jahrbuch der Weltschiffahrt 1952/53, Berlin - Göttingen - Heidelberg, 1953, S. 164.
ders.: Die gegenwärtige politische und ökonomische Struktur

der europäischen Seeschiffahrt im Rahmen der Weltschiffahrt und Weltwirtschaft und Möglichkeiten einer Änderung im Bereich der EWG, Universität Triest, Sept. 1961.
THORN, Bericht im Namen des Ausschusses für Fragen des Binnenmarktes der Gemeinschaft über die Konsultation des Europäischen Parlamentes zu dem Allgemeinen Programm zur Aufhebung der Beschränkungen des freien Dienstleistungsverkehrs, EP, Sitzungsdokumente 1961/62 Dok. Nr. 4, 1. März 1961.
VON TUREGG, Das europäische Verkehrsrecht, Frankfurt 1955.
ULMER, Der Unternehmensbegriff im Vertrag der EGKS, Heidelberg 1960.
VERDROSS, Völkerrecht, 4. Aufl. Wien 1959.
WACH, Handbuch des Deutschen Civilprozeßrechts, Band 1, Leipzig 1885.
WALDER, Grundlehre jeder Rechtsfindung, Berlin 1928.
WEHBERG, Entwicklungsstufen der internationalen Organisation, Zugleich ein Beitrag zur Frage des übernationalen Charakters der EGKS, Friedenswarte Band 52 (1953/55), S. 193.
WEISING, Die Seehäfen in der EWG, Verkehr 1960, S. 1373.
WELZEL, Das deutsche Strafrecht, 5. Aufl. Berlin 1956.
WEYER, Gelten die Wettbewerbsbestimmungen des EWG-Vertrages auch für den Verkehr? WuW 1961, S. 11.
WINDSCHEID, Lehrbuch des Pandektenrechts, 9. Aufl., Band 1, Frankfurt/Main 1906.
WOELKER, Die verkehrspolitischen Regelungen in den Mitgliedsländern der EWG, Archiv für Eisenbahnwesen 1961, S. 205.
WOHLFAHRT-EVERLING-GLAESNER-SPRUNG, Die Europäische Wirtschaftsgemeinschaft, Kommentar zum Vertrag, Berlin und Frankfurt a. M. 1960. zitiert: Wohlfahrt bzw. Everling usw. in WEGSpr.
WOLFF, Verwaltungsrecht I, 3. Aufl. München und Berlin 1959.
ZANOBINI, Corso di diritto amministrativo, Band 1-5, Terza Edizione, Milano 1959.
ZEMANEK, Das Vertragsrecht der internationalen Organisationen, Wien 1957.
ZENTRALVERBAND DER DEUTSCHEN SEEHAFENBETRIEBE Frachtschiffahrtskonferenzen - Ausgangsverkehr, 2. Aufl. Hamburg 1959.
ZIMMERMANN, Mehrstufige Rechtsfindung als Verbindung von subjektiver und objektiver Auslegungsmethode, NJW 1954, S. 1628.
ders.: Der Wortlaut des Gesetzes im Spiegel höchstrichterlicher Rechtsprechung, NJW 1956, S. 1262.

ZÜNKLER, Verkehrsinvestitionen in gesamtwirtschaftlicher, europäischer Sicht, Zeitschr. für Verkehrswissenschaft 1960, S. 1.
ZWEIGERT, Juristische Interpretation, Studium Generale 1954, S. 380.

ZEITSCHRIFTEN

(Weitere Zeitschriften siehe Abkürzungsverzeichnis)

Annuaire Européen
Annuaire de l' Institut de droit international
Archiv für Eisenbahnwesen
Archiv des Völkerrechts
Die Bundesbahn, Organ der Hauptverwaltung der DB
Europa-Archiv, Halbmonatsschrift der Deutschen Gesellschaft für Auswärtige Politik
Friedenswarte
Hansa
Interavia, Querschnitt der Weltluftfahrt, Genf
International and Comparative Law Quarterly, London
Jahrbuch des Schiffahrtwesens
Mitteilungen der Handelskammer Hamburg
Rassegna economica
Recht, Staat und Wirtschaft
Revue Générale de Droit International Public
Revue générale de l' air
Studium Generale
Transportdienst, Verlader- und Verkehrsfachblatt, Hamburg
Wirtschaftsdienst, Hamburg
Zeitschrift für Verkehrswissenschaft

SACHREGISTER

Abfertigungsspediteur 139
Ablader 119, 135
Abwrackprämien 109
Ad-hoc-Versammlung 77
Agentur 116
Air-France 109, 119
Air-Union 119
Algerien 125
Alitalia 119
Allgemeines Programm 59
- Dienstleistungsverkehr 5, 65
- Niederlassungsfreiheit 5, 62, 70
Analogie 143
Arbeitsgemeinschaft Deutscher Verkehrsflughäfen 140
Arbeitskräfte
- Beschäftigungsbedingungen der - 61
- Entlohnung 61
- fliegendes Personal 109, 115
- Freizügigkeit der - 61, 115, 124, 136
- seefahrendes Personal 109, 115
Assoziierung
- der überseeischen Länder und Hoheitsgebiete 124
- Griechenlands 125
Ausländerdiskriminierung 12, 61, 88, 124, 136
Auslegung (siehe auch Interpretation) Begriff 17
- Abweichen vom Wortlaut 20f
- aktuale Methode 20
- der Verträge zur Gründung der Europäischen Gemeinschaften 18, 30 f
- historische Methode 20
- innerstaatlicher Gesetze 17
- objektive Theorie 22
- progressive Methode 24
- subjektive Theorie 22
- textual approach 26
- völkerrechtlicher Verträge 17
- wahrer Wille der Vertragsparteien 25 f
Ausnahmeklauseln
- für einzelne Wirtschaftszweige 3, 52
Auswahlermessen 114, 126, 130 f, 134
Bedürfnisprüfung 104
Befähigungszeugnisse 115
Beförderung (Begriff) 35 f
- gewerbsmäßige 36
- interkontinentale 108, 137
- internationale 55, 104
Beförderungsbedingungen 71, 104, 136
Begriffshof, Begriffskern 45
Beihilfe 64, 72, 136
- verbot 10
Benelux, Traité instituant l' union économique -: 100
Beschleunigungsbeschluß 60
Besonderheiten des Verkehrs 7, 8, 69, 87
Bestandsgarantie 60
Binnenschiffahrt 61, 87, 103, 105
Binnenverkehr 66, 70, 82, 90
Binnenverkehrsarten = Binnenverkehrsträger 7, 54, 57, 60, 91, 96, 100
Brüsseler Vorkonferenz 78
Bürgschaften 109
Bunkerei 41
Canon
- der Autonomie 29, 31
- der Totalität 29
Chikagoer Abkommen 88,

110, 140
commissionnaire de transport 138
Conseil Supérieur de la Marine Marchande 109
Dienstleistungsverkehr, freier 5, 11, 63, 70, 76, 117, 121, 123, 125, 131, 134, 135, 141
Dumping 118
ECE 104
Einheit der Rechtsordnung 15
Einstimmigkeitserfordernis 132
Eisenbahn 61, 87, 103, 105
Empfehlung (Art. 189 EWGV) 46
Entscheidung (Art.189 EWGV) 46
Entschließungsermessen 46, 114, 126, 128 f.
Entstehungsgeschichte
- des Verkehrstitels 7, 77ff.
Ermächtigungsnormen 48, 126
Europäische Gemeinschaft 77
Europäische Gemeinschaften
- völkerrechtliche oder staatsrechtliche Verbindungen? 30
Europäisches Parlament
- Binnenmarktausschuß 6, 65
- Verkehrsausschuß 6, 12, 58, 65
Ewerführerei 41
fifty-fifty-Klausel 110, 122
Flaggendiskriminierung, Flaggenprotektionismus 12, 110, 122, 137
Flaggenrecht 112, 125, 136, 137
Flaggenvorbehalt 88, 100, 123, 135
Flaggenwahl, freie 135
Fluggesellschaften 116 f
Flughafen 39 f, 137 f
Fluglinien 110, 119
Flugsicherung 109, 136
Fracht 72, 104
- beim Grenzübergang 73
Frachtendiskriminierung 113
Frachtenmakler 139
Freiheit der Meere 88
Freizügigkeit
- der Arbeitskräfte 115
- der Produktionsfaktoren 51, 64
Gelegenheitsverkehr 110, 136
- Mehrseitiges Abkommen über gewerbliche Rechte im nichtplanmäßigen Luftverkehr in Europa 110, 136
Gemeinsamer Markt
- Errichtung des -es 51, 67
- Funktionieren des -es 52
- und Verkehr 9, 11, 53, 68
Gesetzeskonkurrenz 14
Gewerbe
- in den Seehäfen 40
Gewerberecht 63
Gewerbetätigkeit 36
Grundsatzartikel des EGKSV 14, 15, 69
Hafenschiffahrt 142
Handels- und Schiffahrtsverträge 110, 122 f
Handelsbeschränkungen aus technischen Vorschriften 61
Handelspolitik 71, 122, 130, 136
Harmonisierung 104, 106 f
IATA 111, 119
ICAO 110
Inländerbehandlung 88, 122
Integration der Transportmärkte 86, 91, 96
Internationale Übereinkommen auf dem Gebiet des Verkehrs 43
Internes Staatengemeinschaftsrecht 32
Interpretation
- genetische 19

Interpretation
- grammatische 18
- systematische 18
- teleologische 19
Investitionsbank 124
Kabotage 38, 55, 105, 106
- vorbehalt 88, 110, 117, 123, 137
Kaiumschlagsbetriebe 41
Kapitalverkehr, freier 62,117
Kesselreinigung 41
KLM 111
Konferenzaußenseiter 119
Konferenz von Messina 78
Konjunkturpolitik 64, 71, 121, 125, 135
Konkurrenzverhältnis
- der Addition 69, 107, 135
- der Alternativität 15 f
- der Kumulation 15 f, 69
- der Spezialität 16 f, 53, 62, 64
- der Subsidiarität 16, 53, 62, 75, 114
Kontingentierung 104
Koordinierung 78, 96, 104, 106
Kosten 121, 136
Kühlhäuser 41
Küstenschiffahrt 38, 88, 116, 123, 135
Landwirtschaft
- Vergleich Titel II mit Titel IV im zweiten Teil des EWGV 9, 68
Legaldefinition
- Luftfahrt 43
- Seeschiffahrt 42
lex
- superior 15
- posterior 15
- specialis 15
Linienschiffahrt 109
Linienverkehr 109, 111, 136
Lückenkompetenz 59
Luftbildwesen 39, 45
Luftfahrt (Begriff) 34 f
Luftfahrtgerät 115, 127, 134
Luftfahrtpolitik (Luftverkehrspolitik) 113, 126, 134
Luftfahrzeugrolle 112, 124, 136, 137
Luftflotte 109
Lufthansa 109, 111, 119
Lufthoheitstheorie 110
Luftverkehrsfreiheiten 79, 88
Luftverkehrsrechte 110, 117, 136, 137
Luftwerbung 39, 45
Mannheimer Akte 105
Mengenmäßige Beschränkung 61
Mitgliedstaaten
- Gesetzgebung auf dem Gebiet der Seeschiffahrt und der Luftfahrt 112
- Gesetzgebung auf dem Gebiet des Verkehrs 43
- unmittelbare Verpflichtung 44, 56
Nahluftverkehr 136
Nationalitätskennzeichen 112
Nichtdiskriminierungsklausel 122
Niederlassungsfreiheit 5, 62, 94, 116, 124, 136
OEEC 115
Öffentliche Hand 40, 140
Organisationsvorschriften und Verkehrstitel 50
Produktion von Beförderungsleistungen 36
Produktionskapazität 103
Quartiersleute 41
Rangezuschlag 119
Rechtsanwendung 13
Rechtsfolgeanordnung 13
- des Art. 84 Abs. 2 134, 140
Rechtssatz
- Rang der Rechtssätze 58
- unvollständiger - 54
- vollständiger - 54
Rechtssicherheit 12, 21, 42
Reederei 116 f

Regierungskonferenz für den Gemeinsamen Markt und Euratom 79
Regionalpolitik 103
Rheinschiffahrt 111
Richtlinie (Art. 189 EWGV) 59, 71
Rückfracht 103
Sabena 111, 119
Schädlingsbekämpfung aus der Luft 39
Schiffbau 41, 120
Schifferbetriebsverband 105
Schiffsagent 41
Schiffsausrüstung 41
Schiffsbesetzungsordnung 116, 136
Schiffsmakler 41
Schiffsregister 112
Schiffsreinigung 41
Schiffssicherheitsvertrag 109
Seefahrtgerät 115, 127, 134
Seefischerei 39
Seehafen 39, 137 f
- Kompetenz der deutschen Länder für den - 143
- Nordseehäfen in der EWG 142
- Seehafenpolitik 142 f
- Übereinkommen und Statut über die internationale Rechtsordnung der Seehäfen 88, 140
Seehafenausnahmetarif 144
Seehafenverkehrswirtschaft 40 f, 137 f, 146
Seehandelsflotte 109
Seeschiffahrt (Begriff) 34 f
Seeschiffahrtskonferenz 111, 119
Seeschiffahrtspolitik (Seeverkehrspolitik) 99, 113, 126, 134, 140
Seeversicherung 41
Selbstbindung des Rates 59
Sicherheitsbestimmungen 115
Sozialpolitik 64, 71, 123
Sozialfonds 124
Spaak-Bericht 78
Spedition 63, 139
Staatliche Beteiligung 109
Staatssicherheit 125
Staatszugehörigkeit
- von Luftfahrzeugen 111
- von Schiffen 111
Stauer 41
Stellungnahme (Art. 189 EWGV) 46
Steuern, indirekte 120
Steuervergünstigungen 109
Stillhalteverpflichtung 56, 73 115, 137
Straßenverkehr 61, 87, 103, 105
Subsumtion 13 ff
Subvention 72, 109
Supranational 31
Tarifbildung 86, 110
Tatbestand 13
- des Art. 74 EWGV 61, 140
- des Art. 84 Abs. 2 EWGV 45, 134, 140
Taucherbetrieb 41
Taxiflug 116
traités-lois 27
- contrats 27
Trampschiffahrt 88, 111
Transitvereinbarung 110
transport (Begriff) 35 f
Transportvereinbarung 88
trasporto (Begriff) 35 f
Treuerabatt 119
Übergangszeit 122, 131
Überseeische Departements 125
Unbestimmter Begriff 34
Universalitätsprinzip 8, 51
Unsichtbare Transaktionen 65 f, 115
Liste der - 115
Untätigkeitsklage 132
Unterstützungstarif 72, 113
Unterweserverkehrsabkommen 142

Verfahren 47 f, 131
Verkehr
- Begriff 35 f
- Hauptgewerbe 39, 42
- in der EGKS 44, 111
- Nebengewerbe 39, 42, 45, 137
- Tätigkeit 42
- Unternehmenseinheit, 42
Verkehrsarten (Begriff) 5
Verkehrspolitik
- gemeinsame 8, 58, 67 f 87, 96, 106
- nationale 103 f, 106 f
Verkehrsunternehmen 37
Verordnung
- Nr. 11 (Art. 79 EWGV) 140
- Nr. 15 (Art. 48 EWGV) 116
- Nr. 17 (Art. 85, 86 EWGV) 6, 118 f
Vertragsergänzung 58 f, 126, 130, 132
vervoer (Begriff) 35 f
Verwaltungsabkommen 106
Vorschriften (Begriff) 46
Währungspolitik 71, 121, 135
Warenverkehr, freier 61, 115 119, 124, 127
Wegekosten 103
Werft 41, 120
Werkverkehr 36, 116
Wesensgehalt der Vertragsvorschriften 69, 131, 134
Wettbewerb
-sregeln, Anwendung auf den Verkehr 4, 6, 8, 9, 11, 118, 136
- Leistungs- 109
- Preis- 109
-sverfälschung 64
Wiener Kongreßakte 105
Wirtschaftspolitik 64, 71, 115, 121, 125, 127
Zahlungsbeschränkungen 66
Zahlungsbilanz 71, 122, 125
Zahlungstransfer 6, 64 f, 115, 134
Ziele des Vertrages 67, 75, 97
Zinsbeihilfen 109
Zoll 61
Zugang zum Markt 86

FSC
www.fsc.org
MIX
Papier | Fördert gute Waldnutzung
FSC® C083411

Kolibri 360 GmbH
Ferdinand-Jühlke-Straße 7
99095 Erfurt, Deutschland
produktsicherheit@kolibri360.de